KB110405

2024 상속·증여세법 적용

완전포괄주의 증여

마숙룡, 이일화 | 더 테라스

완전포괄주의 증여

초판 1쇄 인쇄 2024년 04월 01일
초판 1쇄 발행 2024년 04월 10일

지은이 마숙룡, 이일화
펴낸이 백유창
펴낸곳 도서출판 더 테라스

신고번호 2016-000191
주 소 서울시 마포구 서교동 양화로길 73 체리스빌딩 6층
Tel. 070-8862-5683
Fax. 02-6442-0423
seumbium@naver.com

– 가격은 표지 뒤에 있습니다.
– 잘못 만들어진 책은 구입하신 서점에서 교환하실 수 있습니다.

ISBN 979-11-979568-8-1 13320

값 19,800원

완전포괄주의 증여

※ 「상속세 및 증여세법」 전반에 대한 내용은 저자의 「상속·증여세 이론과 실무」 책을 참고해 주시기 바랍니다.

※ 이 책자에 실린 「상속세 및 증여세법」 내용을 실무에 적용할 때는 반드시 세법령 규정 및 질의회신·판례 등의 원본을 찾아서 확인하시고 적용하시기 바랍니다.

– 이 책을 읽으시는 분들은 반드시 다음 내용을 확인하시기 바라며,
이 책에서 기술된 내용을 읽으시기 전에 일러두기를 모두 이해하신 것으로 봅니다. –

1. 이 책의 자료는 「국가법령정보센터」, 「국세법령정보시스템」의 수록 법률과 각종 공시 자료, 그리고 수록된 자료, 국세청에서 발간된 자료와 책자들을 중심으로 자료가 수집되어 편집되었습니다.

이 책의 편집 참고자료들은 「국가법령정보센터」의 세법령, 「국세법령정보시스템」에 수록된 각종 「세법령」, 그리고 국세청 국세법령정보시스템에서 공시된 「기본통칙」, 「집행기준」, 「예규」, 「판례」, 「해석」, 「서식」 등의 자료를 수집 이를 기초로 편집하였습니다. 특히 「계산식」은 국세 법령(시행령과 시행규칙)에 명시된 계산식 외의 산식들은 「상속세 및 증여세법 집행기준」, 「상속세 및 증여세법 기본통칙」 등에 수록된 계산식을 그대로 사용하였습니다.

법령에 들어있지 않은 특별히 필요한 「표와 세액계산 흐름도」는 국세청에서 공시한 「상증법 집행기준」의 자료와 국세청 해설 책자와 「일감몰아주기·일감떼어주기」 등 책자들을 참고하였습니다.

2. 이 책의 편집체계는 자산가들이 관심을 가져야할 부분부터 먼저 기술하였습니다.

「상속세 및 증여세법」(약칭으로 이하 '상증법'이라 합니다)의 세법령 체계를 따르자면 상속세가 먼저 나오고 다음에 증여세가 나열되어 있습니다. 그러나 이 책은 자산가들이 「증여세 완전포괄주의 제도」에 대하여 반드시 이해하여야 할 증여예시·증여추정·증여의제 제도를 앞부분에서 먼저 설명하였으며, 재산의 시가 평가제도를 이어서 설명하고 있습니다. 이외에는 일반적인 서술절차를 따라 먼저 상속세 다음으로 증여세를 설명하고 있습니다.

3. 이 책에 실린 내용은 조세쟁송의 증거자료나 해석 근거자료로 쓰일 수 없습니다.

이 책은 법령해석에 있어서 법령 적용이나 해석 뒤에 관련 법령조항을 가능한 한 밝혀 놓았습니다. 그 법령의 적용과정에서 편저자의 주관적인 입장을 배제할 수 없으며, 법령 해석이나 적용과정에서 해석의 오류가 없다고 할 수는 없으므로, 이 책을 실무에 적용하고자 하시는 분들은 이 사실을 인지하시고, 반드시 관련 세법령을 찾아서 살핀 후 실무에 활용하시기 바랍니다. 상속세 및 증여세에서 정한 규정들은 이해하기 어렵고 명확하지 않은 부분이 많아 실무에 적용할 때는 각 조항과 관련된 대법원 판결문 등을 주의 깊게 살펴보아야 합니다.

4. 세법을 실무에 적용할 때는 세법 본문을 정확히 찾아보시고 적용하시기 바랍니다.

세법령은 방대한 분야로, 해석이 편저자와는 다른 견해가 발생될 수 있고, 또한 판례와 해석의 변경 등으로 다른 판례와 해석의 차이가 충분히 일어날 수 있습니다. 따라서 이 책은 개괄적인 내용일 뿐이므로, 반드시 관련 세법령 개정연도별로 세법 내용을 확인하시고 실무에 적용하시기 바랍니다. 세법을 적용할 때는 이 책의 내용과 적용 과정에서 해석의 차이가 발생할 수 있으므로 반드시 관련 세법령의 본문, 개정연혁, 및 국세청에서 고시한 세법 기본통칙, 세법 집행기준, 세법해석(예규) 등을 찾아서 확인하시고 적용하시기 바랍니다.

특히 세법에서 '등'이라는 표현이 붙을 때는 표기된 항목 외에 다른 대상도 포함되어 있다는 사실을 유의하여 살피시기 바랍니다. '세법'에서는 '등'을 붙여쓰지만, 이 책에서 편집상 '등'을 띄어 쓴 경우가 있을 수 있으므로 참고하시기 바랍니다. (예, '주식등', '최대주주등')

「상속세 및 증여세법」의 이해를 위한 관련 법령과 예규 이해

세법은 세법령과 함께 다음과 같은 판례 등의 자료를 가지고 있습니다. 국세청에서 운영하고 있는 「국세법령정보시스템」(https://txsi.hometax.go.kr)은 이 모든 자료를 수록하고 있고, 검색할 수 있습니다. 세법령이 아닌 민법과 같은 일반 법령들은 「국가법령정보센터」(https://www.law.go.kr/) 에서 찾아볼 수 있습니다.

다음은 「국세법령정보시스템」에 수록된 주요 세법령 항목들입니다. 「국세법령정보시스템」 법령 화면에서 조세법령과 국세청 훈령과 해석 자료들을 확인할 수 있습니다.

※ 조세법령
세　법 - 법률. 국회에서 만들어져 정부에서 공포한 법률로 세금과 관련된 법률을 말합니다.
시행령 - 대통령령. 법률에서 위임하여 대통령이 공포한 세법의 하위 법령을 말합니다.
시행규칙 - 부령. 대통령이 위임하여 기획재정부장관이 공포한 부령입니다.
조세조약 - 국가 간 조세조약을 수록하고 있습니다.

※ 국세청 훈령과 해석 자료들
기본통칙 - 시행규칙에서 국세청장에게 위임하거나, 세법에 명시되지 않은 세법 적용상 기준을 마련하기 위해 국세청장이 세법령 형태로 발표한 훈령입니다.
집행기준 - 상증법의 집행과정에서 실무적인 적용 기준으로서 마련된 국세청 훈령. 특히 세법에서 서술형으로 명시된 내용을 복잡한 수식으로 정리를 해 놓아서 실무 적용 시에는 유용한 참고자료가 될 수 있습니다. 복잡한 세법령의 계산사례를 예시로 정리해 놓은 경우도 있습니다.
사무처리규정 - 국세청 내부의 업무처리 방법을 규정해 놓은 국세청 훈령입니다.
훈　령 - 국세청에서 법령 형태로 발표한 세법 관련 훈령입니다.
고　시 - 국세청 각종 고시한 내용입니다.
개정세법해설 - 매년 개정된 세법에 대한 요약과 해설 책자. 이는 매년 개정된 세법의 내용, 세법 개정 취지 등을 이해, 조세쟁송의 근거자료로 활용이 가능합니다.
최신개정법령 - 가장 최근에 개정된 법령을 최근 일자별 수록하고 있습니다.

※ 그 외의 수록 내용
판　례
　헌법재판소 판례 - 헌법재판소에서 세법과 관련하여 위헌 여부 판결 사례입니다.
　대법원 판례 - 조세쟁송 관련 최종 대법원 판결문은 세법해석의 기준이 됩니다.
　각급 법원 판례 - 각급 법원에서 판결한 내용들입니다.
　국세 심판례 - 법원에서 쟁점을 다투기 전에 반드시 거쳐야 할 절차로서 먼저 조세심판을 거치게 되는데, 조세심판원에서 판단한 사례들입니다.
질의(세법해석사례) - 흔히 예규라고 말합니다. 재정경제부, 국세청에서 서면으로 질의한 사항에 대한 답변 내용들로 세법 적용의 해석입니다. 세법의 해석이 명확하지 않은 경우, 동일 사안에 대한 세법 적용의 기준으로서 역할을 합니다. 조세쟁송과정에서 변경될 수가 있습니다. 예규 번호를 알면, 예규의 생산부서와 일자를 알 수 있습니다.
별표 서식 - 세법령에 명시된 각종 서식들을 찾아볼 수 있습니다. 이 책에서는 지면 관계상 「상속세 및 증여세법」에 들어있는 각종 서식들을 수록하지 못하였습니다. 국세법령정보시스템의 별표 서식에서 세법에 규정된 각종 서식들을 찾아볼 수 있습니다.

이 책에서의 관련세법과 세법 약칭 사용

〈 상속세 및 증여세법 관련 〉

「상속세 및 증여세법」 – 「상증법」. 상속세와 증여세의 법률은 각각의 세목으로 두 가지 세목이지만 하나의 법률로 되어 있습니다. 풀어쓰게 되면 마치 두 개의 법률처럼 느껴지고, 표현이 길어져, 일반적으로 「상증법」이라는 간략한 표현을 합니다. 이 책에서도 「상증법」이라는 약칭을 사용하고 있습니다.

「상속세 및 증여세법 시행령」 – 「상증법 시행령」이라고 표현을 하고 있습니다. 일반적으로 「상증령」이라고 표현을 하지만, 처음 세법을 접하는 분들이 익숙하지 않을 것으로 보여, 「상증법 시행령」이라고 풀어썼습니다. 다만 앞에서 상증법과 상증법 시행령을 함께 묶어서 한 줄에 출처를 나타낼 때는 「시행령」이라고만 표기를 하였습니다. 이는 상증법의 하위 법령이기 때문에 연이어 기술한 것입니다. 이하 「시행규칙」, 「집행기준」 모두 동일합니다.

「상속세 및 증여세법 시행규칙」 – 「상증법 시행규칙」이라고 표현을 하였습니다. 「상증규칙」이라고 일반적으로 표현을 하지만, 「상증법 시행규칙」이라고 표현을 해서 이해하기 쉽도록 했습니다.

「상속세 및 증여세법 기본통칙」 – 일반적으로 「상증통칙」이라고 표현을 합니다. 그러나 이 책에서는 「상증법 기본통칙」이라고 명확히 이해할 수 있도록 표현을 했습니다.

「상속세 및 증여세법 집행기준」 – 「상증법 집행기준」이라고 표현을 했습니다.

「상속세 및 증여세법 사무처리규정」 – 「상증법 사무처리규정」이라고 표현을 했습니다.

〈 기타법령 〉

「조세특례제한법」 – 일반적으로 「조특법」이라고 표현을 하지만, 세법 명칭 그대로 썼습니다.
「국제조세조정에 관한 법률」 – 일반적으로 「국조법」이라고 표현을 합니다. 세법 명칭을 그대로 사용하였습니다.

그 외에도 「소득세법」, 「국세기본법」, 「법인세법」, 「조세범처벌법」 등의 다른 세법령 외에도 「민법」, 「자본시장과 금융투자업에 관한 법률(자본시장법)」, 「금융실명거래 및 비밀보장에 관한 법률(금융실명법)」 등 기타 법률은, 세법에 익숙하지 않은 분들을 위하여 법률 명칭을 가능하면 그대로 사용하였습니다.

완전포괄주의 증여세 제도가 우리나라에 도입되어 이미 자리 잡고 있다는 사실을 많은 사람이 이해하지 못합니다. 이 법리 체계를 조금이라도 이해하고 나면, 말 그대로 이 법이 일반인뿐만 아니라, 대자산가와 기업인에게는 매우 중요한 법리라는 사실을 알 수 있습니다. 또한 복잡한 「상속세 및 증여세법」 체계에 놀라지 않을 수 없으리라 봅니다.

완전포괄주의 증여세 제도는 상증법에서 규정하고 있는 증여예시로서의 열일곱 가지, 증여추정 두 가지, 증여의제 네 가지 총 스물세 가지 증여세 과세유형을 모두 합하여 일컫는 말입니다. 완전포괄주의 증여세 제도란 증여예시(세법에서는 이를 증여예시라고 말하지는 않으나, 이런 유형을 예시적 형태로 열거해 놓았다는 의미로 증여예시라고 말합니다) 형태와 같은 유형의 포괄적 증여에 해당하면, 증여세를 과세하고 있기 때문에 붙여진 이름입니다. ☞ 자세한 내용은 본문 서론 부분을 참조하기 바랍니다.

「상속세 및 증여세법」이 상속세에서 상속세 규정이 증여세 규정 보다 먼저 나오기는 하지만 실제 분량면에서는 증여세 관련 규정이 훨씬 더 많은 분량을 차지하고 있습니다. 완전포괄주의 증여세 제도가 도입되고, 세법 조문이 늘면서 대자산가들뿐만 아니라, 법인사업자를 운영하는 기업인들에게도 증여세가 매우 많은 영향을 미치게 되었습니다. 법인과 법인의 특수관계인과의 거래 시 증여세가 과세 되는 경우, 그 세금 부담액이 고액인 경우가 많기 때문입니다. 그럼에도 법인사업자로 기업을 경영하시는 분들이 법인세법에 의한 세금 문제만 인식하지, 상증법에 의하여 부과되는 제세 문제를 깊이 인식하지 못하는 경우가 많습니다.

기업가들은 세무사 등 전문가의 조력을 받을 수 있지만 다수의 분들이 미래에 여러가지 측면에서 발생할 수 있는 조세문제를 전문가에게 질의하기도 전에 경영을 위한 다양한 거래를 실행하여 어려움을 겪는 사례가 빈번하게 발생하고 있습니다. 따라서 기본적인 세법에 명시된 항목의 개념이라도 이해하여 거래 시 발생할 수 있는 세금이 무엇인지 살펴보는 것이 바람직합니다.

시중에 상속세 및 증여세 절세가이드 책자들이 많이 나와 있지만, 완전포괄주의 증여세 제도를 상세히 다룬 책을 보기 어렵습니다. 자산가들뿐 아니라 기업인들이 완전포괄주의 증여세 제도에 대하여 조금이라도 이해하고, 의사결정을 돕게 하자는 의미에서 이 책을 내놓게 되었습니다. 이 책을 통하여 기업 경영의 의사결정에 도움이 되었으면 합니다.

2024. 3

마숙룡, 이일화

CONTENTS

1. 「상속세 및 증여세법」을 반드시 이해해야 하는 이유

우리가 「상속세 및 증여세법」을 반드시 이해해야 하는 이유는 상속세·증여세라는 세금이 우리 삶속에서 그만큼 중요해졌기 때문입니다. 자산가들 입장에서는 정부가 정한 세법을 바르게 이해하고 세금을 납부하여야만 과소납부로 인한 가산세 부담을 줄이고, 후일 세무조사로 번질 수 있는 일들을 예방할 수 있습니다.

최근 몇 년 사이 부동산 가격의 폭등으로 양도, 상속, 증여, 종합부동산세 등의 조세 부담이 크게 늘어났습니다. 따라서 조금만 세액계산이 잘못되어도 가산세 부담액이 적지 않기 때문에 세법의 정확한 이해가 무엇보다 중요해졌습니다.

올바른 부의 이전을 위해서도 정부에 납부하는 세금 항목과 그 내용을 개괄적으로라도 반드시 알아야 합니다. 세법에 대한 무지를 핑계로 과세를 회피할 수는 없습니다. 법률에 규정된 내용을 몰랐다거나, 세법을 잘 이해하지 못했다는 이유로 세금을 벗어날 수가 없기 때문입니다.

세법을 정확히 이해하고 바르게 적용했다고 판단했음에도 불구하고, 나중에 큰 세액이 고지되어 과세관청과 다툼이 일어나는 경우가 있습니다. 대법원까지 가서 승소를 하고, 과세관청에서 고지세액을 취소하고 환급을 한다지만, 이미 대법원까지 조세쟁송 다툼으로 가는 과정, 세무조사 과정에서 스트레스, 조세쟁송 과정에서 시간 낭비, 세무사, 변호사 선임비용을 감안하면, 금전 문제뿐만 아니라 심적으로도 큰 부담을 겪고, 많은 시간을 낭비하게 됩니다. 자산가들은 아주 상식적으로라도 「상속세 및 증여세법」에 대한 과세항목과 제목만이라도 알아두는 것이 자산관리에 도움이 됩니다.

세법을 정확히 안다는 것은 보다 나은 절세 방안을 찾는 도구가 됩니다. 또한 과세를 초래할 만한 무리한 거래를 추진하지 않는 효과를 기대할 수 있습니다. 탈세는 법적 제재를 받지만, 절세는 법령에 명시된 사항을 지킴으로써 제대로 세금을 납부하되, 법의 테두리 안에서 가장 세금을 적게 내는 방법을 연구합니다. 세법과 세법의 적용과정을 제대로 알아야만 그 방법도 찾을 수 있습니다.

자산가들의 「상속세 및 증여세법」 대응전략

변칙적인 사전상속이나 증여행위를 막기 위하여, 정부는 2004년도부터 「증여세완전포괄주의 과세제도」를 도입하여 운영하고 있습니다. 복잡하고도 다양하게 일어나는 경제활동의 변화에 따른 부의 무상 이전에 대한 대응의 결과입니다. 이것이 반영된 것이 「상속세 및 증여세법」의 증여 예시·증여의제·증여추정 규정들입니다. 기업에서는 정부의 이러한 부의 무상 이전에 대한 규제에 대응전략을 마련하며 경영활동을 할 수밖에 없습니다.

「상속세 및 증여세법」 제3장 「증여세의 과세표준과 세액의 계산」은 증여재산(제1절 증여재산)과 증여추정·의제(제2절 증여추정 및 증여의제) 등을 규정하고 있습니다. 특히 증여에 관한 제 규정은 기업의 경영활동에 영향이 많은 법령 조문들입니다. 과세관청과 납세자 간에 쟁점이 발생하고 다툼이 많이 일어나는 부분이 증여예시·증여추정·증여의제와 관련된 법 조문들입니다. 법인의 특수관계법인, 특수관계인과의 거래 과정에서 자산(기업)가들은 바로 이 법 조항들을 주의 깊게 살필 필요가 있습니다.

상속세 문제는 일평생에 한두 번쯤 발생될 수 있지만, 증여세는 그렇지 않습니다. 증여 문제는 사업을 하거나 기업을 운영하시는 자산가들 입장에서는 빈번하게 일어날 수 있는 문제들이기에 꼭 살피고, 유상증자나 거래계약을 체결하여야 합니다.

상속세법과 증여세법이 한데 묶인 데는 **부의 무상이전**이라는 동일한 사유가 있기 때문입니다. 상속세와 증여세가 부의 무상 이전을 규제한다는 점에서는 동일하지만, 실생활에서 훨씬 더 자주 일어나는 일들이 증여와 관련된 세금 문제입니다. 「상속세 및 증여세법」에서 상속세 관련 법 조문보다는 증여세 법조문이 훨씬 많은 조항을 할애하고 있는 이유입니다.

자산가들은 자산의 규모가 어느 정도 규모를 넘어선다고 여겨지는 경우에는 수시 자문, 사전 검토 등과 같은 세무 전문가들의 조력을 받을 필요가 있습니다. 특히 규모가 큰 거래의 경우에는 세무사와 회계사 등과 같은 전문가들의 자문을 동시에 받고 난 후 의사를 결정하는 것이 큰 세금부담을 줄일 수 있는 하나의 방법이 될 것입니다.

2. 상속세 및 증여세법의 구성

「상속세 및 증여세법」은 상속세와 증여세라는 두 개의 세목이 하나의 법률로 묶여져 있으며, 7개의 장으로 구분된 법령 조문과 부칙으로 구성이 되어 있습니다. 제1장 총칙, 제2장 상속세의 과세표준과 세액의 계산, 제3장 증여세의 과세표준과 세액의 계산, 제4장 재산의 평가, 제5장 신고와 납부, 제6장 결정과 경정, 제7장 보칙으로 구성됩니다.

「상속세 및 증여세법」 본 법은 국회에서 통과되어 정부에서 공포된 법률로서, 부과와 징수, 결정·경정, 과세대상 등 항목별로 조문이 세분화되어 있으며, 그 법률에서 상세히 규정하지 못한 내용은 법률의 위임을 받아 그 하위 법령으로서 대통령령인 「상속세 및 증여세법 시행령」에서, 그리고 그 하위 법령인 기획재정부장관의 부령인 「상속세 및 증여세법 시행규칙」에서 그 세부적인 내용을 규정하고 있습니다.

☞ 이 책에서는 「상속세 및 증여세법」은 상증법, 「상속세 및 증여세법 시행령」은 상증법 시행령, 「상속세 및 증여세법 시행규칙」은 상증법 시행규칙이라고 줄여서 표기합니다.

다만, 「상속세 및 증여세법」이 실제 적용되는 방식에서 다른 일반 법률들과 다른 점이 있다면, 모든 세법이 그렇듯이, 「상속세 및 증여세법」 역시 모 「법률」과 대통령령인 「시행령」, 그리고 기획재정부령인 「시행규칙」만으로는 그 적용방법이나 기준을 다 규정할 수가 없어 하위 훈령과 기준을 가지고 있다는 점입니다. 「상속세 및 증여세법」의 하위 국세청 훈령에는 「상속세 및 증여세법 기본통칙」과 「상속세 및 증여세법 집행기준」이 있습니다. 이는 법령이라기보다는 적용기준이지만, 국세청 직원들의 실무에서는 매우 중요한 세무업무의 집행기준이 됩니다. 「기본통칙」과 「집행기준」은 법률과 시행령, 시행규칙에서도 세부적으로 정하지 못한 과세절차나 일정한 기준을 명시하는 경우가 많습니다.

☞ 기본통칙과 집행기준은 세 자리로 구성이 되어 있는데, 예를 들면 「상속세 및 증여세법 기본통칙 16-13…3」이라면, 앞의 16은 법률 조문, 둘째 자리 13은 시행령 조문, 시행령 조문이 없는 경우에는 0으로 표기되며, 마지막 자리 수는 연번입니다.

세법은 이러한 훈령으로도 적용이 어려운 경우가 많아 기획재정부의 유권해석으로 「서면질의에 대한 답변」, 국세청의 「서면질의에 대한 답변」 등(예규, 해석사례)이 세법해석의 기준으로 적용이 됩니다. 그러나 납세자와 과세관청 간의 과세처분으로 인한 다툼이 일어날 때, 과세관청의 훈령과 해석이 법원 판결의 법원이나 기준이 되지는 못합니다. 그러나 국세청 직원들의 실무적용에서는 매우 중요한 적용기준이 된다는 점을 참고할 필요가 있습니다.

☞ 세법령 해석과 적용에 대한 납세자와 과세관청 간의 첨예한 의견 차이가 일어날 때는 국세청 본청에 서면으로 법령 적용에 대한 유권해석을 받아보는 것도 하나의 방법일 수 있습니다. 서면질의는 본청의 업무 주무과에서 먼저 서면 질의에 대한 답변을

하고, 주무과에서 해석이 곤란한 경우에는 국세청에서 법령해석을 총괄하는 법규과에서 서면 질의에 대한 답변을 합니다. 국세청에서 판단이 어려운 경우에는 기획재정부에 질의를 진달합니다. 기획재정부(세제실)의 유권해석이 과세관청의 해석이 된다 하더라도, 법원의 판결에서 과세관청의 해석을 뒤집는 판결이 일어나는 경우가 있음을 볼 수 있습니다.

세법을 실무에 적용할 때는 대법원의 판례, 각급 법원의 판례, 조세심판원의 심판례, 국세청의 이의신청 사례가 법령해석에 영향을 미칩니다. 따라서 실무에서는 「상속세 및 증여세법」의 조문을 해석하고 적용할 때는 반드시 법원 판례와 유권해석의 사례를 살피게 됩니다.

국세청에서는 국세법령정보시스템(https://txsi.hometax.go.kr)을 개통하고. 조세법령에 대한 모든 정보들을 수록하고 있어서 법령 조문과 판례, 유권해석의 사례를 모두 한 눈에 살필 수 있습니다.

「상속세 및 증여세법」법률의 각 장별 구성과 조문 내용을 정리해보면 다음과 같습니다.

☞ 「상속세 및 증여세법」의 법률 조문 구성

장	절	주요 조문 내용
제1장 총칙	–	목적(제1조), 정의(제2조), 상속세 과세대상(제3조), 상속세 납부의무(제3조의2), 증여세 과세대상(제4조), 증여세 납부의무(제4조의2), 상속재산 등의 소재지(제5조), 과세 관할(제6조)
제2장 상속세 과세표준과 세액의 계산	제1절 상속재산	상속재산으로 보는 보험금(제8조), 상속재산으로 보는 신탁재산(제9조), 상속재산으로 보는 퇴직금(제10조) * 제7조 없음(삭제)
	제2절 비과세	전사자 등에 대한 상속세 비과세(제11조), 비과세되는 상속재산(제12조)
	제3절 상속세 과세 가액	상속세 과세가액(제13조), 상속재산의 가액에서 빼는 공과금 등(제14조), 상속개시일 전 처분재산 등의 상속 추정 등(제15조)
	제4절 공익법인의 출연재산의 과세가액 불산입	공익법인등에 출연한 재산에 대한 상속세 과세가액 불산입(제16조), 공익신탁재산에 대한 상속세 과세가액 불산입(제17조)
	제5절 상속공제	기초공제(제18조), 가업상속공제(제18조의2), 영농상속공제(제18조의3), 가업상속공제와 영농상속공제의 동시 적용 배제(제18조의4), 배우자 상속공제(제19조), 그 밖의 인적공제(제20조), 일괄공제(제21조), 금융재산 상속공제(제22조), 재해손실 공제(제23조), 동거주택 상속공제(제23조의2), 공제적용의 한도(제24조)
	제6절 과세표준과 세율	상속세의 과세표준 및 과세최저한(제25조), 상속세 세율(제26조), 세대를 건너뛴 상속에 대한 할증과세(제27조)
	제7설 세액공제	증여세액 공제(지28조), 외국 납부세액 공제(제29조), 단기 재상속에 대한 세액공제(제30조)
제3장 증여세의 과세표준과 세액의 계산	제1절 증여재산	증여재산가액 계산의 일반원칙(제31조), 증여재산의 취득시기(제32조), 신탁이익의 증여(제33조), 보험금의 증여(제34조), 저가 양수 또는 고가 양도에 따른 이익의 증여(제34조), 채무면제 등에 따른 증여(제36조), 부동산 무상 사용에 따른 이익의 증여(제37조), 합병에 따른 이익의 증여(제38조) 증자에 따른 이익의 증여(제39조), 감자에 따른 이익의 증여(제39조의2), 현물출자에 따른 이익의 증여(제39조의3), 전환사채 등의 주식전환에 따른 이익의 증여(제40조), 초과배당에 따른 이익의 증여(제41조의2), 주식등의 상장 등에 따른 이익의 증여(제41조의3) 금전 무상대출에 따른 이익의 증여(제41조의4), 합병에 따른 상장 등 이익의 증여(제41조의5), 재산사용 및 용역제공 등에 따른 이익의 증여(제42조), 법인의 조직 변경 등에 따른 이익의 증여(제42조의2), 재산 취득 후 재산가치 증가에 다른 이익의 증여(제42조의3), 증여세 과세특례(제43조) * 제41조 없음(삭제)
	제2절 증여추정 및 증여 의제	배우자 등에 양도한 재산의 증여 추정(제44조), 재산 취득자금 등의 증여 추정(제45조), 명의신탁재산의 증여 의제(제45조의2), 특수법인과의 거래를 통한 증여 의제(제45조의3), 특수관계인으로부터 제공받은 사업 기회로 발생한 이익의 증여 의제(제45조의4), 특정법인과의 거래를 통한 이익의 증여 의제(제45조의5)
	제3절 증여세 과세 가액	비과세되는 증여재산(제46조), 증여세 과세가액(제47조)
	제4절 공익목적 출연재산 등의 과세가액 불산입	공익법인등이 출연받은 재산에 대한 과세가액 불산입등(제48조), 공익법인등의 주식등의 보유기준(제49조), 공익법인등의 세무확인 및 회계감사의무(제50조), 공익법인등의 전용계좌 개설·사용 의무(제50조의2), 공익법인등의 결산서류등의 공시의무(제50조의3), 공익법인등에 적용되는 회계기준(제50조의4), 장부의 작성·비치 의무(제51조), 공익신탁재산에 대한 증여세 과세가액 불산입(제52조), 장애인이 증여받은 재산의 과세가액 불산입(제52조의2)

장	절	주요 조문 내용
제3장 증여세의 과세표준과 세액의 계산	제5절 증여공제	증여재산 공제(제53조), 준용규정(제54조)
	제6절 과세표준과 세율	증여세의 과세표준과 과세최저한(제55조), 증여세 세율(제56조), 직계비속에 대한 증여세의 할증과세(제57조)
	제7절 세액공제	납부세액 공제(제58조), 외국 납부세액 공제(제59조)
제4장 재산의 평가	–	평가의 원칙(제60조), 부동산 등의 평가(제61조), 선박 등 그 밖의 유형재산의 평가(제62조), 유가증권 등의 평가(제63조), 무체재산권의 평가(제64조), 그 밖의 조건부 권리 등의 평가(제65조), 저당권 등이 설정된 재산 평가의 특례(제66조)
제5장 신고와 납부	제1절 신고	상속세 과세표준신고(제67조), 증여세 과세표준신고(제68조) 신고세액공제(제69조)
	제2절 납부	자진납부(제70조), 연부연납(제71조), 연부연납 가산금(제72조) 가업상속에 대한 상속세 납부유예(제72조의2), 물납(제73조), 문화재등에 대한 물납(제73조의2), 지정문화재 등에 대한 상속세의 징수유예(제74조), 준용규정(제75조)
제6장 결정과 경정	–	결정·경정(제76조), 과세표준과 세액의 결정 통지(제77조), 가산세 등(제78조), 경정 등의 청구 특례(제79조)
제7장 보칙	–	자료의 제공(제80조), 지급명세서 등의 제출(제82조), 금융재산 일괄조회(제83조), 질문·조사(제84조), 납세자별 재산 과세자료의 수집·관리(제85조), 부가세 부과 금지(제86조) * 제81조 없음(삭제)
부칙		2022.12.31. 최종 개정 〈제19195호〉

3. 세액계산 흐름도

상속세 세액계산 흐름도

항목	가감	세액 내용 및 산출 방법
총상속재산가액		– 상속재산가액(본래의 상속재산 + 간주상속재산) + 추정상속재산 * 상속재산가액은 국내외 모든 재산임
비과세가액 및 과세가액 불산입액	–	– (비과세) 금양임야, 문화재 등 – (과세가액 불산입재산) 공익법인 등에 출연한 재산 등
공과금·장례비·채무	–	
사전 증여재산	+	– 합산대상 사전증여재산 (상속인 10년, 기타 5년) * 단, 10%(20%) 특례세율 적용되는 증여재산인 창업자금, 가업승계자산은 기한 없이 합산
상속세 과세가액	=	
상속공제	–	– (기초공제 + 그 밖의 인적공제)와 일괄공제(5억)중 큰 금액 – 가업·영농상속공제 – 배우자공제 – 금융재산 상속공제 – 재해손실공제 – 동거주택 상속공제 * 단, 위 합계 중 공제액을 총합 한도 내 금액만 공제 가능
감정평가수수료	–	– 부동산 감정평가업자의 수수료는 5백만원 한도 등
상속세 과세표준	=	
세율	×	<table><tr><td>과세표준</td><td>1억원 이하</td><td>5억원 이하</td><td>10억원 이하</td><td>30억원 이하</td><td>30억원 초과</td></tr><tr><td>세율</td><td>10%</td><td>20%</td><td>30%</td><td>40%</td><td>50%</td></tr><tr><td>누진공제액</td><td>없음</td><td>1천만원</td><td>6천만원</td><td>1억 6천만원</td><td>4억 6천만원</td></tr></table>
산출세액	=	(상속세 과세표준 × 세율) – 누진공제액
세대생략 할증세액	+	– 상속인이나 수유자가 피상속인의 자녀가 아닌 직계비속이면 할증함 단, 직계비속의 사망으로 최근친 직계비속에 상속하는 경우에는 제외
세액공제	–	– 문화재자료 징수유예, 증여세액공제, 외국납부세액공제, 단기재상속세액공제, 신고세액공제
연부연납·분납·물납	–	
자진납부할 세액	=	

(자료 : 국세청)

증여세 세액계산 흐름도

항목	가감	세액 내용 및 산출 방법
증여재산가액		– 국내외 모든 증여재산가액
비과세가액 및 과세가액 불산입액	–	– (비과세) 사회통념상 인정되는 피부양자의 생활비, 교육비 등 – (과세가액 불산입재산) 공익법인 등에 출연한 재산
채무부담액	–	– 증여재산에 담보된 채무인수액(증여재산 관련 임대 보증금 포함)
증여재산가산액	+	– 해당 증여일 전 동일인으로부터 10년 이내에 증여받은 재산의 과세가액 – 합계액이 1천만원 이상인 경우 그 과세가액을 가산 ＊ (동일인) 증여자가 직계존속인 경우 그 배우자 포함
증여세 과세가액	=	
증여공제 · 증여재산공제 · 재해손실공제 · 혼인 증여재산 공제	–	（표 아래 참조） ＊ 위 증여재산의 공제한도액은 10년간의 누계한도액임 – 증여세 신고기간 이내의 재난으로 멸실·훼손된 경우 그 손실가액을 공제
감정평가수수료	–	– 감정평가수수료는 5백만원 한도 등
증여세 과세표준	=	① 일반 : 증여재산 – 증여재산공제·재해손실공제 – 감정평가수수료 ② 합산배제(명의신탁) : 명의신탁 – 감정평가수수료 ③ 합산배제(상증법 제45조의3, 제45조의4) : 증여의제이익 – 감정평가수수료 ④ 합산배제(②와 ③을 제외) : 증여재산가액 – 3천만원 – 감정평가수수료
세율	×	（세율표 아래 참조）
산출세액	=	– (증여세 과세표준 × 세율) – 누진공제액
세대생략 할증세액	+	– 수증자가 증여자의 자녀가 아닌 직계비속이면 할증(30% 또는 40%) 단, 직계비속의 사망으로 최근친 직계비속에 증여하는 경우에는 제외
세액공제+감면세액	–	– 문화재자료 징수유예, 납부세액공제, 외국납부세액공제, 신고세액공제, 그 밖에 공제·감면세액
연부연납·분납	–	– 물납불가
자진납부할 세액	=	

증여공제 한도액 표

증여자	배우자	직계존속	직계비속	기타친족	기타
공제한도액	6억원	5천만원 (수증자가 미성년자인 경우 2천만원) ＊ 혼인·출산·입양 공제액 : 1억원(2024.1.1.이후)	5천만원	1천만원	없음

세율표

과세표준	1억원 이하	5억원 이하	10억원 이하	30억원 이하	30억원 초과
세율	10%	20%	30%	40%	50%
누진공제액	없음	1천만원	6천만원	1억 6천만원	4억 6천만원

상속세 및 증여세 세율표

(2000.1.1이후 상속·증여분)

과세표준	1억원 이하	5억원 이하	10억원 이하	30억원 이하	30억원 초과
세율	10%	20%	30%	40%	50%
누진공제액	없음	1천만원	6천만원	1억 6천만원	4억 6천만원

증여추정 배제기준

(국세청 훈령, 상속세 및 증여세 사무처리규정 제42조)

구분	취득재산		채무상환	총액한도
	주택	기타재산		
1. 30세 미만인 자	5천만원	5천만원	5천만원	1억원
2. 30세 이상인 자	1억5천만원	5천만원	5천만원	2억원
3. 40세 이상인 자	3억원	1억원	5천만원	3억원

재산종류별 기준시가 요약

구분	기준시가	고시(공시)대상	고시(공시)기관	고시일	적용
주택	공동 주택가격	공동주택 (아파트·연립· 다세대)	국토교통부장관	매년 4.30까지	국세(양도·상속·증여· 종부세) 지방세(재산세, 취득세) * 재산세 7, 9월 부과 * 종부세 12월 부과
	개별 주택가격	단독주택 (다가구·다중 포함)	– 표준주택 국토교통부장관	매년 1월말	
			– 개별주택 시·군·구청장	매년 4.30까지	
상업용 건물 오피스텔	상가·오피스텔 기준시가	구분 소유된 상가와 오피스텔	국세청장	매년 12.31 까지	국세(양도·상속·증여 세)에만 적용
기타건물	건물 기준시가	주택·오피스텔 등 외 일반건축물	국세청장	매년 12.31 까지	국세(양도·상속·증여 세)에만 적용
	건물 시가표준액	주택외 일반건축물	행정안전부 시·군·구청장	매년 1.1까지	지방세(재산세, 취득세) 에만 적용
토지	개별 공시지가	조세부과의 대상이 되는 토지 (단독주택 부수 토지는 제외)	– 표준지 국토교통부장관	매년 2월말	국세(양도·상속·증여· 종부세) 지방세(재산세, 취득세) * 재산세 7, 9월 부과 * 종부세 12월 부과
			– 개별공시지가 시·군·구청장	매년 5.31까지	
시설물 이용권	시설물이용권 기준시가	거래의 대상이 되는 시설물 이용권 (골프회원권 등)	광역자치단체 (특별시, 광역시, 도)	매년 1.1 (수시 조정고시)	국세(양도·상속·증여 세) 지방세(재산세, 취득세)

완전포괄주의 증여

「상속세 및 증여세법」(이하 약칭 '상증법'이라 합니다)상 증여의 개념은 완전포괄주의로 증여세의 과세범위가 연차적으로 확대되어 왔음을 알 수 있습니다. 그만큼 과세관청에서 새로운 유형의 변칙 증여행위에 대한 과세를 강화하고 있다는 뜻이기도 합니다.

☞ 열거주의('00이전) → 유형별 포괄주의('01년) → 유형별 포괄주의 확정('03년) → 완전포괄주의('04년) → 완전포괄주의의 확장('16년)

2003.12.31. 이전에는 상증법에서 증여의 개념을 별도로 규정하고 있지 않아 민법(제554조)의 증여개념을 차용하여 이를 적용하여 왔습니다. 민법상 증여에 해당하지 아니하지만 실질적으로 부의 무상 이전이라고 판단되는 경우에는 증여의제나 증여추정 규정을 두어 증여세를 과세하였습니다.

2000년도까지는 과거 민법상의 증여재산과 상증법상 열거한 증여의제 또는 증여 추정재산에 대하여만 과세하였으나, 2001년도에는 6가지 유형의 자본거래의 증여의제와 유사한 경우에도 추가적인 법령 보완 없이 증여세를 과세할 수 있도록 하는 유형별 포괄주의를 도입하였으며, 2003년도부터는 나머지 여덟 가지 증여의제 유형에 대해서도 유형별 포괄주의를 적용하여 이를 시행해 왔습니다.

그러다가 2004.1.1. 이후부터는 상증법상 증여의 개념을 새로이 포괄적으로 규정함으로써 이에 해당하는 모든 재산이나 이익에 대하여 증여세 과세가 가능하도록 하는 '완전포괄주의 과세방식'으로 전환하였습니다. 이는 모든 변칙행위를 과세 규정으로 일일이 입법하는 것이 사실상 불가능하여 새로운 유형의 변칙증여 행위에 대한 과세방안을 마련하여 제도적으로 시행한 것입니다.

☞ 2004.1.1. 이후 증여세 완전포괄주의 제도를 도입하면서 상증법 제2조제6호(종전 상증법 제2조제3항)에 증여 개념을 신설하였습니다.

그러나 법원의 판단은 납세자의 예측가능성 등을 보장하기 위하여 개별가액산정규정이 특정한 유형의 거래·행위를 규율하면서 그중 일정한 거래·행위만을 증여세 과세대상으로 한정하고 그 과세범위도 제한적으로 규정함으로써 증여세 과세의 범위의 한계를 설정한 것으로 볼 수 있는 경우, 개별 가액산정 규정에서 규율하고 있는 거래·행위 중 증여세 과세대상이나 과세범위에서 제외된 거래·행위가 상증법 제4조제1항의 증여의 개념에 들어맞더라도 그에 대한 증여세를 과세할 수 없다(대법원 2014두47945, 2015.10.15.)는 일관된 입장을 취하고 있습니다.

정부에서는 2016.1.1. 이후 열거되어 있는 증여예시규정에 해당하지 않더라도 '증여'의 개념에 포섭되는 경우 증여세를 과세할 수 있는 근거 규정을 명확히 하였습니다. 증여의 개념에서 '기여에 의하여 타인의 재산 가치를 증가시키는 것'이라는 문구에서 '기여에 의하여'라는 용어를 삭제함으로서 증여의 적용의 폭이 그만큼 명확히 넓어지게 된 것입니다. 즉 '기여'가 의미하는 바가 증여의 요건을 제한할 수 있었으나, 그 제한 요건의 문구가 사라짐으로써 증여 과세 요건이 더욱 명확해지며 확대된 것입니다.

☞ 포섭 : 어떤 개념이 보다 일반적인 개념에 포괄되는 종속 관계

☞ 증여의 개념 법령 개정 연혁

상속세및증여세법 [법률 제7010호, 2003. 12. 30, 일부개정]	상속세및증여세법 [법률 제13557호, 2015. 12. 15, 일부개정]	상속세및증여세법 [법률 제17654호, 2020. 12. 22, 일부개정]
2004.1.1.-2015.12.31	2016.1.1.-2020.12.31	2021.1.1.- 현재
제2조 (증여세 과세대상) ③이 법에서 "증여"라 함은 그 행위 또는 거래의 명칭·형식·목적 등에 불구하고 경제적 가치를 계산할 수 있는 유형·무형의 재산을 타인에게 직접 또는 간접적인 방법에 의하여 무상으로 이전(현저히 저렴한 대가로 이전하는 경우를 포함한다)하는 것 또는 **기여에 의하여** 타인의 재산가치를 증가시키는 것을 말한다. 〈신설 2003.12.30〉	제2조(정의) 6. "증여"란 그 행위 또는 거래의 명칭·형식·목적 등과 관계없이 직접 또는 간접적인 방법으로 타인에게 무상으로 유형·무형의 재산 또는 이익을 이전(移轉)(현저히 낮은 대가를 받고 이전하는 경우를 포함한다)하거나 타인의 재산가치를 증가시키는 것을 말한다. 다만, 유증과 사인증여는 제외한다.	제2조(정의) 6. "증여"란 그 행위 또는 거래의 명칭·형식·목적 등과 관계없이 직접 또는 간접적인 방법으로 타인에게 무상으로 유형·무형의 재산 또는 이익을 이전(移轉)(현저히 낮은 대가를 받고 이전하는 경우를 포함한다)하거나 타인의 재산가치를 증가시키는 것을 말한다. 다만, 유증, 사인증여, 유언대용신탁 및 수익자연속신탁은 제외한다.

완전포괄주의 증여제도를 가장 먼저 살펴보는 것은 이 제도가 자산가들의 경제활동에 미치는 영향이 그만큼 폭이 넓고 크기 때문입니다.

많은 자산가들이 완전포괄주의 증여제도의 중요성을 인식하지 못한 채 특수관계인 간 거래나 부동산 매매 계약을 체결함으로써 고액의 증여세를 추징당하는 사례가 있습니다. 특히 특수관계인 간 또는 어떤 경제적 영향을 미칠 수 있는 법인 간의 거래가 이루어질 경우에도 반드시 「완전포괄주의 증여세 과세제도」에 대한 개념만이라도 이해하고 계약을 진행하는 것이 바람직합니다.

최근 부동산과 같은 자산의 급격한 가치 상승으로 인하여 조세 부담이 그만큼 커지는 만큼, 경제활동에서 세금 문제가 매우 중요해지고 있습니다. 자산가들 입장에서는 완전포괄주의 증여제도에 대하여 그 항목과 내용만이라도 간략하게 이해하는 것이 세무 전문가의 조력을 받아 자산을 관리하는데 조금이라도 도움이 되리라 봅니다. ☞ 증여예시·증여추정·증여의제

☞ 완전포괄주의 도입 · 개정 후 증여세 과세체계

구분			법률 규정
민법상 증여(1)		증여계약	계약에 의해 무상이전 되는 것
완전포괄 주의과세 (상증법 제2조)	증여예시 (17)	일반거래 증여예시 (10)	① 신탁이익 (상증법 제33조) ② 보험금 (상증법 제34조) ③ 저가양수·고가양도(상증법 제35조) ④ 채무면제 등(상증법 제36조) ⑤ 부동산 무상사용(상증법 제37조) ⑥ 초과배당이익(상증법 제41조의2) ⑦ 금전 무상대출 등에 따른 이익(상증법 제41조의4) ⑧ 재산사용 및 용역제공등에 따른 이익(상증법 제42조) ⑨ 법인의 조직변경에 따른 이익(상증법 제42조의2) ⑩ 재산 취득후 재산가치 증가에 따른 이익(상증법 제42조의3)
		자본거래 증여예시 (7)	① 합병에 따른 이익(상증법 제38조) ② 증자에 따른 이익(상증법 제39조) ③ 감자에 따른 이익(상증법 제39조의2) ④ 현물출자에 따른 이익(상증법 제39조의3) ⑤ 전환사채등의 주식전환등에 따른 이익(상증법 제40조) ⑥ 주식등의 상장등에 따른 이익(상증법 제41조의3) ⑦ 합병에 따른 상장등 이익(상증법 제41조의5)
	포괄주의(1)		① **증여예시와 경제적 실질이 유사한 증여**(상증법 제4조제1항제6호)
증여추정(2)			① 배우자등에게 양도한 재산(상증법 제44조) ② 재산취득·채무상환·실명확인(예금 명의자 등) (상증법 제45조)
증여의제(4)			① 명의신탁재산(상증법 제45조의2) ② 특수관계법인과의 거래를 통한 이익(상증법 제45조의3) ③ 특수관계법인으로부터 제공받은 사업기회로 발생한 이익 　(상증법 제45조의4) ④ 특정법인과의 거래를 통한 이익(상증법 제45조의5)

(자료: 국세청)

☞ 증여세 완전포괄주의 도입 연혁

연도별	도입내용

2001년 이전
열거주의
	• 민법상 증여
	• 14개 증여의제
	• 2개 증여추정
	  – 증여의제 과세대상(구법 제32조)
	  – 기타의 증여의제구법 제42조)

2001년 이후 유형별 포괄주의 (2000.12.29.개정)	• 14개 증여의제 중 6개 자본거래 규정과 유사한 경우 증여세 과세(구법 제42조 기타의 증여의제) – 합병(구법 제38조), 증여(구법 제39조), 감자(구법 제39조의2), 전환사채(구법 제40조), 특정법인(구법 제41조), 상장(구법 제41조의3)
2013년 유형별 포괄주의 확대 (2002.12.18.개정)	• 14개 증여의제 중 9개 증여의 규정과 유사한 경우 증여세 과세 (구법 제42조 기타의 증여의제) – 신탁(구법 제33조), 보험금(구법 제34조), 고저가(구법 제35조), 채무면제(구법 제36조), 토지무상사용(구법 제37조), 명의신탁(구법 제41조의2), 금전대부(구법 제41조의4), 합병상장(구법 제41조의5)
2004년 완전포괄주의 도입 (2003.12.30 개정)	• 세법상 증여의 개념 도입(구법 제2조제3항) • 경제적 실질에 따라 증여 해당 여부 판단 (구법 제2조제4항) • 증여 의제규정을 증여 예시규정으로 전환
2013년 보완 (2013.1.1.개정)	• 증여재산가액 계산의 일반원칙(구법 제32조) 및 과세요건(구법 제24조의2) 신설 • 경제적 실질에 따른 과세 명확화(구법 제4조의2) • 증여재산 범위 및 증여재산 취득시기 보완
2014년 보완 (2014.1.1.개정)	• 흑자영리법인을 통한 변칙적인 조세회피 방지(구법 제41조)
2016년 완전포괄주의 명확화 (2015.12.15.개정)	• '증여'의 개념에 부합 → 과세 가능(법 제4조제1항제6호) • 증여세 적용범위 명확화(법 제4조제2항) • 증여 예시규정별 과세요건 명확화

(자료: 국세청)

☞ 완전포괄주의 도입 전·후 증여세 과세체계

도입 전(2003.12.31. 이전)	도입 후(2004.1.1.이후)
• 증여의 정의 규정 없음 　– 민법상 개념 차용, 타인의 증여에 의하여 재산을 취득하는 자에 대하여 증여세 과세	• 구 상증세법 제2조제3항 증여개념 신설 　– 계약, 단독행위, 기타 세법상의 형식이 무엇이든 　– 타인으로부터 직·간접적으로 재산을 무상 또는 저렴한 대가로 취득하거나 　– 타인의 기여에 의하여 재산의 가치가 증가하는 경우 증여세 과세
① 일반적 증여의제 규정(구법 제32조) 　– 유·무형의 재산을 직·간접적으로 증여받은 경우 증여세 과세 ② 14개 유형 개별 증여의제 열거 　– (일반거래) 신탁, 보험금, 고저가 양도, 채무면제익, 토지무상사용익, 무상금전대부 　– (자본거래) 불균등 합병, 증자, 감자, 전환사채등, 특정법인을 통한 이익상장 시세차익, 합병 시세차익 　– 명의신탁 재산 ③ 유사유형 증여의제(구법 제42조) 　– 13개 유형과 유사한 행위도 증여로 의제하는 유형별 포괄규정 ④ 2개 유형 증여추정 　– 배우자등에 대한 양도 　– 재산취득자금등	①·③의 규정을 완전포괄주의로 전환 (3그룹으로 세분화) 　– (일반거래) 대가를 수수하지 않거나 시가보다 낮은 대가로 재산을 이전받은 경우 　– (자본거래) 출자, 합병, 사업 양수도 등에 의한 지분 또는 그 가액이 증가한 경우 　– (기타 재산증가) 타인의 기여에 의하여 재산의 가치가 증가한 경우 ②의 열거규정을 예시규정으로 전환 　– 증여시기, 증여가액의 산정 등에 관하여 규정 　– 현물출자이익의 증여 신설(구법 제39조의3) 　– 명의신탁은 증여의제로 전환·유지 ④의 2개 유형 증여추정 유지

추가된 ① 타인의 기여에 의한 재산가치증가분 증여(구법 제42조제4항)
　　　　② 명칭 형식·목적에 관계없이 사실상 무상이전된 모든 재산(구법 제2조제3항)

⇒ 과세대상 및 과세가액 산정방법 등에 대한 구체화 부족(조세 쟁송)

(자료: 국세청)

☞ 경제적 이익의 산정기준

도입 전(2003.12.31. 이전)	도입 후(2004.1.1.이후)

• 경제적 이익의 산정은 개별 증여의제 규정에 구체적으로 규정
예) 불공정 합병의 경우
→ 합병직전과 직후의 평가 차액
	• 경제적 이익의 산정기준
	  – (빌반거래) 시가와 실제 지급한 대가와의 차액
	  – (자본거래) 소유지분, 그 가액의 변동 전·후의 평가차액
	  – (기타 재산증가) 재산증가사유 발생일의 가액과 당해 재산의 취득가액 등의 차액
	• 세부적인 산정방법은 법률에 직접 규정 또는 시행령에 위임

☞ 2015년 법령개정(2016년 시행)시 완전포괄주의 명확화 내용

개념	신설 내용

완전포괄주의
근거 명확화
	• 완전포괄주의 증여세 과세 근거를 명확히 규정
	  – 무상 또는 현저히 저렴한 대가를 받고 재산을 이전받은 경우 및 재산취득 후 재산가치가 증가한 경우
	  – 증여 예시규정 및 증여 의제규정 요건을 충족하는 경우
	  – **증여 예시규정과 경제적 실질이 유사한 경우 등 증여 예시규정을 준용하여 증여재산가액을 계산할 수 있는 경우**

적용범위 명확화	• 자산수증이익 등에 법인세가 과세된 법인의 주주·출자자 등에 대한 증여세 과세 범위 규정
	  – 법인의 자산수증이익과 채무면제이익 등에 법인세가 과세되는 경우 그 법인의 주주·출자자 등에 대해서는 증여의제로 규정된 경우에 한하여 증여세 과세
	  ① 일감몰아주기 ② 특수관계법인의 사업기회 제공을 통한 이익의 증여 ③ 결손법인, 휴·폐업법인 및 지배주주가 50% 이상을 지배하고 있는 영리법인 등을 통한 증여 등

제1장

증여세 과세와 특수관계인

「민법」상 증여는 당사자 일방이 무상으로 일정한 재산을 상대방에게 준다는 의사를 표시하고, 상대방이 이를 승낙함으로서 성립하는 계약을 말합니다. (민법 제554조)

☞ 증여가 특별하게 발생하는 경우
- (정기증여) 정기적으로 재산을 무상으로 주는 증여를 말합니다. 증여자(증여를 하는 사람) 또는 수증자(증여를 받는 사람)가 사망할 경우에 그 효력을 잃습니다.(민법 제560조)
- (부담부증여) 상대부담이 있는 증여(민법 제561조)로 수증자가 재산과 채무를 동시에 부담하는 증여를 말합니다.
- (사인증여) 생전에 증여계약을 맺었으나, 그 효력이 증여자의 사망으로 발행하는 증여를 말합니다.(민법 제562조) 이는 상속을 말합니다. 따라서 사인증여는 상속세 과세대상이 됩니다.

「상속세 및 증여세법」상 증여는 그 행위 또는 거래의 명칭, 형식, 목적 등과 관계없이 타인에게 재산을 이전하거나, 타인의 재산 가치를 증가시키는 두 가지 경우를 말합니다. 직접 또는 간접적인 방법으로 타인에게 무상으로 유형, 무형의 재산 또는 이익을 이전하는 경우에는 현저히 낮은 대가를 받고 이전하는 경우를 포함합니다. 타인의 재산 가치를 증가시키는 경우에는 유증, 사인증여, 유언대용신탁, 수익자연속신탁은 제외합니다. (상증법 제2조제6호)

증여세는 「상속세 및 증여세법」상의 증여(증여자의 사망으로 인하여 효력이 발생하는 증여는 제외)를 과세원인으로 하여 무상으로 얻은 증여재산가액에 대하여 부과하는 세금입니다.

1 증여세 완전포괄주의 제도

상증법에서는 민법상 증여에 해당되지 아니하더라도, 그 행위 또는 거래의 명칭·형식·목적 등과 관계없이 직접 또는 간접적인 방법으로 타인에게 무상으로 유형·무형의 재산 또는 이익을 이전(현저히 낮은 대가를 받고 이전하는 경우를 포함합니다)하거나 타인의 재산가치를 증가시키는 것을 말합니다. 다만, 유증, 사인증여, 유언대용신탁 및 수익자연속신탁은 제외합니다.

2004.1.1. 이후 상증법상에 증여개념을 신설하면서 증여세 완전포괄주의 제도를 도입하였습니다. (상증법 제2조제6호)

☞ **상속세 및 증여세법 제2조(정의)** 이 법에서 사용하는 용어의 뜻은 다음과 같다. 〈개정 2020. 12. 22.〉

6. "증여"란 그 행위 또는 거래의 명칭·형식·목적 등과 관계없이 직접 또는 간접적인 방법으로 타인에게 무상으로 유형·무형의 재산 또는 이익을 이전(移轉)(현저히 낮은 대가를 받고 이전하는 경우를 포함한다)하거나 타인의 재산가치를 증가시키는 것을 말한다. 다만, 유증, 사인증여, 유언대용신탁 및 수익자연속신탁은 제외한다.

7. "증여재산"이란 증여로 인하여 수증자에게 귀속되는 모든 재산 또는 이익을 말하며, 다음 각 목의 물건, 권리 및 이익을 포함한다.

　가. 금전으로 환산할 수 있는 경제적 가치가 있는 모든 물건

　나. 재산적 가치가 있는 법률상 또는 사실상의 모든 권리

　다. 금전으로 환산할 수 있는 모든 경제적 이익

1) 증여세 완전포괄주의 제도의 연혁

2004.1.1.이후부터는 상증법상 증여의 개념을 새로이 포괄적으로 규정함으로써, 이에 해당하는 모든 재산이나 이익에 대하여 증여세 과세가 가능하도록 완전포괄주의 과세방식으로 전환하였습니다. 그 이유는 모든 변칙증여 행위를 과세규정으로 일일이 입법하는 것이 현실적으로 불가능하기 때문이었습니다. 새로운 유형의 변칙증여 행위에 대한 사전 대처가 미흡하다는 문제점을 개선하기 위해서 이러한 증여세 완전포괄주의 제도가 도입되었습니다.

☞ **(증여세 완전포괄주의 제도의 도입)** 증여세는 열거주의, 유형별 포괄주의, 완전포괄주의 방식으로 과세대상 범위를 점차 넓혀 가면서 운영되어 왔습니다. 열거주의란 소득세법이 채택하고 있는 방식으로 과세대상을 세법에 일일이 열거한 후, 명시된 경우에만 과세가 가능한 방식을 말합니다. 포괄주의란 그 과세대상이 되는 이익이나, 계산의 범위를 포괄적으로 규정하여, 그 대상이 해당되는 경우에는 모두 과세할 수 있는 방식을 의미합니다.

　열거주의('00이전) → 유형별 포괄주의('01년) → 유형별 포괄주의 확정('03년) → 완전포괄주의('04년)

☞ **(증여세 과세 제도의 적용 연혁)** 2000년도까지는 과거 민법상의 증여재산과 상증법상 열거한 증여의제 또는 증여추정 재산에 대하여만 과세할 수 있었습니다. 그러나 2001년부터는 6가지 자본거래 증여의제와 유사한 경우에도 추가적인 법령 보완 없이 증여세를 과세할 수 있도록 하는 유형별 포괄주의를 도입하였습니다. 2003년도부터는 8가지 증여의제 유형에 대하여도 유형별 포괄주의를 적용하여 시행해왔습니다.

2) 대법원의 판례 경향

2004년부터 증여세 완전포괄주의 시행에도 불구하고 법원의 판단은 납세자의 예측 가능성과 법적 안정성 등을 보장하는 입장을 취하여 완전포괄주의 과세범위를 제한하고 있습니다.

☞ 법원은 납세자의 예측가능성 등을 보장하기 위하여 개별 가액산정규정이 특정한 유형의 거래·행위를 규율하면서 그중 일정한 거래·행위만을 증여세 과세대상으로 한정하고, 그 과세범위도 제한적으로 규정함으로써 증여세 과세의 범위의 한계를 설정한 것으로 볼 수 있는 경우, 개별 가액산정규정에서 규율하고 있는 거래·행위 중 증여세 과세대상이나 과세범위에서 제외된 거래·행위가 상증법 제4조제1항의 증여의 개념에 들어맞더라도 그에 대한 증여세를 과세할 수 없다(대법원 2014두47945, 2015.10.15.)라고 판결하여 과세범위를 제한하고 있습니다.

3) 증여세 완전포괄주의의 확장

정부에서는, 2016.1.1.이후 열거되어 있는 증여예시규정에 해당되지 않더라도 '증여'의 개념에 포섭되는 경우, 증여세 과세가 가능하도록 하는 근거규정을 신설하여 증여세 완전포괄주의의 적용을 명확히 하였습니다. (상증법 제2조제6호, 제4조제1항제6호)

영리법인은 증여세 납부의무가 없음을 규정하고, 영리법인이 증여받은 재산 또는 이익에 법인세가 과세된 경우에는 해당 법인의 주주 및 출자자에 대해서는 상증법에 따라 증여로 의제되는 경우를 제외하고는 증여세를 과세하지 아니하도록 법령을 개정하였습니다. (상증법 제4조의2제4항)

또한 기업집단 최대주주 등이 계열회사에 대한 지배력을 활용하여, 상속대상자인 자녀 등에게 편법적으로 부를 이전하는 경우를 제한하기 위해 특수관계법인으로부터 사업기회를 제공받은 수혜법인의 주주에 대한 증여세 과세 근거를 신설하였습니다. (상증법 제45조의3, 제45조의4)

종전의 상증법 제42조 '그 밖의 이익증여'를 개별 유형별로 분류하고, 별도 조문으로 구성하여 각각 '증여 예시' 성격의 규정임을 명확히 하였으며,(상증법 제42조, 제42조의2, 제42조의3) '특정법인과의 거래를 통한 이익의 증여'는 '증여 예시적 성격의 규정'에서 '증여의제 규정'으로 전환하였습니다. (상증법 제45조의5)

2 상증법상 증여

1) 상증법상 증여와 증여세

상증법상 증여는 타인에게 무상으로 유형, 무형의 재산 또는 이익을 이전하거나, 재산 가치를 증가시키는 것을 말합니다. 그 행위 또는 거래의 명칭, 형식, 목적 등과 관계없이 직접, 간접적인 행위 모두가 포함이 되며, 현저히 낮은 대가를 받고 이전하는 경우 또한 포함이 됩니다. 다만, 유증, 사인증여, 유언대용신탁 및 수익자연속신탁은 제외합니다.

이 경우, 제3자를 통한 간접적인 방법이나 2 이상의 행위 또는 거래를 거치는 방법으로 세법의 혜택을 부당하게 받기 위한 것으로 인정되는 경우가 있을 수 있습니다. 이때는 그 경제적 실질 내용에 따라 판단을 하여, 당사자가 직접 거래를 한 것으로 보거나, 연속된 하나의 행위 또는 거래를 한 것으로 보게 됩니다. (국세기본법 제14조제2항·제3항)

☞ **(증여계약의 법적 성질)** 민법상 '증여'는 무상계약이며, 낙성계약입니다. 낙성계약이란 물건의 인도, 기타 급부를 실행하지 않더라도, 당사자의 의사표시의 합치만으로 성립하는 계약을 말합니다. 민법에서의 '증여'는 당사자 일방이 무상으로 재산을 상대방에 수여하는 의사를 표시하고 상대방이 이를 승낙함으로써 그 효력이 생깁니다.(민법 제554조) 증여의 의사가 서면으로 표시되지 아니한 경우에는 각 당사자는 이를 해제할 수 있습니다.(민법 제555조) 민법에 따르면 증여계약의 해제는 서면에 의하지 않는 증여, 망은행위, 재산상태의 변화 등 이 세 가지의 경우에만 해제할 수 있습니다. 이미 이행한 부분에 대하여는 영향을 미치지 않으므로, 해제하더라도 이행한 부분에 대하여는 반환을 청구하지 못합니다. (민법 제555~558조)

☞ **(해제와 해지)** 해제와 해지는 소급효과 여부에서 구분이 됩니다. 해제는 유효하게 성립한 계약의 효력을 당사자 일방의 의사표시에 의하여 소급적으로 소멸하지 않게 하여 계약이 처음부터 성립되지 않은 상태로 복귀시키는 것을 말합니다. 해지는 계속적 계약관계에서 일방적 의사표시로 계약의 효력을 장래에 향하여 소멸하게 하는 행위를 말합니다. 즉 소급효과가 없습니다.

2) 증여세의 과세체계

증여세 과세체계는 증여자 과세체계와 수증자 과세체계가 있습니다. 증여자 과세체계는 증여자에게 납부의무가 있으며, 상속세 과세체계의 유산세체계에 상응하는 체계입니다. 수증자 과세체계는 수증자에게 증여세 납부의무가 있습니다. 이는 상속세과세체계의 유산취득세체계를 따르는 것입니다.

우리나라의 증여세 과세체계는 수증자를 납세의무자로 하여 증여자, 수증자별로 과세가액을 계산하도록 하고 있습니다. 또한 10년 이내에 동일인으로부터 증여가액(1천만원 이상)에 대하여 누적 과세하도록 하고 있습니다.

3) 상속세와 증여세의 비교

상속세는 피상속인(재산을 물려주는 자)이 거주자인지 비거주자인지에 따라 과세범위가 달라지지만, 증여세는 수증자(재산을 받는 자)가 거주자인지 비거주자인지에 따라 과세범위가 달라집니다.

상속세는 피상속인이 자연인(개인)인 경우에만 부과되지만, 증여세는 증여자가 자연인 또는 법인 여부에 상관이 없습니다. 수증자가 개인인 경우뿐만 아니라, 비영리법인인 경우에도 부과될 수 있습니다.

상속세는 유산과세형이므로 피상속인이 물려준 유산총액을 기준으로 과세되지만, 증여세는 다릅니다. 증여세는 수증자를 기준으로 증여자·수증자별로 세액을 계산하고, 동일한 증여자로부터 증여받은 재산을 10년간 합산하여 과세합니다.

4) 양도소득세와의 관계

부동산 등을 상속 또는 증여에 의하여 취득한 후에 이를 양도하는 경우에는 해당 부동산 등의 양도차익 계산시 취득가액은 상속개시일 또는 증여일 현재 「상속세 및 증여세법」 제60조 ~ 제66조 규정에 따라 평가한 가액(납세자가 신고기한내 신고한 가액이 아닙니다)으로 하고 있습니다. (소득세법 시행령 제163조제9항·제10항)

즉, 상속세·증여세 과세가액이 낮게 평가 되면, 양도차액이 커지게 되어 양도소득세가 늘어나는 밀접한 관계에 있습니다.

5) 증여재산에 소득세·법인세가 부과되는 경우

☞ 「상속·증여세 이론과 실무」 책자의 '제4편 증여세' 납세의무 부분에서 상세히 설명합니다.

증여재산에 대하여 수증자에게 소득세법에 따른 소득세, 법인세법에 따른 법인세가 부과되는 경우에는 증여세를 부과하지 않습니다. 소득세, 법인세가 소득세법, 법인세법 또는 다른 법률에 따라 비과세되거나 감면되는 경우에도 증여세를 부과하지 않습니다. (상증법 제4조의2제3항)

☞ 예를 들어 개인이 특수관계법인으로부터 부동산을 저가로 취득하여 법인세 부당행위계산부인 규정을 적용하여, 거래 부동산의 시가와 대가의 차액에 대하여 익금산입하고, 그 가액을 개인에게 소득처분하여 소득세가 부과되는 경우에는 그 시가와 대가의 차액에 대하여 다시 증여세를 부과하지 않습니다.

☞ 이 경우 주의하여야 할 점은, 소득세법에 의하여 소득세가 부과되는 때에는 증여세를 부과하지 아니한다는 것은 소득세의 과세대상이 되는 경우에 증여세를 중복하여 부과할 수 없다는 것을 규정한 것입니다. 소득세의 적법한 과세대상도 아닌데 잘못 부과된 경우에도 항상 증여세를 부과해서는 안 된다거나, 그와 같이 잘못 부과된 소득세부과처분을 취소하지 아니하고는 증여세를 부과하지 못한다는 취지의 규정은 아닙니다. (대법원94누15189, 1995.05.23.)

증여세와 양도소득세는 납세의무의 성립 요건과 시기 및 납세의무자를 서로 달리 하는 것이어서 과세관청이 각 부과처분을 할 경우에는 각각의 과세요건에 모두 해당될 경우에는 각각의 과세요건에 따라 실질에 맞추어 독립적으로 판단하게 됩니다. 각각의 과세요건에 모두 해당될 경우 양자의 중복적용을 배제하는 특별한 규정이 없는 한, 증여세와 양도소득세 모두 과세될 수가 있습니다.

6) 수증자가 영리법인인 경우

☞ 「상속·증여세 이론과 실무」 책자의 '제4편 증여세' 납세의무 부분에서 상세히 설명합니다.

영리법인이 타인으로부터 재산을 증여받거나 경제적 이익을 받는 경우에는 납부할 증여세를 면제받게 됩니다. 영리법인이 증여받은 재산은 자산수증이익으로 법인의 각 사업연도 소득(익금)을 구성하기 때문에 법인세와의 이중과세를 방지하기 위하여 증여세를 면제하고 있습니다.

영리법인이 증여받은 재산 또는 이익에 대하여 법인세법에 따른 법인세가 부과되는 경우(법인세가 법인세법 또는 다른 법률에 따라 비과세되거나 감면되는 경우를 포함합니다) 해당 법인의 주주 등에 대하여는 '특수관계법인과의 거래를 통한 증여의제'(상증법 제45조의3), '특수관계법인으로부터 제공받은 사업기회로 발생한 이익의 증여의제'(상증법 제45조의4), '특정법인과의 거래를 통한 증여의제'(상증법제45조의5)의 경우를 제외하고는 증여세를 부과하지 아니합니다. (상증법 제4조의2제4항)

7) 증여가액계산의 일반 원칙

☞「상속·증여세 이론과 실무」책자의 '제4편 증여세 제2장 증여가액계산의 일반원칙 부분에서 상세히 설명합니다.

증여세 완전포괄주의가 도입된 이후에도 포괄적 증여의 개념에 대응하는 일반적인 증여이익 계산방법이 규정되어 있지 않아 증여세 과세 논란이 끊임없이 제기되고, 상증법상 열거되어 있지 않은 유형의 증여 행위에 대해 적극적으로 과세하지 못하는 문제점이 있었습니다. 이를 위하여 2013.1.1. 법률개정(11609호)을 통해 증여재산가액 계산의 일반원칙을 신설(상증법 제31조)하였습니다.

이는 새로운 유형의 변칙적인 증여행위에도 과세할 수 있도록 증여재산가액 계산의 일반원칙을 규정한 것으로, 2013.1.1.이후 증여받은 분부터 이 규정에 따라 증여세를 과세합니다. 적용한도는 「3억원 이상 또는 30%이상」이라는 과세기준이익 등 일반원칙의 적용한도를 명시하여, 완전포괄주의 확대에 따른 증여세 과세의 범위를 일부 제한하고 있습니다.

상증법 제4조(증여세 과세대상)제1항4호부터 제6호까지 및 제4조제2항에 해당하는 경우에는 증여재산가액 계산의 일반원칙에도 불구하고, 해당규정에 따라 증여재산가액을 계산합니다.

☞ 2016.1.1.이후부터 적용합니다.

3 증여세 과세대상 (증여 재산)

증여세 과세대상은 증여로 인하여 수증자에게 귀속되는 재산을 말합니다.

증여재산에는 금전으로 환산할 수 있는 경제적 가치가 있는 모든 물건과 재산적 가치가 있는 법률상 또는 사실상의 모든 권리를 포함하며, 2016.1.1. 이후 증여받는 분부터는 수증자에게 귀속되는 금전으로 환산할 수 있는 모든 경제적 이익을 추가하여 포함시킴으로써, 용역을 무상 또는 현저히 낮은 가액으로 제공받음에 따른 이익이나 합병·상장에 따라 증가한 이익 등에도 과세할

수 있도록 명확히 하였습니다. (상증법 제2조제7호, 2015.12.15. 신설)

☞ 법령개정에 따른 증여재산의 대상변경

2015.12.31이전	2016.1.1이후
○ 수증자에게 귀속되는 재산으로서 - 경제적 가치가 있는 모든 물건 - 재산적 가치가 있는 모든 권리	○ 수증자에게 귀속되는 재산으로서 - (좌동) - (좌동) - (추가) 금전으로 환산할 수 있는 모든 경제적 이익

증여세 과세대상인 증여재산의 범위는 다음과 같습니다.(상증법 제4조) 증여재산가액 계산은 상증법에서 증여재산가액 계산의 일반원칙(상증법 제31조)에서 규정하고 있습니다.

상증법 제4조에 규정된 증여세 과세대상을 이해하기 쉽게 설명하면 다음과 같습니다.

① 무상으로 이전받은 재산 또는 이익

② 현저히 낮은 대가를 주고 재산 또는 이익을 이전받음으로써 발생하는 이익이나 현저히 높은 대가를 받고 재산 또는 이익을 이전함으로써 발생하는 이익. 다만, 특수관계인이 아닌 자간의 거래인 경우에는 거래의 관행상 정당한 사유가 없는 경우로 한정

③ 재산 취득 후 해당 재산의 가치가 증가한 경우의 그 이익. 다만, 특수관계인이 아닌 자 간의 거래인 경우에는 거래의 관행상 정당한 사유가 없는 경우로 한정

④ 예시규정(상증법 제33조부터 제39조까지, 제39조의2, 제39조의3, 제40조, 제41조의2부터 제41조의5까지, 제42조, 제42조의2 제42조의3까지)에 해당하는 경우의 그 재산 또는 이익

⑤ ④의 각 예시규정의 경우와 경제적 실질이 유사한 경우 등 각 규정을 준용하여 증여재산의 가액을 계산할 수 있는 경우의 그 재산 또는 이익 (상증법 제4조제1항제6호)

⑥ 추정규정(상증법 제44조, 제45조)에 해당하는 경우의 그 재산 또는 이익

⑦ 의제규정(상증법 제45조의2부터 제45조의5까지의 규정)에 해당하는 경우에는 그 재산 또는 이익

⑧ 당초 상속분을 초과하여 취득하는 재산가액

⑨ 반환 또는 재증여한 경우

☞ 예시규정, 추정규정, 의제규정이란 말이 상증법 제4조에 명시된 것은 아닙니다. 상증법 제4조 법령 조문에는 해당 조항만을 열거하고 있을 뿐입니다.

☞ **「상속세 및 증여세법」 제4조(증여세 과세대상)**

① 다음 각 호의 어느 하나에 해당하는 증여재산에 대해서는 이 법에 따라 증여세를 부과한다. 〈개정 2016. 12. 20.〉

　1. 무상으로 이전받은 재산 또는 이익

　2. 현저히 낮은 대가를 주고 재산 또는 이익을 이전받음으로써 발생하는 이익이나 현저히 높은 대가를 받고 재산 또는 이익을 이전함으로써 발생하는 이익. 다만, 특수관계인이 아닌 자 간의 거래인 경우에는 거래의 관행상 정당한 사유가 없는 경우로 한정한다.

　3. 재산 취득 후 해당 재산의 가치가 증가한 경우의 그 이익. 다만, 특수관계인이 아닌 자 간의 거래인 경우에는 거래의 관행상 정당한 사유가 없는 경우로 한정한다.

　4. 제33조부터 제39조까지, 제39조의2, 제39조의3, 제40조, 제41조의2부터 제41조의5까지, 제42조, 제42조의2 또는 제42조의3에 해당하는 경우의 그 재산 또는 이익

　5. 제44조 또는 제45조에 해당하는 경우의 그 재산 또는 이익

　6. 제4호 각 규정의 경우와 경제적 실질이 유사한 경우 등 제4호의 각 규정을 준용하여 증여재산의 가액을 계산할 수 있는 경우의 그 재산 또는 이익

② 제45조의2부터 제45조의5까지의 규정에 해당하는 경우에는 그 재산 또는 이익을 증여받은 것으로 보아 그 재산 또는 이익에 대하여 증여세를 부과한다.

③ 상속개시 후 상속재산에 대하여 등기·등록·명의개서 등(이하 "등기등"이라 한다)으로 각 상속인의 상속분이 확정된 후, 그 상속재산에 대하여 공동상속인이 협의하여 분할한 결과 특정 상속인이 당초 상속분을 초과하여 취득하게 되는 재산은 그 분할에 의하여 상속분이 감소한 상속인으로부터 증여받은 것으로 보아 증여세를 부과한다. 다만, 제67조에 따른 상속세 과세표준 신고기한까지 분할에 의하여 당초 상속분을 초과하여 취득한 경우와 당초 상속재산의 분할에 대하여 무효 또는 취소 등 대통령령으로 정하는 정당한 사유가 있는 경우에는 증여세를 부과하지 아니한다.

④ 수증자가 증여재산(금전은 제외한다)을 당사자 간의 합의에 따라 제68조에 따른 증여세 과세표준 신고기한까지 증여자에게 반환하는 경우(반환하기 전에 제76조에 따라 과세표준과 세액을 결정받은 경우는 제외한다)에는 처음부터 증여가 없었던 것으로 보며, 제68조에 따른 증여세 과세표준 신고기한이 지난 후 3개월 이내에 증여자에게 반환하거나 증여자에게 다시 증여하는 경우에는 그 반환하거나 다시 증여하는 것에 대해서는 증여세를 부과하지 아니한다.

1) 포괄적 증여재산 (상증법 제4조제1항제1호~제3호)

다음 조건에 맞는 새로운 유형의 증여재산을 포함합니다. 이는 증여세를 부과합니다.

　① 무상으로 이전받은 재산 또는 이익

　② 현저히 낮은 대가를 주고 재산 또는 이익을 이전받음으로써 발생하는 이익이나 현저히 높은 대가를 받고 재산 또는 이익을 이전함으로써 발생하는 이익. 다만, 특수관계인이 아닌 자 간의 거래인 경우에는 거래의 관행상 정당한 사유가 없는 경우로 한정합니다.

　③ 재산 취득 후 해당 재산의 가치가 증가한 경우의 그 이익. 다만, 특수관계인이 아닌 자 간의 거래인 경우에는 거래의 관행상 정당한 사유가 없는 경우로 한정합니다.

2) 증여 예시규정 (상증법 제4조제1항제4호)

17가지의 증여예시와 함께 이를 적용하여 과세하는 방법에 대한 과세특례규정을 별도로 명시(상증법 제43조에 따른 '증여세 과세특례')하여, 17가지 증여예시규정과 1개의 특례규정을 두고 있습니다.

① 상증법 제33조에 따른 「신탁이익의 증여」

② 상증법 제34조에 따른 「보험금의 증여」

③ 상증법 제35조에 따른 「저가양수 및 고가양도에 따른 이익의 증여」

④ 상증법 제36조에 따른 「채무면제 등에 따른 이익의 증여」

⑤ 상증법 제37조에 따른 「부동산 무상사용에 따른 이익의 증여」

⑥ 상증법 제38조에 따른 「합병에 따른 이익의 증여」

⑦ 상증법 제39조에 따른 「증자에 따른 이익의 증여」

⑧ 상증법 제39조의2에 따른 「감자에 따른 이익의 증여」

⑨ 상증법 제39조의3에 따른 「현물출자에 따른 이익의 증여」

⑩ 상증법 제40조에 따른 「전환사채 등의 주식전환에 따른 이익의 증여」

⑪ 상증법 제41조의2에 따른 「초과배당에 따른 이익의 증여」

⑫ 상증법 제41조의3에 따른 「주식 등의 상장에 따른 이익의 증여」

⑬ 상증법 제41조의4에 따른 「금전 무상대출 등에 따른 이익의 증여」

⑭ 상증법 제41조의5에 따른 「합병에 따른 상장 등 이익의 증여」

⑮ 상증법 제42조에 따른 「재산사용 및 용역제공 등에 따른 이익의 증여」

⑯ 상증법 제42조의2에 따른 「법인의 조직 변경 등에 따른 이익의 증여」

⑰ 상증법 제42조의3에 따른 「재산 취득 후 재산가치 증가에 따른 이익의 증여」

※ 상증법 제43조에 따른 「증여세 과세특례」(별도 조항으로 있음)

☞ (증여예시규정이라 말하는 이유) 「상속세 및 증여세법」 제3장 「증여세의 과세표준과 세액의 계산」 제1절 「증여재산」의 제4조(증여세 과세대상)제1항제4호에서 이 규정들을(위의 17가지)을 열거하면서, 제4조(증여세 과세대상)제1항제6호에서 이와 같은 증여 규정과 경제적 실질이 유사한 경우 등에는 각 규정(위의 17가지)을 준용하여 증여재산의 가액을 계산할 수 있도록 하고 있기 때문에 이를 증여예시규정이라 말하는 것입니다. 따라서 이 규정들을 증여재산의 가액을 계산할 수 있는 있는 증여예시규정이라고 일반적으로 말합니다. 세법령에서 이를 증여예시규정이라고 직접 명칭하고 있지는 않습니다.

3) 증여와 경제적 실질이 유사한 경우의 증여재산 (상증법 제4조제1항제6호)

상증법 제4조제4호 각 규정의 경우와 경제적 실질이 유사한 경우 등 상증법 제4조제4호의 각 규정을 준용하여 증여재산의 가액을 계산할 수 있는 경우의 그 재산 또는 이익(상증법 제4조제1항제6호)은 증여세가 과세됩니다.

즉, 앞의 증여예시규정과 경제적 실질이 유사한 경우 등 증여예시의 각 규정을 준용하여 증여재산의 가액을 계산할 수 있는 경우의 그 재산 또는 이익을 말합니다. 이를 증여세 과세대상 재산으로 규정하고 있습니다.

☞ 「상속세 및 증여세법」 제4조(증여세 과세대상)
　① 다음 각 호의 어느 하나에 해당하는 증여재산에 대해서는 이 법에 따라 증여세를 부과한다.
　　4. 제33조부터 제39조까지, 제39조의2, 제39조의3, 제40조, 제41조의2부터 제41조의5까지, 제42조, 제42조의2 또는 제42조의3에 해당하는 경우의 그 재산 또는 이익
　　6. 제4호 각 규정의 경우와 경제적 실질이 유사한 경우 등 제4호의 각 규정을 준용하여 증여재산의 가액을 계산할 수 있는 경우의 그 재산 또는 이익

4) 증여추정 (2가지) (상증법 제4조제1항제5호)

상증법 제44조 또는 제45조에 해당하는 경우의 그 재산 또는 이익은 증여세 과세대상이 됩니다.

　① 상증법 제44조에 따른 「배우자 등에게 양도한 재산의 증여 추정」
　② 상증법 제45조에 따른 「재산 취득자금 등의 증여추정」

5) 증여의제 (4가지) (상증법 제4조제2항)

　① 상증법 제45조의2에 따른 「명의신탁재산의 증여의제」
　② 상증법 제45조의3에 따른 「특수관계법인과의 거래를 통한 이익의 증여의제」
　③ 상증법 제45조의4에 따른 「특수관계법인으로부터 제공받은 사업기회로 발생한 이익의 증여의제」
　④ 상증법 제45조의5에 따른 「특정법인과의 거래를 통한 이익의 증여의제」

4 상속재산의 협의분할 및 재분할의 경우

1) 당초 상속분을 초과하여 취득하는 재산가액은 증여재산에 해당함

상속개시 후 상속재산에 대하여 등기 · 등록 · 명의개서 등(이하 "등기등"이라 합니다)으로 각 상속인의 상속분이 확정된 후, 그 상속재산에 대하여 공동상속인이 협의하여 분할한 결과 특정 상속인

이 당초 상속분을 초과하여 취득하게 되는 재산은 그 분할에 의하여 상속분이 감소한 상속인으로부터 증여받은 것으로 보아 증여세를 부과합니다. (상증법 제4조제3항)

그러나 공동상속인이 상속개시 후 상속재산을 최초로 협의분할에 따라 상속인이 자기의 법정상속지분을 초과하여 상속재산을 취득하더라도 그 초과 취득분에 대해서는 상속재산의 분할에 해당하므로 증여세를 과세하지 아니합니다. (상증법 제4조제3항 단서 규정, 상증법 시행령 제3조의2)

민법상 상속재산은 언제든지 협의분할이 가능하고, 그 효력은 상속개시당시로 소급하여 소급효력이 인정되고 있습니다.(민법 제1013조) 그러나 상증법에서는 상속개시 후 상속재산에 대하여 등기·등록·명의개서 등('등기등')에 따라 각 상속인의 상속분이 확정되어 '등기등'이 된 후, 그 상속재산에 대하여 공동상속인 사이의 협의에 의한 분할에 의하여 특정 상속인이 당초 상속분을 초과하여 취득하는 재산가액은 해당 분할에 의하여 상속분이 감소된 상속인으로부터 증여받은 것으로 보고 있습니다. (상증법 제4조제3항)

이는 상속분이 확정된 후에 민법상 협의분할을 이용한 증여세 탈루를 방지하기 위하여 규정된 것입니다.

2) 재분할로 상속지분이 변동되더라도 증여가 아닌 경우

당초 분할된 상속재산이 다음과 같은 사유로 재분할되는 경우에는 상속지분의 변동이 있더라도 증여세가 과세되지 않습니다. (상증법 제4조제3항 단서 규정, 상증법 시행령 제3조의2)

① 상속세 신고기간 이내에 재분할에 의하여 당초 상속분을 초과하여 취득한 경우
(상증법 제4조제3항 단서, 재재산46014-308, 2001.12.28)

② 상속회복청구의 소에 의한 법원의 확정판결에 따라 상속인 및 상속재산에 변동이 있는 경우
(상증법 시행령 제3조의2제1호)

* 상속회복청구권 : 상속권이 없으면서도 사실상 상속의 효과를 보유한 사람(참칭상속인)에 대하여 진정한 상속인이 상속의 효과를 회복할 것을 청구하는 권리(민법 999조)
* 상속회복청구의 소 : 상속권이 참칭상속인으로 인하여 침해된 때에 진정한 상속권자가 그 회복을 청구하는 소

③ 채권자대위권(민법 제404조)의 행사에 의하여 공동상속인들의 법정상속지분대로 '등기등'이 된 상속재산을 상속인 사이의 협의분할에 따라 재분할하는 경우 (상증법 시행령 제3조의2제2호)

* 채권자대위권 : 채권자가 자기채권을 보전하기 위하여 채무자의 권리를 대신 행사할 수 있는 권리

④ 상속세 신고기한 내에 상속세를 물납하기 위하여 민법상 법정상속분(민법 1009조)으로 등기, 등록 및 명의개서 등을 하여 물납을 신청하였다가 물납허가를 받지 못하거나, 세무서장의 물납재산의 변경명령을 받아 다른 재산으로 물납신청을 하고 당초의 물납재산을 상속인 사이의 협의 분할에 의하여 재분할하는 경우 (상증법 시행령 제3조의2제3호)

〈 예시 〉 2023. 4. 20 상속개시, 2023.10.31. 상속세 신고 (상속개시일이 속하는 다음달부터 6개월 말일까지 신고기한)
① 2023. 9. 20 상속개시 협의분할 등기한 후, 2023.10.20. 재협의하여 분할한 경우 → 증여세 과세대상 아님
② 2023. 9. 20 상속개시 협의분할 등기한 후, 2023.11.20. 재협의하여 분할한 경우 → 증여세 과세
③ 2023. 11. 20 상속재산 최초 협의 분할 등기한 경우 → 증여세 과세대상 아님

5 반환 또는 재증여한 경우

(상증법 제4조제4항)

☞ 반환·재증여 시기별 증여세 과세 여부

반환 토는 재증여시기	당초 증여분	반환 또는 재증여
증여세 신고 기한 이내	과세제외	과세제외
신고기한 경과 후 3월 이내	과세	과세제외
신고기한 경과 후 3월 후	과세	과세
금전(시기에 관계없음)	과세	과세

1) 증여재산을 반환하거나 재증여하는 경우

수증자가 증여받은 재산(금전은 제외)을 다시 증여자에게 반환하거나 재증여하는 경우에는 그 반환 또는 재증여하는 시기에 따라 증여세 과세대상 여부가 달라집니다.

수증자가 증여재산(금전은 제외)를 당사자 간의 합의에 따라 증여세 신고기한까지 증여자에게 반환하는 경우(반환하기 전에 과세표준과 세액을 결정받은 경우는 제외)에는 처음부터 증여가 없었던 것으로 보며, 증여세 신고기한이 지난 후 3개월 이내에 증여자에게 반환하거나, 증여자에게 다시 증여하는 경우에는 그 반환하거나 다시 증여한 것에 대하여는 증여세를 부과하지 않습니다.(상증법 제4조제4항)

☞ 합의해제에 의한 증여재산의 반환을 재증여의 경우와 동일시하여 증여세를 부과하는 것과 예외적으로 일정한 기간 이내의 합의해제에 의한 반환에 대하여 증여세를 부과하지 아니하는 것이 부적절하다고 할 수 없습니다.(헌재2000헌바35, 2002.1.31.)

☞ 〈예시〉
① 2023. 7.5 부동산(3억원)을 자에게 증여한 후, 2023.10.20.에 반환한 경우
　→ 당초 증여 및 반환 모두 증여로 보지 않음
② 2023. 7.5 부동산(3억원)을 자에게 증여한 후, 2023.11.10. 반환한 경우
　→ 당초 증여재산 3억원은 과세하고, 반환은 과세하지 않음

2) 증여재산이 금전인 경우

증여재산이 금전인 경우에는 그 반환여부를 현실적으로 파악하기 어려운 점을 감안하여 반환·재증여에 관계없이 항상 당초 증여분과 반환·재증여분에 대하여 모두 증여세가 과세됩니다.

헌법재판소는 금전은 소유와 점유가 분리되지 않아 그 반환여부나 반환시기를 객관적으로 확인하기 어렵다는 특수성이 있으며, 금전의 증여와 반환이 용이하다는 점을 이용하여 다양한 형태의 증여세 회피행위가 이루어질 수 있으므로, 금전증여의 경우 다른 재산의 증여와 달리 신고기한 이내에 합의해제를 하더라도 증여세를 부과하는 것은 합리적인 이유가 있다고 판단하고 있습니다. (헌재2013헌바117, 2015.12.23.)

3) 증여재산을 반환하기 전에 과세표준과 세액을 결정받는 경우

또한 증여재산을 반환하기 전에 과세표준과 세액을 결정 받은 경우에는 당초 증여에 대하여도 증여세를 부과합니다.

1 특수관계인 규정

특수관계인의 범위는 국세기본법에서 기본적으로 정하고 있으나, 상증법에서도 별도로 규정하고 있습니다. 상증법에 의한 상속세·증여세 과세시 특수관계인의 범위는 국세기본법보다 상증법을 우선 적용합니다. (국세기본법 제3조제1항) ☞ 2012.2.2.신설되었습니다.

상증법에서 특수관계인의 범위는 본인과 상증법 시행령 제2조의2(특수관계인의 범위) 각 호의 어느 하나에 관계가 있는 자를 '특수관계인'으로 정의합니다.

> ☞ **상속세 및 증여세법 제2조(정의)**
> 10. "특수관계인"이란 본인과 친족관계, 경제적 연관관계 또는 경영지배관계 등 대통령령으로 정하는 관계에 있는 자를 말한다. 이 경우 본인도 특수관계인의 특수관계인으로 본다.

> ☞ **상속세 및 증여세법 시행령 제2조의2(특수관계인의 범위)**
> ① 법 제2조제10호에서 "본인과 친족관계, 경제적 연관관계 또는 경영지배관계 등 대통령령으로 정하는 관계에 있는 자"란 본인과 다음 각 호의 어느 하나에 해당하는 관계에 있는 자를 말한다. (이하 생략)

특수관계인의 범위에서 주의할 점은 상증법 시행령 제2조의2(특수관계인의 범위)에서 특수관계인에 해당하는 퇴직임원의 범위를 퇴직 후 5년이 경과하지 않은 임원에서 퇴직 후 3년이 경과하지 않은 임원으로 조정하였다는 점입니다. 다만, 공시대상기업집단소속기업 임원의 경우는 종전과 같이 5년을 유지하고 있습니다. ☞ 2019.2.12 상증법 시행령 제2조의2(특수관계인의 범위)가 개정되었습니다.

2 특수관계인 범위

세법상의 특수관계인은 크게 「국세기본법」의 특수관계인과 상증법의 특수관계인으로 구분할 수 있으며, 그 범위가 각각 다릅니다.

상증법의 특수관계인은 본인과 친족관계, 경제적 연관관계 또는 경영지배 관계 등 본인과 다음의 어느 하나에 해당하는 관계에 있는 자를 말합니다. 이 경우 본인도 특수관계인의 특수관계인으로 봅니다. (상증법 제2조10호, 시행령 제2조의2)

(1) 「국세기본법 시행령」 제1조의2제1항제1호부터 제5호까지의 어느 하나에 해당하는 자(이하 '친족'이라 합니다) 및 직계비속의 배우자의 2촌 이내의 혈족과 그 배우자 (상증법 시행령 제2조의2제1항제1호)

① 4촌 이내의 혈족 (국세기본법 시행령 제1조의2제1항제1호)

혈족은 혈연관계가 있는 친족으로 자연혈족과 법정혈족(양자)으로 구분, 또는 직계혈족과 방계혈족으로 구분하기도 합니다.

직계혈족은 직계존속과 직계비속을 말하며, 방계혈족은 자기의 형제자매와 형제자매의 직계비속, 직계존속의 형제자매 및 그 형제자매의 직계비속을 말합니다. (민법 제768조)

② 3촌 이내의 인척 (국세기본법 시행령 제1조의2제1항제2호)

인척은 혼인으로 생기는 친족관계로 혈족의 배우자, 배우자의 혈족, 배우자의 혈족의 배우자를 말합니다. 혼인의 무효, 이혼으로 인하여 종료합니다.

부부의 일방이 사망한 경우에는 인척관계가 소멸하지 않으나, 생존배우자가 재혼한 때에는 인척관계가 종료됩니다.

③ 배우자 (국세기본법 시행령 제1조의2제1항제3호)

사실상의 혼인관계에 있는 자를 포함합니다.

④ 친생자로시 다른 사람에게 친양자 입양된 사 빛 그 배우자·직계비속

(국세기본법 시행령 제1조의2제1항제4호)

⑤ 본인이 「민법」에 따라 인지한 혼인 외 출생자의 생부나 생모

본인의 금전이나 그 밖의 재산으로 생계를 유지하는 사람 또는 생계를 함께하는 사람으로 한정합니다. (국세기본법 시행령 제1조의2제1항제5호)

(2) 사용인(출자에 의하여 지배하고 있는 법인의 사용인을 포함)이나 사용인 외의 자로서 본인의 재산으로 생계를 유지하는 자 (상증법 시행령 제2조의2제1항제2호)

사용인이란 임원·상업사용인, 그밖에 고용계약 관계에 있는 자를 말하며, 출자에 의하여 지배하고 있는 법인의 사용인을 포함합니다. '사용인'이란 임원, 상업사용인, 그 밖에 고용계약 관계에 있는 자를 말합니다. (상증법 시행령 제2조의2제2항)

임원은 법인세법 시행령 제40조(접대비의 범위)제1항제1호에 따른 임원을 말합니다. 법인의 임원은 법인의 회장, 사장, 부사장, 이사장, 대표이사, 전무이사 및 상무이사 등 이사회의 구

성원 전원과 청산인 등을 말합니다. (법인세법 시행령 제40조제1항제1호)

'출자에 의하여 지배하고 있는 법인'이란 다음 어느 하나에 해당하는 법인을 말합니다. (상증법 시행령 제2조의2제3항)

① 상증법 시행령 제2조의2제1항제6호에 해당하는 법인 (30%이상 출자법인)

② 상증법 시행령 제2조의2제1항제7호에 해당하는 법인 (50%이상 출자법인)

③ 상증법 시행령 제2조의2제1항제1호부터 제7호까지에 해당하는 자가 발행주식총수등의 100분의 50 이상을 출자하고 있는 법인

(3) 다음의 어느 하나에 해당하는 자 (상증법 시행령 제2조의2제1항제3호)

㈎ 본인이 개인인 경우 (상증법 시행령 제2조의2제1항제3호가목)

본인이 직접 또는 본인과 제1호에 해당하는 관계에 있는 자가 임원에 대한 임면권의 행사 및 사업방침의 결정 등을 통하여 그 경영에 관하여 사실상의 영향력을 행사하고 있는 기획재정부령으로 정하는 기업집단의 소속 기업

해당 기업의 임원(「법인세법 시행령」 제40조제1항에 따른 임원을 말합니다)과 퇴직 후 3년(해당 기업이 「독점규제 및 공정거래에 관한 법률」 제31조에 따른 공시대상기업집단에 소속된 경우는 5년)이 지나지 않은 사람("퇴직임원"이라 합니다)을 포함합니다.

㈏ 본인이 법인인 경우 (상증법 시행령 제2조의2제1항제3호나목)

본인이 속한 기획재정부령(상증법 시행규칙 제2조)으로 정하는 기업집단의 소속 기업(해당 기업의 임원과 퇴직임원을 포함합니다)과 해당 기업의 임원에 대한 임면권의 행사 및 사업방침의 결정 등을 통하여 그 경영에 관하여 사실상의 영향력을 행사하고 있는 자 및 그와 제1호에 해당하는 관계에 있는 자

> ☞ **상증법 시행규칙 제2조(특수관계인의 범위) ← 기획재정부령**
> ① 「상속세 및 증여세법 시행령」(이하 "영"이라 한다) 제2조의2제1항제3호 및 영 제38조제13항제1호에서 "기획재정부령으로 정하는 기업집단의 소속 기업"이란 「독점규제 및 공정거래에 관한 법률 시행령」제3조 각 호의 어느 하나에 해당하는 기업집단에 속하는 계열회사를 말한다. 〈개정 2016. 3. 21.〉
> ② 기획재정부장관은 제1항을 적용할 때 필요한 경우에는 「독점규제 및 공정거래에 관한 법률 시행령」 제3조제2호라목에 따른 사회통념상 경제적 동일체로 인정되는 회사의 범위에 관한 기준을 정하여 고시할 수 있다.

(4) 본인, 제1호부터 제3호까지의 자 또는 본인과 제1호부터 제3호까지의 자가 공동으로 재산을 출연하여 설립하거나 이사의 과반수를 차지하는 비영리법인 (상증법 시행령 제2조의2제1항제4호)

(5) 제3호에 해당하는 기업의 임원 또는 퇴직임원이 이사장인 비영리법인
(상증법 시행령 제2조의2제1항제5호)

(6) 본인, 제1호부터 제5호까지의 자 또는 본인과 제1호부터 제5호까지의 자가 공동으로 발행주식총
수 또는 **출자총액**(이하 "발행주식총수등"이라 한다)의 100분의 30 이상을 출자하고 있는 법인 (상증법
시행령 제2조의2제1항제6호)

(7) 본인, 제1호부터 제6호까지의 자 또는 본인과 제1호부터 제6호까지의 자가 공동으로 발행주식총
수등의 100분의 50 이상을 출자하고 있는 법인 (상증법 시행령 제2조의2제1항제7호)

(8) 본인, 제1호부터 제7호까지의 자 또는 본인과 제1호부터 제7호까지의 자가 공동으로 재산을 출연
하여 설립하거나 이사의 과반수를 차지하는 비영리법인 (상증법 시행령 제2조의2제1항제8호)

〈 특수관계인의 범위(상증법 시행령 제2조의2) 〉

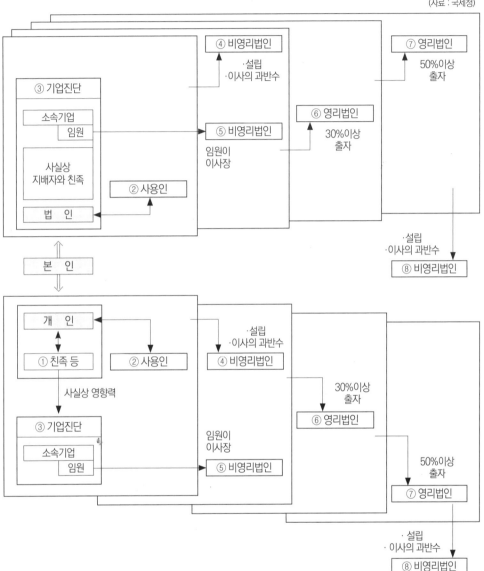

(자료 : 국세청)

※ 번호는 상증법 시행령 제2조의2제1항 각 호수와 동일합니다.

제2장

유형별 증여예시

유형별 증여예시는 열일곱 가지(상증법 제33조~제42조의3) 예시유형과 증여세 과세특례(상증법 제43조) 규정이 별도 조문으로 규정되어 있습니다.

증여 예시규정은 다음과 같습니다.

① 상증법 제33조에 따른 「신탁이익의 증여」

② 상증법 제34조에 따른 「보험금의 증여」

③ 상증법 제35조에 따른 「저가양수 및 고가양도에 따른 이익의 증여」

④ 상증법 제36조에 따른 「채무면제 등에 따른 이익의 증여」

⑤ 상증법 제37조에 따른 「부동산 무상사용에 따른 이익의 증여」

⑥ 상증법 제38조에 따른 「합병에 따른 이익의 증여」

⑦ 상증법 제39조에 따른 「증자에 따른 이익의 증여」

⑧ 상증법 제39조의2에 따른 「감자에 따른 이익의 증여」

⑨ 상증법 제39조의3에 따른 「현물출자에 따른 이익의 증여」

⑩ 상증법 제40조에 따른 「전환사채 등의 주식전환에 따른 이익의 증여」

⑪ 상증법 제41조의2에 따른 「초과배당에 따른 이익의 증여」

⑫ 상증법 제41조의3에 따른 「주식 등의 상장에 따른 이익의 증여」

⑬ 상증법 제41조의4에 따른 「금전 무상대출 등에 따른 이익의 증여」

⑭ 상증법 제41조의5에 따른 「합병에 따른 상장 등 이익의 증여」

⑮ 상증법 제42조에 따른 「재산사용 및 용역제공 등에 따른 이익의 증여」

⑯ 상증법 제42조의2에 따른 「법인의 조직 변경 등에 따른 이익의 증여」

⑰ 상증법 제42조의3에 따른 「재산 취득 후 재산가치 증가에 따른 이익의 증여」

증여세 과세특례규정은 다음과 같습니다.

⑱ 상증법 제43조에 따른 「증여세 과세특례」

증여예시 유형별로 증여시기, 과세요건, 증여재산가액의 계산방법을 살펴봅니다.

개별적인 증여 예시규정을 살펴보기 전에 하나의 증여에 동시에 여러 규정이 적용되거나, 1년 이내에 동일한 거래 등이 있을 때, 이익을 계산하는 방법을 명시하고 있는 「증여세 과세특례」 규정을 먼저 살펴봅니다.

☞ 상증법 제43조 「증여세 과세특례」는 증여예시 과세특례 조항으로 법률 조항에서는 증여예시의 제일 뒤에 나오지만, 이 장에서는 제일 먼저 살펴봅니다.

증여세 과세특례

(상속세및증여세법 제43조)

증여 예시규정을 설명하기 전에 하나의 증여에 동시에 여러 규정이 적용되거나, 1년 이내에 동일한 거래 등이 있을 때, 이익을 계산하는 방법에 관한 일반적인 적용방법을 살펴봅니다.

1 하나의 증여에 2 이상 증여 규정이 동시에 적용되는 경우 적용할 증여규정

하나의 증여에 의하여 상증법 제33조에서 제39조까지, 제39조의2, 제39조의3, 제40조, 제41조의2부터 제41조의5까지, 제42조, 제42조의2, 제42조의3, 제44조, 제45조 및 제45조의3부터 제45조의5까지의 규정이 둘 이상 동시에 적용되는 경우에는 그 중 이익이 가장 많게 계산되는 것 하나만을 적용합니다. (상증법 제43조제1항)

☞ 상증법 제43조(증여세 과세특례) 제1항 : 증여예시, 증여추정, 증여의제 규정이 모두 포함되어 있습니다.
  • (증여예시) 상증법 제33조에서 제39조까지, 제39조의2, 제39조의3, 제40조, 제41조의2부터 제41조의5까지, 제42조, 제42조의2, 제42조의3
  • (증여추정) 상증법 제44조, 제45조
  • (증여의제) 상증법 제45조의3부터 제45조의5 규정
  ※ 상증법 제45조의2(명의신탁재산의 증여 의제)는 제외

☞ 적용대상 개정연혁

2015.12.31.이전	2016. 1. 1.이후
• 상증법 제33조부터 제39조까지, 제39조의2, 제39조의 3, 제40조, 제41조, 제41조의3부터 제41조의5까지, 제44조 및 제45조	• 상증법 제33조부터 제39조까지, 제39조의2, 제39조의 3, 제40조, 제41조의2부터 제41조의5까지, 제42조, 제42조의2, 제42조의3, 제44조, 제45조 및 제45조의3부터 제45주의5

2 1년간 동일한 이익의 합산

상증법 제31조(증여재산가액 계산의 일반원칙)제1항제2호, 제35조, 제37조부터 제39조까지, 제39조의2, 제39조의3, 제40조, 제41조의2, 제41조의4, 제42조 및 제45조의5에 따른 이익을 계산할 때, 그 증여일로부터 소급하여 1년 이내에 동일한 거래 등이 있는 경우에는 각각의 거래 등에 대

한 이익(시가와 대가의 차액을 말합니다)을 해당 이익별로 합산하여 계산합니다. (상증법 제43조제2항)

☞ 2019.12.31. 세법 개정 시 초과배당에 따른 이익의 증여(제41조의2)가 추가되었습니다. 2019.12.31. 이전에 초과배당에 따른 이익을 증여한 분에 대하여는 1년 이내의 동일한 거래 등에 합산하지 않습니다. (부칙 제12조)

상속세 및 증여세법의 다음 어느 하나에 해당하는 이익을 계산할 때에는 해당 이익별로 합산하여 각각의 금액기준을 합산합니다. (상증법 시행령 제32조의4)

① 상증법 제31조제1항제2호의 저가 양수 및 고가 양도에 따른 이익

② 상증법 제35조제1항 및 제2항의 저가 양수 및 고가 양도에 따른 이익

③ 상증법 제37조제1항의 부동산 무상 사용에 따른 이익

④ 상증법 제37조제2항의 부동산 담보 이용에 따른 이익

⑤ 상증법 제38조제1항의 합병에 따른 이익

⑥ 상증법 제39조제1항의 증자에 따른 이익(같은 항 각 호의 이익별로 구분된 이익을 말합니다)

⑦ 상증법 제39조의2제1항의 감자에 따른 이익(같은 항 각 호의 이익별로 구분된 이익을 말합니다)

⑧ 상증법 제39조의3제1항의 현물출자에 따른 이익(같은 항 각 호의 이익별로 구분된 이익을 말합니다)

⑨ 상증법 제40조제1항의 전환사채등의 주식전환등에 따른 이익(같은 항 각 호의 이익별로 구분된 이익을 말합니다)

⑩ 상증법 제41조의2제1항의 초과배당에 따른 이익

⑪ 상증법 제41조의4제1항의 금전무상대출에 따른 이익

⑫ 상증법 제42조제1항의 재산사용 및 용역제공 등에 따른 이익(같은 항 각 호의 거래에 따른 이익별로 구분된 이익을 말합니다)

⑬ 상증법 제45조의5제1항의 특정법인과의 거래를 통한 이익(같은 항 각 호의 거래에 따른 이익별로 구분된 이익을 말합니다)

1년 이내의 2개 법인의 감자를 통해 동일한 주주가 상증법 제39조의2(감자에 따른 이익의 증여)에 따른 이익을 얻은 경우 상증법 제43조(증여세 과세특례)제2항 및 상증법 시행령 제32조의4(이익의 계산방법)에 따라 증여이익을 합산하여 과세금액을 계산합니다. (사전2018법령해석재산-0581, 2019.7.18.)

2016.2.4. 이전	2016.2.5. 이후
① 상증법 제32조제3호가목에 따른 저가양수 및 고가양도에 따른 이익	① 상증법 제31조제1항제2호의 저가양수 및 고가양도에 따른 이익
② 상증법 시행령 제26조제1항의 저가양도에 따른 이익 및 같은 조 제2항의 고가양도에 따른 이익	② 상증법 제35조제1항 및 제2항의 저가양수 및 고가양도에 따른 이익
③ 상증법 시행령 제27조제5항의 부동산무상사용에 따른 이익	③ 상증법 제37조제1항의 부동산 무상사용에 따른 이익
④ 상증법 시행령 제28조제3항의 합병에 따른 이익	④ 상증법 제37조제2항의 부동산 담보 이용에 따른 이익
⑤ 상증법 시행령 제29조제3항의 증자에 따른 이익, 이 경우 상증법 제39조제1항 각 호의 이익별로 구분된 것을 말한다.	⑤ 상증법 제38조제1항의 합병에 따른 이익
⑥ 상증법 시행령 제29조의2제2항 감자에 따른 이익. 이 경우 상증법 제39조의2제1항 및 제42조제1항제3호의 이익별로 구분된 것을 말한다.	⑥ 상증법 제39조제1항의 증자에 따른 이익 (같은 항 각호의 이익별로 구분된 이익을 말한다.)
⑦ 상증법 시행령 제29조의3제3항의 현물출자에 따른 이익.이 경우 상증법 제39조의3제1항 각 호의 이익별로 구분된 것을 말한다.	⑦ 상증법 제39조의2제1항의 감자에 따른 이익 (같은 항 각 호의 이익별로 구분된 이익을 말한다.)
⑧ 상증법 시행령 제30조제5항의 전환사채 등의 주식전환 등에 따른 이익. 이 경우 상증법 제40조제1항 각 호의 이익별로 구분된 것을 말한다.	⑧ 상증법 제39조의3제1항의 현물출자에 따른 이익(같은 항 각 호의 이익별로 구분된 이익을 말한다)
	⑨ 상증법 제40조제1항의 전환사채등의 주식전환등에 따른 이익(같은 항 각 호의 이익별로 구분된 이익을 말한다)
	⑩ 상증법 제40조의2제1항의 초과배당에 따른 이익 (2020.1.1.이후)
	⑪ 상증법 제41조의4제1항의 금전무상대출에 따른 이익
	⑫ 상증법 제42조제1항의 재산사용 및 용역제공 등에 따른 이익(같은 항 각 호의 거래에 따른 이익별로 구분된 이익을 말한다)
⑨ 상증법 시행령 제31조제6항의 특정법인과의 거래를 통한 이익. 이 경우 상증법 제41조제1항의 재산증여 및 같은 조 같은 항 각 호의 행위에 따른 이익별로 구분되는 것을 말한다.	⑬ 상증법 제45조의5제1항의 특정법인과의 거래를 통한 이익(같은 조 제2항 각 호의 거래에 다른 이익별로 구분된 이익을 말한다)

신탁이익의 증여

(상증법 제33조, 시행령 제25조)

- (과세요건) 신탁계약에 따라서 위탁자가 타인을 신탁이익의 전부 또는 일부를 받을 수익자로 지정한 경우
- (납세의무자) 수익자
- (과세대상) '원본의 이익을 받을 권리' 및 '수익의 이익을 받을 권리'
- (증여시기) 원본 또는 수익이 수익자에게 실제 지급되는 때 (예외 있음)
- (증여재산가액)

$$신탁이익 = \sum_{n=1}^{n} \frac{각\ 연도의\ 수입금액(수익률이\ 확정되지\ 않은\ 경우에는\ 추정액) - 원천징수세액}{(1+0.03)^n}$$

n : 평가기준일부터의 경과연수

신탁계약에 의하여 신탁한 재산의 원본이나 수익을 위탁자가 아닌 타인(수익자)에게 귀속시키는 경우에는 위탁자가 그 수익자(타인)에게 재산을 무상으로 이전시키는 효과가 발생합니다.

☞ 신탁법 제2조(신탁의 정의) 이 법에서 "신탁"이란 신탁을 설정하는 자(이하 "위탁자"라 한다)와 신탁을 인수하는 자(이하 "수탁자"라 한다) 간의 신임관계에 기하여 위탁자가 수탁자에게 특정의 재산(영업이나 저작재산권의 일부를 포함한다)을 이전하거나 담보권의 설정 또는 그 밖의 처분을 하고 수탁자로 하여금 일정한 자(이하 "수익자"라 한다)의 이익 또는 특정의 목적을 위하여 그 재산의 관리, 처분, 운용, 개발, 그 밖에 신탁 목적의 달성을 위하여 필요한 행위를 하게 하는 법률관계를 말한다.

따라서 신탁계약에 따라 그 신탁이익(원본 또는 수익)의 전부 또는 일부를 위탁자가 아닌 타인을 수익자로 지정하는 경우에는 그 신탁이익이 그 수익자에게 실제 지급되는 시점에 그 신탁이익을 받을 권리의 가액을 수익자의 증여재산가액으로 합니다. (상증법 제33조제1항)

원본과 수익의 이익이란 원본은 신탁재산을, 수익은 원본으로 인하여 얻은 과실 이익을 말합니다. 예를 들면, 금전신탁에서 신탁한 원본을 나누어서 받으면 이는 원본의 이익에 해당하고, 부동산 신탁으로 임대 수입을 얻는 경우에는 수익의 이익으로 볼 수 있습니다.

☞ **신탁계약과 명의신탁의 차이**

신탁계약으로 수익자가 무상으로 얻은 신탁이익은 재산의 무상이전으로 실질 증여에 해당합니다. 그러나 명의신탁은 대외적으로 공부 등 재산의 소유명의가 수탁자로 표시되지만, 대내적으로 그 재산을 관리·처분할 권리 의무를 위탁자가 소유하는 것으로 이는 재산의 소유명의만 빌릴 뿐 재산의 무상이전 효과가 발생하지 아니하여 실질증여에 해당하지 아니합니다.

「부동산 실권리자 명의등기에 관한 법률」(약칭 부동산실명법)에 따라 부동산의 명의신탁 약정은 무효이며, 위반시에는 벌금··과징금 등이 부과됩니다. 또한 권리이전이나 그 행사에 등기 등을 요하는 재산(토지, 건물 제외)에 대하여 실제소유자와 명의자가 다른 때에는 그 등기등을 한 날에 명의자가 증여받은 것으로 의제(실질증여가 아니므로)하여 증여세를 부과(상증법 제45조의2)하는 것이며, 실질 증여에 해당하는 신탁이익의 증여 규정은 명의신탁시에는 적용되지 않습니다.

1 과세요건

위탁자가 타인에게 신탁재산에 대한 원본의 이익을 받을 권리를 소유하게 한 경우에는 그 원본의 가액을 수익자의 증여재산가액으로 합니다. 또한 신탁계약에 의하여 타인에게 수익의 이익을 받을 권리를 소유하게 한 경우에도 그 수익의 이익을 받을 권리를 수익자의 증여재산가액으로 합니다. (상증법 제33조제1항)

① 원본을 받을 권리를 소유하게 한 경우에는 수익자가 그 원본을 받은 경우
② 수익을 받을 권리를 소유하게 한 경우에는 수익자가 그 수익을 받은 경우

☞ 수익자는 신탁계약에 의하여 신탁이익을 받을 권리를 소유한 자입니다.

수익자가 특정되지 아니하거나 아직 존재하지 아니하는 경우에는 위탁자 또는 그 상속인을 수익자로 보고, 수익자가 특정되거나 존재하게 된 때에 새로운 신탁이 있는 것으로 보아 앞의 내용(상증법 제33조제1항)을 적용합니다. (상증법 제33조제2항)

2 증여시기

신탁이익의 증여시기는 원칙적으로 수익자에게 신탁의 이익이 실제 지급되는 때입니다. (상증법 제33조제1항) 다만, 다음의 경우에는 아래 해당시기를 증여시기로 합니다. (상증법 시행령 제25조 각호)

① 수익자로 지정된 자가 그 이익을 받기 전에 해당 신탁재산의 위탁자가 사망한 경우: 위탁자가 사망한 날
② 신탁계약에 의하여 원본 또는 수익을 지급하기로 약정한 날까지 원본 또는 수익이 수익자에게 지급되지 아니한 경우: 해당 원본 또는 수익을 지급하기로 약정한 날
③ 원본 또는 수익을 여러 차례 나누어 지급하는 경우: 해당 원본 또는 수익이 최초로 지급된 날. 다만, 다음 각 목의 어느 하나에 해당하는 경우에는 해당 원본 또는 수익이 실제 지급된 날로 합니다.

㈎ 신탁계약을 체결하는 날에 원본 또는 수익이 확정되지 않는 경우
㈏ 위탁자가 신탁을 해지할 수 있는 권리, 수익자를 지정하거나 변경할 수 있는 권리, 신탁 종료 후 잔여재산을 귀속 받을 권리를 보유하는 등 신탁재산을 실질적으로 지배·통제하

는 경우 ☞ 2021.2.17. 이후 증여부터 적용하며, 원본과 수익의 지급시기가 다른 경우 각각 증여시기를 판단합니다.

3 증여재산가액의 계산

신탁이익에 따른 증여재산가액은 신탁의 이익을 받을 권리의 가액으로 계산합니다. 이 경우 여러 차례로 나누어 원본과 수익을 받을 경우에는 그 신탁이익에 대한 증여시기를 기준으로 상증법 시행령 제61조(신탁의 이익을 받을 권리의 평가)를 준용하여 평가한 가액으로 합니다. (상증법 시행령 제25조제2항)

☞ 신탁의 이익을 받을 권리의 가액평가(상증법 시행령 제61조제1항) : Max(평가액, 일시금)

(1) 원본 및 수익의 이익 가액이 확정된 경우

$$\text{평가액} = \sum_{n=1}^{n} \frac{\text{각 연도의 수입금액} - \text{원천징수세액}}{(1+0.03)^n}$$

n : 평가기준일부터의 수익시기까지의 경과연수
0.03 : 신탁재산의 평균수익률등을 고려하여 기획재정부령으로 정하는 이자율

(2) 수익률이 확정되지 않은 경우

$$\text{평가액} = \sum_{n=1}^{n} \frac{\text{각 연도의 수입금액의 추정액(원본액} \times 3\% - \text{원천징수세액)}}{(1+0.03)^n}$$

n : 평가기준일부터의 수익시기까지의 경과연수
0.03 : 신탁재산의 평균수익률등을 고려하여 기획재정부령으로 정하는 이자율

☞ **(위의 산식 적용) 상증법 시행령 제61조(신탁의 이익을 받을 권리의 평가)제1항2호나목**
나. 수익을 받을 권리를 수익하는 경우에는 평가기준일 현재 기획재정부령으로 정하는 방법에 따라 추산한 장래에 받을 각 연도의 수익금에 대하여 수익의 이익에 대한 원천징수세액상당액등을 고려하여 다음의 계산식에 따라 계산한 금액의 합계액

☞ 신탁의 이익 평가시 할인율 개정연혁

2017.3.9.이전	2017.3.10.이후
10/100	30/1000

| 관련 질의회신 및 판례 |

〈1〉 이중과세 여부

타인이 신탁의 이익을 받을 권리를 소유하게 된 경우에 부과되는 증여세와 이자소득인 그 신탁의 이익에 대한 종합소득세의 납세의무는 별개의 납세의무에 해당하여 이중과세에 해당하지 아니함(재재산46014-446, 1995.12.4., 국심1997서2952, 1998.6.22.)

〈2〉 신탁된 유가증권의 배당금만을 수익자에게 지급할 경우 증여시기 및 증여재산가액 산정 방법

상장법인쥬식의 신탁계약에 따라 위탁자가 그 자녀를 수익자로 지정하고 해당 상장법인으로부터의 배당금을 수익자가 지급받는 경우 해당 신탁계약을 체결한 날에 수익의 이익이 확정되지 아니한 경우에는 상증법 시행령 제25조제1항제3호에 따라 그 신탁이익의 증여시기는 배당금의 실제 분할지급일이며, 증여재산가액은 수익자에게 실제 지급한 가액이 되는 것임(기획재정부 재산세제과-593, 2011.7.26.)

〈3〉 비상장주식(원본)을 분할 지급하는 경우 증여시기 및 증여재산가액

신탁이익의 원본인 비상장주식을 장기간 수회로 분할하여 지급하는 경우 신탁이익의 증여시기는 원본의 실제 분할지급일. 증여재산가액은 실제 분할지급일의 해당 원본의 평가액이 됨 (기획재정부 재산세제과-379, 2014.5.14.)

〈4〉 신탁계약 해지시

수익자가 증여시기 후 신탁계약을 해지하더라도 당초 증여시기에 계산한 증여의제가액은 재계산하지 아니함(재삼46014-537, 1999.3.17.)

제 3 절	보험금의 증여

(상증법 제34조)

- (과세대상) ① 생명보험·손해보험의 보험금 수령인과 보험료 납부자가 다른 경우
  ② 보험계약 기간에 보험금수령인이 타인으로부터 재산을 증여받아 보험료를 납부한 경우
- (납세의무자) 보험금 수령인
- (증여재산가액)

  ① (납부자 ≠ 수령인) :

  $$보험금 \times \frac{보험금수령인\ 이외의\ 자가\ 납부한\ 보험료}{납부한\ 보험료\ 총\ 합계액}$$

  ② (납부자 = 수령인) :

  $$\left(보험금 \times \frac{재산을\ 증여받아\ 납부한\ 보험료}{총\ 납부한\ 보험료}\right) - 재산을\ 증여받아\ 납부한\ 보험료$$

보험금이란 보험계약에 의하여 보험사고 등 보험금 지급사유가 발생하여 보험회사가 그 보험수익자에게 지급하는 금액을 말합니다.

보험계약에 의하여 보험료의 실제 납부자와 보험금액의 수령인이 서로 다르다면 보험금의 수령인은 해당 보험금액을 무상으로 취득한 결과를 갖게 되므로 이는 실질 증여에 해당되어 증여세 과세대상에 해당합니다.

또한 보험료 납부자와 보험금 수령인이 서로 같은 경우라도 해당 보험료를 타인으로부터 증여받아 납부하면 역시 보험금 수령인에게 실질적으로 무상이전의 효과가 발생합니다. (상증법 제34조)

☞ **보험계약에 나오는 용어**
- (보험계약) 보험계약은 당사자 일방이 약정한 보험료를 지급하고 재산 또는 생명이나 신체에 불확정한 사고가 발생할 경우에 상대방이 일정한 보험금이나 그 밖의 급여를 지급할 것을 약정함으로써 효력이 생깁니다. (상법 제638조)
- (보험료) 보험계약으로 보험사에 지급하는 요금
- (보험금) 보험사고 등이 발생하여 보험사가 그 수익자에게 지급하는 금액
- (보험 계약자) 보험계약을 맺고 있는 자를 말하며, 보통은 보험 계약자가 불입자임
- (보험료 납부자) 보험회사에 보험료를 실제 납입한 자
- (피보험자) 보험사고의 객체자 되는 사람을 말합니다. 손해보험의 경우에는 수익자가 피보험자
- (보험금 수익자) 보험계약상 보험금을 수령받을 권리를 가진 자. 보험금 수익자는 만기수익자·사고 수익자 등 달리 정할 수 있음. 보험금 수령인이란 실제 보험금을 수령한 자

1 보험료 납부자와 보험금 수령인이 다른 경우

보험금 수령인과 보험료 납부자가 다른 경우(보험금 수령인이 아닌 자가 보험료의 일부를 납부한 경우를 포함합니다) 보험금 수령인이 아닌 자가 납부한 보험료 납부액에 대한 보험금 상당액을 보험금 수령인의 증여재산가액으로 합니다. (상증법 제34조제1항)

(1) 과세대상 : 생명보험 또는 손해보험

과세대상에는 생명보험과 손해보험이 있습니다. 생명보험은 사람의 신체에 대하여 생긴 보험사고를 보상목적으로 하는 보험이며, 손해보험은 보험사고로 인하여 재산에 생긴 손해를 보상할 것을 목적으로 하는 보험입니다.

보험금이 상속세 과세대상 자산인 경우에는 증여세를 과세하지 않습니다. 상증법 제8조에 따라 상속재산으로 보는 보험금은 다음의 경우입니다. (상증법 제8조 각 항)

① 피상속인의 사망으로 인하여 받는 생명보험 또는 손해보험의 보험금으로서 피상속인이 보험계약자인 보험계약에 의하여 받는 것은 상속재산으로 봅니다.

② 보험계약자가 피상속인이 아닌 경우에도 피상속인이 실질적으로 보험료를 납부하였을 때에는 피상속인을 보험계약자로 보아 상속재산으로 봅니다.

(2) 과세요건 : 보험금 수령인과 보험료 납부자가 다른 경우

보험금 수령인과 보험료 납부자가 다른 경우에는 증여세 과세대상이 됩니다.

(3) 증여시기 : 보험사고가 발생한 때

보험사고가 발생한 때입니다. 보험금액의 수령시점이 증여시기가 아님을 주의해야 합니다. 보험사고에는 만기보험금 지급의 경우를 포함(상증법 기본통칙 34-0-1)하지만, 보험계약의 해지나 중도해지 등으로 받는 반환금 등은 보험금의 증여로 보지 않습니다. 그러나 그 반환금이 당초 보험료 납부가 아닌 자에게 귀속되면 현금증여에 해당되므로 증여세가 부과됩니다.

(4) 증여재산가액 : 보험금 상당액

보험금 수령인과 보험료 납부자가 다른 경우(보험금 수령인이 아닌 자가 보험료의 일부를 납부한 경우를 포함합니다) 증여재산가액은 보험금 수령인이 아닌 자가 납부한 보험료 납부액에 대한 보험금 상당액입니다. (상증법 제34조제1항제1호)

보험금에서 납부한 보험료 총 합계액 중 보험금 수령인이 아닌 자가 납부한 보험료의 점유비율에 상당하는 금액을 증여재산가액으로 합니다.

$$증여재산가액 = 보험금 \times \frac{보험금\ 수령인\ 이외의\ 자가\ 납부한\ 보험료}{납부한\ 보험료의\ 총\ 합계액}$$

2 보험금 수령인이 타인으로부터 재산을 증여받아 보험료를 납부한 경우

보험계약 기간에 보험금 수령인이 재산을 증여받아 보험료를 납부한 경우 증여재산가액은 증여받은 재산으로 납부한 보험료 납부액에 대한 보험금 상당액에서 증여받은 재산으로 납부한 보험료 납부액을 뺀 가액입니다. (상증법 제34조제1항제2호)

☞ 보험금 수령인과 보험료 불입자가 다른 경우에만 증여세를 과세하는 경우에는 보험금 수령인이 증여받은 금전으로 보험료를 납입 후 보험금을 수령한 경우에는 납부자와 수령인이 동일하므로 보험금에 대해 증여세를 과세할 수 없었습니다. 2003.1.1.이후 보험금 수령인이 금전을 증여받아 납부한 경우, 즉 보험금 수령인과 보험료 불입자가 같은 경우에도 증여세 과세대상으로 포함되도록 세법이 개정되었고, 2004.1.1.이후부터는 금전을 재산으로 개정하였습니다.

(1) 보험계약기간 내

보험계약 기간 내에 보험금 수령인이 타인으로부터 재산을 증여받아 납부한 경우에는 그 보험료납부액에 대한 보험금상당액에서 그 보험료납부액을 뺀 가액을 증여재산가액으로 합니다.

$$증여재산가액 = 보험금 \times \frac{재산을\ 증여받아\ 납부한\ 보험료}{총\ 납부한\ 보험료} - 재산을\ 증여받아\ 납부한\ 보험료$$

• 증여받아 불입한 경우 재산범위 개정연혁

2002.12.31.이전	2003.1.1.~2003.12.31	2004.1.10이후
-	금전	재산

(2) 보험계약기간 밖

보험계약기간 밖에 보험금수취인이 타인으로부터 재산을 증여받아 보험료를 불입한 경우에도 보험금 수령인의 증여재산으로 합니다. (서면4팀-1186, 2007.4.11.)

| 관련 질의회신 및 판례 |

〈1〉 2003.1.1. 전에 증여받은 금전으로 보험료를 불입한 경우

2003.1.1. 전에 금전을 증여받아 보험료를 납부하고, 2004.1.1.이후에 해지하는 경우, 해지에 따른 환급금에 대해서 증여세가 과세되지 않는 것임 (기획재정부 재산세제과-1436, 2022.11.17.)

〈2〉 연금개시 전 계약자가 변경된 경우

(국세청) 일시납 연금보험의 연금지급이 개시되기 전에 보험계약의 계약자를 변경하는 경우에는 상증법 제4조에 따라 계약자 변경시점에 변경후 계약자가 변경전 계약자로부터 보험금을 지급받을 수 있는 권리를 증여받은 것으로 보아 변경후 계약자에게 증여세가 과세되는 것임 (서면2020상속증여-3039, 2020.10.20.)

(법원) 즉시연금보험의 보험료 환급권의 가액은 청약철회기간 내에 증여가 이루어진 경우에는 납입 보험료 전액이고, 그 이후에 증여가 이루어진 경우에는 약관에 따라 계산되는 해지환급금 상당액임 (대법원2015두59303, 2016.10.13.)

(기재부) 상속형 즉시연금보험의 연금지급 개시 전에 연금보험의 계약자 및 수익자를 타인으로부터 변경한 경우 그 타인이 증여받은 재산가액은 즉시연금보험의 약관에 의하여 산출되는 해지환급금 상당액임 (기획재정부 재산세제과-929, 2018.10.26.)

〈3〉 연금 개시후 계약자가 변경된 경우

(국세청 : 정기금 평가액과 해약환급금 상당액 중 큰 가액) 상증법 제2조에 따라 변경시점에 변경 후 수익자에게 증여세가 과세되는 것이며, 이 경우 증여재산가액은 정기금 할인평가 금액과 해약환급금 상당액 중 큰 금액으로 평가하는 것임 (상속증여세과-152, 2014.5.22.)

(심판원 : 정기금평가) 연금지급이 개시된 후 계약자가 변경된 경우 관련 법령에 해약환급금으로 평가하여야 한다는 근거규정이 없는 점, 연금보험의 경우 연금과 적립금의 평가는 유기정기금의 평가방법에 의하는 것이 타당해 보이는 점 등에 비추어 쟁점보험은 유기정기금의 평가방법에 따라 증여재산가액을 산정하는 것이 타당함 (조심2014서0198, 2014.8.11.)

<table>
<tr><td>제 4 절</td><td>저가양수 또는 고가양도에 따른 이익의 증여</td></tr>
</table>

(상증법 제35조, 시행령 제26조)

　　재산을 시가보다 낮은 가액으로 양도하는 경우에는 시가와 대가의 차액에 해당하는 이익이 실질적으로 양수자에게 무상으로 이전하는 효과가 발생하고, 시가보다 높은 가액으로 양도하는 경우 대가와 시가의 차액에 해당하는 이익이 양도자에게 무상으로 이전하는 효과가 발생합니다. 증여계약이 아닌 양도계약으로 재산을 이전시키면서 저가, 고가 이전으로 증여이익을 주는 경우에는 양도소득세와는 별도로 증여세가 과세됩니다.

☞ 저가양수 또는 고가양도에 따른 과세요건과 증여재산가액

• 특수관계인 간 과세요건과 증여재산가액

구분	수증자	과세요건	증여재산가액
저가양수	양수자	(시가 – 대가)의 차액이 시가의 30% 이상 또는 그 차액이 3억원 이상	(시가 – 대가) – (시가의 30%와 3억원 중 적은 금액)
고가양도	양도자	(대가 – 시가)의 차액이 시가의 30% 이상 또는 그 차액이 3억원 이상	(대가 – 시가) – (시가의 30%와 3억원 중 적은 금액)

• 비특수관계인 간 과세요건과 증여재산가액

구분	수증자	과세요건	증여재산가액
저가양수	양수자	(시가 – 대가)의 차액이 시가의 30% 이상	(시가 – 대가) – 3억원
고가양도	양도자	(대가 – 시가)의 차액이 시가의 30% 이상	(대가 – 시가) – 3억원

　　2003.12.31. 이전에는 특수관계자 간의 저가·고가 거래에 대해서만 증여세 과세 대상이었으나, 2004.1.1.이후 양도분부터는 특수관계인이 아닌 자간의 거래에 대하여도 거래의 관행상 정당한 사유가 없이 현저하게 저가·고가의 거래를 한 경우에는 증여세가 과세됩니다. (상증법 제35조제2항)

☞ **상증법 제35조(저가 양수 또는 고가 양도에 따른 이익의 증여)**
　① 특수관계인 간에 재산(전환사채 등 대통령령으로 정하는 재산은 제외한다. 이하 이 조에서 같다)을 시가보다 낮은 가액으로 양수하거나 시가보다 높은 가액으로 양도한 경우로서 그 대가와 시가의 차액이 대통령령으로 정하는 기준금액(이하 이 항에서 "기준금액"이라 한다) 이상인 경우에는 해당 재산의 양수일 또는 양도일을 증여일로 하여 그 대가와 시가의 차액에서 기준금액을 뺀 금액을 그 이익을 얻은 자의 증여재산가액으로 한다.

② 특수관계인이 아닌 자 간에 거래의 관행상 정당한 사유 없이 재산을 시가보다 현저히 낮은 가액으로 양수하거나 시가보다 현저히 높은 가액으로 양도한 경우로서 그 대가와 시가의 차액이 대통령령으로 정하는 기준금액 이상인 경우에는 해당 재산의 양수일 또는 양도일을 증여일로 하여 그 대가와 시가의 차액에서 대통령령으로 정하는 금액을 뺀 금액을 그 이익을 얻은 자의 증여재산가액으로 한다.

③ 재산을 양수하거나 양도하는 경우로서 그 대가가 「법인세법」 제52조제2항에 따른 시가에 해당하여 그 거래에 대하여 같은 법 제52조제1항 및 「소득세법」 제101조제1항(같은 법 제87조의27에 따라 준용되는 경우를 포함한다)이 적용되지 아니하는 경우에는 제1항 및 제2항을 적용하지 아니한다. 다만, 거짓이나 그 밖의 부정한 방법으로 상속세 또는 증여세를 감소시킨 것으로 인정되는 경우에는 그러하지 아니하다.

④ 제1항 및 제2항을 적용할 때 양수일 또는 양도일의 판단 및 그 밖에 필요한 사항은 대통령령으로 정한다.

1 특수관계인 간 저가·고가 거래 시 증여

특수관계인 간에 재산(전환사채 등 대통령령으로 정하는 재산은 제외합니다)을 시가보다 낮은 가액으로 양수하거나 시가보다 높은 가액으로 양도한 경우로서 기준금액 이상인 경우에는 해당 재산의 양수일 또는 양도일을 증여일로 하여 그 대가와 시가의 차액에서 기준금액을 뺀 금액을 그 이익을 얻은 자의 증여재산가액으로 합니다. (상증법 제35조제1항)

1) 수증자

다음 어느 하나에 해당하는 자에 대해서는 시가와 대가의 차액에서 일정금액을 뺀 금액을 증여재산가액으로 합니다.

① 타인으로부터 시가보다 낮은 가액으로 재산을 양수하는 경우 그 재산의 양수자

② 타인에게 시가보다 높은 가액으로 재산을 양도하는 경우 그 재산의 양도자

2) 특수관계인의 범위

특수관계인은 상증법 시행령 제2조의2(특수관계인의 범위)에 따라 판단하며, 이 경우 거래 당사자간 특수관계 성립 여부는 원칙적으로 매매계약일을 기준으로 판단합니다. (기획재정부 재산세제과-83, 2015.2.3.)

☞ **상증법 제2조의2(특수관계인의 범위)**
　① 법 제2조제10호에서 "본인과 친족관계, 경제적 연관관계 또는 경영지배관계 등 대통령령으로 정하는 관계에 있는 자"란 본인과 다음 각 호의 어느 하나에 해당하는 관계에 있는 자를 말한다.
　　1.「국세기본법 시행령」 제1조의2제1항제1호부터 제5호까지의 어느 하나에 해당하는 자(이하 "친족"이라 한다) 및 직계비속의 배우자의 2촌 이내의 혈족과 그 배우자

2. 사용인(출자에 의하여 지배하고 있는 법인의 사용인을 포함한다. 이하 같다)이나 사용인 외의 자로서 본인의 재산으로 생계를 유지하는 자

3. 다음 각 목의 어느 하나에 해당하는 자

　　가. 본인이 개인인 경우: 본인이 직접 또는 본인과 제1호에 해당하는 관계에 있는 자가 임원에 대한 임면권의 행사 및 사업방침의 결정 등을 통하여 그 경영에 관하여 사실상의 영향력을 행사하고 있는 기획재정부령으로 정하는 기업집단의 소속 기업[해당 기업의 임원(「법인세법 시행령」 제40조제1항에 따른 임원을 말한다. 이하 같다)과 퇴직 후 3년(해당 기업이 「독점규제 및 공정거래에 관한 법률」 제31조에 따른 공시대상기업집단에 소속된 경우는 5년)이 지나지 않은 사람(이하 "퇴직임원"이라 한다)을 포함한다]

　　나. 본인이 법인인 경우: 본인이 속한 기획재정부령으로 정하는 기업집단의 소속 기업(해당 기업의 임원과 퇴직임원을 포함한다)과 해당 기업의 임원에 대한 임면권의 행사 및 사업방침의 결정 등을 통하여 그 경영에 관하여 사실상의 영향력을 행사하고 있는 자 및 그와 제1호에 해당하는 관계에 있는 자

4. 본인, 제1호부터 제3호까지의 자 또는 본인과 제1호부터 제3호까지의 자가 공동으로 재산을 출연하여 설립하거나 이사의 과반수를 차지하는 비영리법인

5. 제3호에 해당하는 기업의 임원 또는 퇴직임원이 이사장인 비영리법인

6. 본인, 제1호부터 제5호까지의 자 또는 본인과 제1호부터 제5호까지의 자가 공동으로 발행주식총수 또는 출자총액(이하 "발행주식총수등"이라 한다)의 100분의 30 이상을 출자하고 있는 법인

7. 본인, 제1호부터 제6호까지의 자 또는 본인과 제1호부터 제6호까지의 자가 공동으로 발행주식총수등의 100분의 50 이상을 출자하고 있는 법인

8. 본인, 제1호부터 제7호까지의 자 또는 본인과 제1호부터 제7호까지의 자가 공동으로 재산을 출연하여 설립하거나 이사의 과반수를 차지하는 비영리법인

② 제1항제2호에서 "사용인"이란 임원, 상업사용인, 그 밖에 고용계약관계에 있는 자를 말한다.

③ 제1항제2호 및 제39조제1항제5호에서 "출자에 의하여 지배하고 있는 법인"이란 다음 각 호의 어느 하나에 해당하는 법인을 말한다.

1. 제1항제6호에 해당하는 법인

2. 제1항제7호에 해당하는 법인

3. 제1항제1호부터 제7호까지에 해당하는 자가 발행주식총수등의 100분의 50 이상을 출자하고 있는 법인

3) 적용대상 재산

다음에 해당하는 재산을 제외하고 해당 재산을 저가양수 또는 고가양도하는 경우에는 상증법 제35조(저가 양수 또는 고가 양도에 따른 이익의 증여)에 따라 증여세를 과세합니다.

(1) 전환사채·신주인수권부사채(분리형 신주인수권증권 포함)·기타 주식으로 전환·교환하거나 주식을 인수할 권리가 부여된 사채 (상증법 제35조제1항, 제40조제1항, 시행령 제26조제1항제1호)

　　이 경우 전환사채를 특수관계 없는 자로부터 저가로 취득함에 따라 증여이익을 얻은 경우 상증법 제35조의 규정을 적용합니다. (재산세과 -285, 2011.06.15)

(2) 「자본시장과 금융투자업에 관한 법률」에 따라 거래소에 상장되어 있는 법인의 주식 및 출자지분으로서 증권시장에서 거래된 것 (상증법 시행령 제26조제1항제2호)

이 경우, 유가증권(코스닥)시장에서 이루어지는 유가증권의 매매 중 유가증권(코스닥)시장 업무규정에 따라 시간외시장에서 시간외대량매매방법으로 거래된 것(당일 종가로 매매된 것은 과세제외함)에 대해서는 상증법 제35조(저가 양수 또는 고가 양도에 따른 이익의 증여)의 규정을 적용합니다.(상증령 제26조제1항제2호)

특수관계인 간에 거래소 정규시장(09:00~15:30) 개시 전에 상장주식을 '전일 종가'를 체결단가로 하여 대량매매방식으로 거래한 경우 증여세 과세대상에 해당합니다.(기획재정부 재산세제과-874, 2021.10.5.)

(3) 개인과 법인 간에 재산을 양수하거나 양도하는 것으로서 그 대가가 법인세법 제52조(부당행위계산부인)제2항에 따른 시가에 해당하여 그 법인의 거래에 대하여 같은 법 제52조제1항이 적용되지 않는 경우 (상증법 제35조제3항)

다만, 거짓이나 그 밖의 부정한 방법으로 상속세 또는 증여세를 감소시킨 것으로 인정되는 경우에는 그러하지 않습니다.

☞ **법인세법 제52조(부당행위계산의 부인)**
① 납세지 관할 세무서장 또는 관할지방국세청장은 내국법인의 행위 또는 소득금액의 계산이 특수관계인과의 거래로 인하여 그 법인의 소득에 대한 조세의 부담을 부당하게 감소시킨 것으로 인정되는 경우에는 그 법인의 행위 또는 소득금액의 계산(이하 "부당행위계산"이라 한다)과 관계없이 그 법인의 각 사업연도의 소득금액을 계산한다.
② 제1항을 적용할 때에는 건전한 사회 통념 및 상거래 관행과 특수관계인이 아닌 자 간의 정상적인 거래에서 적용되거나 적용될 것으로 판단되는 가격(요율·이자율·임대료 및 교환 비율과 그 밖에 이에 준하는 것을 포함하며, 이하 "시가"라 한다)을 기준으로 한다.
③ 내국법인은 대통령령으로 정하는 바에 따라 각 사업연도에 특수관계인과 거래한 내용에 관한 명세서를 납세지 관할 세무서장에게 제출하여야 한다.
④ 제1항부터 제3항까지의 규정을 적용할 때 부당행위계산의 유형 및 시가의 산정 등에 필요한 사항은 대통령령으로 정한다.

(4) 2021.2.27. 이후 양수하거나 양도하는 경우 개인과 개인간의 거래로서 그 대가가 소득세법 제101조(소득세법 제87조의27 금융투자소득관련 포함, 다만, 2025.1.1.이후 거래분부터 적용)에 따른 시가에 해당하여 다른 개인에 대하여 같은 법 제101조(양도소득의 부당행위계산부인)가 적용되지 아니하는 경우 (상증법 제35조제3항)

☞ 소득세법 제101조(양도소득의 부당행위계산)
☞ 소득세법 제87조의27(준용규정)
① 금융투자소득세에 대해서는 제24조, 제27조, 제33조, 제39조, 제43조, 제44조, 제57조, 제57조의2, 제60조, 제61조, 제74조, 제75조, 제77조, 제82조, 제86조, 제98조, 제100조 및 제101조를 준용한다. 〈개정 2021. 12. 8., 2022. 12. 31.〉
② 제101조를 준용하는 경우 제101조제2항 각 호 외의 부분 중 "10년"은 "1년"으로 본다. 〈개정 2022. 12. 31.〉 [본조신설 2020. 12. 29.] [시행일: 2025. 1. 1.] 제87조의27

4) 대가와 시가와 산정기준일

양수일 또는 양도일은 각각 해당 재산의 대금을 청산한 날(소득세법 시행령 제162조제1항1호부터 3호까지의 규정에 해당하는 경우에는 각각 해당 호에 따른 날)을 기준으로 합니다. (상증법 제35조, 시행령 제26조제5항)

이 경우 매매계약 후 환율의 급격한 변동 등의 사유가 있는 경우에는 매매계약일을 기준으로 합니다. 급격한 변동사유가 있는 경우에는 매매계약일부터 대금청산일 전일까지 환율이 100분의 30이상 변동하는 경우를 말합니다. (상증법 제35조제2항, 시행령 제26조제3항)

> ☞ 소득세법 시행령 제162조(양도 또는 취득의 시기)
>   ① 법 제98조 전단에서 "대금을 청산한 날이 분명하지 아니한 경우 등 대통령령으로 정하는 경우"란 다음 각 호의 경우를 말한다.
>   1. 대금을 청산한 날이 분명하지 아니한 경우에는 등기부·등록부 또는 명부 등에 기재된 등기·등록접수일 또는 명의개서일
>   2. 대금을 청산하기 전에 소유권이전등기(등록 및 명의의 개서를 포함한다)를 한 경우에는 등기부·등록부 또는 명부등에 기재된 등기접수일
>   3. 기획재정부령이 정하는 장기할부조건의 경우에는 소유권이전등기(등록 및 명의개서를 포함한다) 접수일·인도일 또는 사용수익일중 빠른 날

5) 증여세 과세요건과 증여재산가액의 계산

해당 거래뿐 아니라, 해당 거래 등을 한 날부터 소급하여 1년 이내에 동일한 거래 등이 있는 경우에는 각각의 거래 등에 따른 이익을 해당이익별로 합산하여 계산합니다. (상증법 제43조, 시행령 제32조의4)

☞ 특수관계인 간 증여요건과 증여재산가액   ☞ 2004.1.1.이후부터 적용합니다.

구분	수증자	과세요건	증여재산가액
저가양수	양수자	(시가 - 대가)의 차액이 시가의 30% 이상 또는 그 차액이 3억원 이상	(시가 - 대가) - (시가의 30%와 3억원 중 적은 금액)
고가양도	양도자	(대가 - 시가)의 차액이 시가의 30% 이상 또는 그 차액이 3억원 이상	(대가 - 시가) - (시가의 30%와 3억원 중 적은 금액)

☞ 합산 대상 개정 연혁

2016.2.4.이전	2016.2.5이후
특수관계인 간	특수관계인 간 비특수관계인 간

6) 시가

상증법 제60조부터 제66조까지의 규정에 따라 평가한 가액을 말합니다.

☞ 평가는 저자의 「상속·증여세 이론과 실무」 제2편 상속·증여재산의 평가를 참고하시기 바랍니다.

2 특수관계인이 아닌 자 간 저가·고가 거래 시 증여

특수관계인이 아닌 자 간에 거래의 관행상 정당한 사유 없이 재산을 시가보다 현저히 낮은 가액으로 양수하거나 시가보다 현저히 높은 가액으로 양도한 경우로서 그 대가와 시가의 차액이 기준금액 이상인 경우에는 해당 재산의 양수일 또는 양도일을 증여일로 하여 그 대가와 시가의 차액에서 3억원을 뺀 금액을 그 이익을 얻은 자의 증여재산가액으로 합니다.(상증법 제35조제2항, 시행령 제26조제4항)

'기준금액'이란 양도 또는 양수한 재산의 시가의 100분의 30에 상당하는 가액을 말합니다. (상증법 시행령 제26조제3항)

1) 수증자

다음 어느 하나에 해당하는 자에 대해서는 시가와 대가의 차액에서 3억원을 뺀 가액에 상당하는 금액을 증여재산가액으로 합니다. (상증법 시행령 제26조제4항)

① 타인으로부터 시가보다 현저히 낮은 가액으로 재산을 양수하는 경우에는 그 재산의 양수자

② 타인에게 시가보다 현저히 높은 가액으로 재산을 양도하는 경우에는 그 재산의 양도자

2) 거래의 관행상 정당한 사유

거래의 관행상 정당한 사유가 있는지의 여부는 해당거래의 경위, 거래당사자의 관계, 거래가액의 결정과정 등을 고려할 때에 적정한 교환가치를 반영하여 거래하였다고 볼 수 있는지 여부 등 구체적인 사실을 확인하여 판단하여야 합니다. (서면4팀-403, 2008.2.20.)

정당한 사유에 대한 입증책임, 특수관계인이 아닌 자간 고가양도양수에 대한 입증 책임은 과세관청에 있습니다. (대법원2011두22075, 2011.12.22.) 합리적인 경제인이라면 거래 당시의 상황에서 그와 같은 거래조건으로는 거래하지 않았을 것이라는 객관적인 정황 등에 관한 자료를 제출함으

로써 '거래의 관행상 정당한 사유'가 없다는 점을 증명할 수 있으며, 그러한 사정이 상당한 정도로 증명된 경우에는 거래경위, 거래조건의 결정이유 등에 관한 구체적인 자료를 제출하기 용이한 납세의무자가 정상적인 거래로 보아야 할 만한 특별한 사정이 있음을 증명할 필요가 있습니다. (대법원2013두24495, 2015.2.12.)

3) 과세요건 및 증여재산가액

과세요건 및 증여재산가액은 다음 표와 같습니다.

☞ 비특수관계인 간 증여요건과 증여재산가액   ☞ 2004.1.1.이후부터 적용합니다.

구분	수증자	과세요건	증여재산가액
저가양수	양수자	(시가 – 대가)의 차액이 시가의 30% 이상	(시가 – 대가) – 3억원
고가양도	양도자	(대가 – 시가)의 차액이 시가의 30% 이상	(대가 – 시가) – 3억원

3 저가·고가 양도거래 시 이익분여자에 대한 과세 비교

저가·고가 양도거래 시 이익분여자에 대한 과세요건을 비교하면 다음과 같습니다.

1) 이익을 분여한 자가 법인인 경우

(1) 특수관계인 간 거래시 이익분여(법인)의 법인세 부당행위계산부인 검토

구분	과세요건	익금산입(소득처분) 금액
저가 양도 시	(시가 – 대가)의 차액이 시가의 5% 이상이거나 그 차액이 3억원 이상인 경우	(시가 – 대가)
고가 양수 시	(대가 – 시가)의 차액이 시가의 5% 이상이거나 그 차액이 3억원 이상인 경우	(대가 – 시가)

(2) 특수관계인이 아닌 자간 거래시 이익분여자(법인)의 기부금의제 검토

구분	적용요건 (정당한 사유 없음 충족할 경우)	기부금 의제 금액 (소득 처분)
저가 양도 시	(시가 – 대가)의 차액이 시가의 30% 이상	(시가 × 70%) – 대가
고가 양수 시	(대가 – 시가)의 차액이 시가의 30% 이상	대가 – (시가 × 130%)

2) 이익을 분여한 자가 개인인 경우

(1) 특수관계인 간 거래시 이익분여자(개인)에게 양도소득 부당행위계산 검토

구분	적용요건 (정당한 사유 없음 충족할 경우)	익금산입(소득처분) 금액
저가 양도 시	(시가 – 양도대가)의 차액이 시가의 5% 이상이거나 그 차액이 3억원 이상인 경우	양도대가를 시가로 함
고가 양수 시	(취득대가 – 시가)의 차액이 시가의 5% 이상이거나 그 차액이 3억원 이상인 경우	취득대가를 시가로 함

| **관련 질의회신 및 판례** |

〈1〉 특수관계인 간 판단

(2012.2.1.이전 – 일방관계) 특수관계에 있는 자인 사용인은 납세의무자의 고가양도에서의 양도자 또는 저가양수에서의 양수자를 기준으로 하여 그의 사용인을 의미한다고 봄이 타당하며, 거래상대방 입장에서 특수관계자를 의미하는 것이 아님(대법원2012두21604, 2013.10.11.)

(2012.2.2. 이후 – 쌍방관계) 저가양수자 또는 고가양도자 일방을 기준으로 특수관계자를 판단하여야 할 이유도 없음(대법원2017두59710, 2017.12.21.심불)

〈2〉 사용인과 특수관계 여부

(출자에 의하여 지배하고 있는 법인의 사용인) 특수관계에 있는 자의 범위는 최대주주등과 직접적인 사용관계에 있는 사용인뿐만 아니라 출자에 의하여 지배하고 있는 법인의 사용인도 포함하는 것임 (대법원2011두6899, 2012.10.11.)

('최대주주의 자녀(주식 미보유)'와 임원) 양도자 C는 양수자 B(갑법인의 주주가 아님)의 국세기본법 시행령상 친족 A가 30%이상 출자하여 지배하고 있는 갑법인의 사용인에 해당하므로 C와 B는 특수관계인에 해당함(상속증여세과-561, 2013.9.26.)

(30%미만으로 출자한 공동대표자와 해당법인의 사용인) 상증법 제35조를 적용함에 있어 법인에 지분 8%를 출자한 공동대표자가 해당 법인의 사용인으로부터 해당 법인의 주식을 매매로 취득한 경우 양도자와 양수자는 특수관계인에 해당하지 아니함(서면법규과-1085, 2013.10.4.)

(퇴직 후 5년이 지나지 않은 임원과 법인) 상증법 시행령 제2조의2제1항제2호에 따른 사용인은 상증법 시행령 제2조의2제2항에 따라 임원, 상업사용인, 그 밖에 고용관계에 있는 자를 말하며, 이 경우 임원은 상증법 시행령 제2조의2제1항제3호에 따라 법인세법 시행령 제20조제1항제4호에 따른 임원과 퇴직 후 5년이 지나지 아니한 그 임원이었던 사람으로서 사외이사가 아니었던 사람을 말함(기획재정부 재산세제과-688, 2016.10.26.)

〈3〉 시가 산정시 할증평가 적용 여부

(최대주주 등 보유주식) 특수관계자에게 비상장주식을 양도하는 경우로서 저가·고가양도에 따른 이익을 계산할 때 해당 비상장주식이 최대주주 등의 주식에 해당하면 할증평가하여 증여이익을 계산(서면4팀-939, 2008.4.15.)

(중소기업 최대주주 주식) 중소기업의 최대주주 등의 보유하고 있는 주식은 저가·고가양도에 따른 증여이익의 계산시 '중소기업 최대주주 등의 주식 할증평가 적용특례'(조세특례제한법 제101조) 규정이 적용됨(재경부재산-614, 2007.5.28.)

제5절	채무면제 등에 따른 증여

(상증법 제36조, 시행령 제26조의2)

- **(과세요건)** 채권자로부터 채무면제를 받은 경우 또는 제3자가 채무인수를 한 경우 또는 제3자가 채무를 면제한 경우
- **(납세의무자)** 채무면제 등의 이익을 얻은 자
- **(과세대상)** 해당 채무면제 등 이익
- **(증여시기)** 채무면제 의사표시, 제3자와 채권자 간에 채무인수계약 체결시
- **(증여재산가액)** 해당 채무면제액 – 채무면제(인수)에 따른 보상가액

채권자로부터 채무를 면제받거나 채무를 제3자가 인수 또는 대신 변제하면 채무자는 타인으로부터 채무액 상당액만큼 증여받은 것과 동일합니다. 이 경우 채무자가 사업자라면 채무면제이익으로 소득금액계산에 반영되고, 채무자가 비사업자이면 본 규정에 따라 증여세를 부과합니다.

채무자가 채권자로부터 채무면제를 받거나 제3자로부터 채무의 인수 또는 변제를 받은 경우, 그 면제·인수 또는 변제로 인한 이익을 그 이익을 얻은 자의 증여재산가액으로 합니다. (상증법 제36조)

1 과세요건

채권자로부터 채무를 면제받은 경우, 제3자가 채무를 인수한 경우 및 제3자가 채무를 변제한 경우, 이 3가지의 경우에 과세가 됩니다.

2 증여재산가액

채권자로부터 채무를 면제받거나 제3자로부터 채무의 인수 또는 변제를 받은 경우에는 그 면제·인수 또는 변제로 인한 이익에 상당하는 금액을 그 이익을 받은 자의 증여재산가액으로 합니다. (상증법 제36조제1항)

다만, 보상액을 지급한 경우에는 그 보상액을 뺀 금액으로 합니다. (상증법 제36조제1항)

3 증여시기

(1) 채권자로부터 채무를 면제받은 경우

채권자가 채무면제에 대한 의사표시를 한 날이 됩니다. (상증법 시행령 제26조의2제1호)

(2) 제3자로부터 채무의 인수를 받은 경우

제3자와 채권자 간에 채무의 인수계약이 체결된 날이 됩니다. (상증법 시행령 제26조의2제1호)

| 관련 질의회신 및 판례 |

〈1〉 제3자가 대물변제한 경우

양수자의 지급할 양수대금을 제3자가 부동산으로 대물변제하면 양수자는 채무면제로 증여세가 과세되고 제3자는 부동산 양도에 다른 양도소득세 납세의무가 있음(서면4팀-1677, 2007.5.21.)

〈2〉 시어머니가 대신 지급한 이혼위자료

남편을 대신하여 시어머니가 며느리에게 이혼위자료로 부동산을 증여힌 경우에는 상증법 제36조에 따라 남편이 그의 어머니로부터 그 부동산의 가액에 상당하는 위자료채무를 인수 또는 변제받은 것으로서 남편에게 증여세가 과세됨(재산세과-453, 2012.12.20.)

〈3〉 환수채권을 포기한 경우

확정판결에 의해 퇴직금 과다지급금으로 결정된 퇴직금 환수채권을 회사가 환수 포기한 경우에는 채무면제이익에 해당하여 그 이익을 얻은 자에게 증여세가 과세(국심2007구3746, 2007.11.23.)

부동산 무상사용에 따른 이익의 증여

(상증법 제37조, 시행령 제27조)

〈1〉 부동산 무상사용

- (과세요건) 타인 소유 부동산을 무상으로 사용 (비특수관계인 간 정당한 사유가 있는 경우 과세제외)
- (납세의무자) 부동산 무상 사용자
- (증여시기) 사실상 부동산 무상사용을 개시한 날, 5년 주기
- (증여재산가액) 1억원 이상

$$\sum_{n=1}^{n} \frac{(부동산가액 \times 연\ 2\%)}{(1+0.1)^n}$$

〈2〉 부동산 담보제공

- (과세요건) 타인 소유 부동산을 무상으로 담보로 이용하여 금전 등을 차입

  (비특수관계인 간 정당한 사유가 있는 경우 과세제외)
- (납세의무자) 이익을 얻은 자
- (증여시기) 그 부동산 담보 이용을 개시한 날, 1년 주기
- (증여재산가액) 1천만원 이상

  (차입금 × 적정이자 − 실제로 지급하였거나 지급할 이자)

타인의 부동산을 무상으로 사용하거나 타인의 부동산을 무상으로 담보로 이용하여 금전 등을 차입함에 따라 이익을 얻은 경우에는 해당 이익에 상당하는 가액을 이익을 얻은 자의 증여재산가액으로 합니다. (상증법 제37조)

1 타인의 부동산을 무상으로 사용한 경우

(1) 수증자

수증자는 타인의 부동산을 무상으로 사용하는 자로 하며, 타인의 토지 또는 건물만을 각각 무상으로 사용하는 경우에도 적용됩니다.(상증법 시행령 제27조제1항) 부동산에는 해당 부동산 소유자와 함께 거주하는 주택과 그에 딸린 토지는 제외됩니다. (상증법 제37조제1항)

수인이 부동산을 무상사용하는 경우로서 각 부동산사용자의 실제 사용면적이 분명하지 않은 경우에는 해당 부동산사용자들이 각각 동일한 면적을 사용한 것으로 봅니다. 이 경우 부동산소유자와 특수관계(상증법 제2조의2제1항제1호)에 있는 부동산사용자가 2명 이상인 경우에는 해당 부동산사용자들 중 부동산소유자와 최근친인 사람을 대표사용자로, 최근친이 둘 이상인 경우에는 그중 최고연장자를 대표사용자로 보며, 그 외의 경우에는 해당 부동산사용자들을 각각 무상사용자로 봅니다. (상증법 시행령 제27조제2항, 시행규칙 제19조제1항)

☞ 무상사용자가 수인인 경우 적용 연혁

2019.2.11.이전 증여분	2019.2.12. 이후 증여분
○ 실지사용자	○ 부동산소유자와 친족관계가 있는 경우 – 최근친인 사람(2명 이상인 경우 그 중 최연장자)을 대표사용자로 지정
○ 실지사용자가 불분명한 경우 : 근친관계 등을 고려하여 실지 사용자로 인정되는 자	○ 부동산소유자와 친족관계가 없는 경우 – 실제사용면적이 분명한 경우 : 실제 사용면적별로 계산 – 실제사용면적이 불분명한 경우 : 각각 동일한 면적을 사용한 것으로 계산

(2) 과세대상

타인의 부동산(해당부동산 소유자와 함께 거주하는 주택은 제외)을 무상으로 사용하는 경우에도 그 부동산 무상사용이익에 대해 과세합니다.(상증법 제37조제1항) 특수관계인이 아닌 자 간의 거래인 경우에는 거래의 관행상 정당한 사유가 없는 경우에 한하여 적용합니다.(상증법 제37조제3항)

이 경우 주택의 일부에 점포 등 다른 목적의 건물이 설치되어 있거나 동일 지번에 다른 목적의 건물이 설치되어 있는 경우에는 주택의 면적이 주택 외의 면적을 초과하는 경우에 한하여 해당 토지 소유자와 함께 거주할 목적으로 소유하는 주택으로 보아 부동산 무상사용에서 제외합니다.(상증법 시행령 제27조제7항)

☞ 무상사용 부동산의 범위 개정연혁

1997.1.1.–2003.12.31	2004.1.1.–2015.12.31	2016.1.1. 이후
특수관계인의 토지 – 해당 토지 소유자와 함께 거주할 목적으로 소유하는 주택은 제외	**특수관계인의 부동산** – 해당 부동산 소유자와 함께 거주하는 주택은 제외	**타인의 부동산** – 해당 부동산 소유자와 함께 거주하는 주택은 제외 – 비특수관계인 간의 거래의 경우 거래 관행상 정당한 사유가 없으면 과세대상

(3) 증여재산가액

부동산 무상사용에 따른 이익을 계산할 때 당초 증여시기로부터 5년이 경과한 후에도 계속하여 해당 부동산을 무상으로 사용하는 경우에는 5년이 되는 날의 다음날 새로이 무상사용을 개시한 것으로 보아 다시 5년간의 부동산무상사용에 따른 이익을 계산하여 증여세를 과세합니다. (상증법 시행령 제27조제3항)

부동산 무상사용이익은 각 연도의 부동산 무상사용이익을 해당 부동산 무상사용 기간을 감안하여 환산한 금액의 합계액을 말합니다. (상증법 시행규칙 제10조제2항)

$$부동산\ 무상사용이익 = \sum_{n=1}^{n} \frac{(부동산가액 \times 연\ 2\%)}{(1+0.1)^n}, \quad n = 평가기준일\ 경과연수$$

부동산가액은 상증법 제60조부터 제66조까지 평가한 가액을 말하며, 평가기준일 현재 경과연수는 5년 단위로 계산하며, 환산한 가액이 1억원 이상인 경우에만 적용합니다. (상증법 시행령 제27조제4항) ☞ 2004.1.1이후부터 적용합니다.

☞ 이익계산의 개정연혁

2002.1.1. – 2003.12.31.	2004.1.1. 이후
$\sum_{n=1}^{n} \dfrac{(토지가액 \times 연\ 2\%)}{(1+0.1)^n}$ (5년마다 재계산)	$\sum_{n=1}^{n} \dfrac{(부동산가액 \times 연\ 2\%)}{(1+0.1)^n}$ (5년마다 재계산) 1억 이상만 과세

(4) 증여시기

부동산 무상사용 이익의 증여시기는 사실상 당해 부동산의 무상사용을 개시한 날입니다.(상증법 제37조제1항) 이 경우 무상사용기간이 5년을 초과한 경우에는 그 무상사용을 개시한 날부터 5년이 되는 날의 다음날에 새로이 부동산 무상사용을 개시한 것으로 봅니다. (상증법 시행령 제27조제3항·제4항)

(5) 경정 등의 청구

부동산 무상사용이익은 무상사용을 개시한 날로부터 5년 단위로 과세하나, 5년 이내에 당해 부동산을 상속하거나 증여하는 경우 등의 사유발생으로 무상사용하지 아니하는 경우에는 증여세를 차감하여야 합니다. 이 경우 그 사유가 발생한 날부터 3개월 이내에 결정 또는 경정을 청구할 수 있습니다. (상증법 제79조제2항)

자세한 사항은 상속·증여세 신고납부와 결정, 상속·증여세 경정청구 특례 규정(상증법 제79조, 경정 등의 청구 특례)에서 그 적용방법을 확인할 수 있습니다. (상증법 제79조제2항, 시행령 제81조제5항·제6항)

2 타인의 부동산을 무상으로 담보로 이용하여 금전 등을 차입함에 따라 이익을 얻은 경우

(1) 수증자

수증자는 타인의 부동산을 무상으로 담보로 이용하여 금전 등을 차입함에 따라 이익을 얻은 자를 말합니다.(상증법 제37조제2항) 특수관계인이 아닌 자 간의 거래인 경우에는 거래의 관행상 정당한 사유가 없는 경우에 한하여 적용합니다. (상증법 제37조제3항)

(2) 증여재산가액

상증세법 시행령 제31조의4(금전무상대출 등에 따른 이익의 계산방법 등)제1항 본문에 따른 가액으로서, 이익이 1천만원 이상인 경우에만 적용합니다. (상증법 시행령 제27조제5항·제6항)

증여이익 = 차입금 × 적정이자 − 실제로 지급되었거나 지급될 이자

(3) 증여시기

차입기간이 정하여지지 아니한 경우에는 그 차입기간은 1년으로 하고, 차입기간이 1년을 초과하는 경우에는 그 부동산 담보 이용을 개시한 날부터 1년이 되는 날의 다음 날에 새로 해당 부동산의 담보 이용을 개시한 것으로 봅니다. (상증법 시행령 제27조제5항)

| 관련 질의회신 및 판례 |

〈1〉 출자비율과 손익분배비율이 다른 경우

특수관계자간에 부동산임대업을 공동으로 영위하면서 토지지분이 없는 자의 임대소득을 건물소유지분에 따라 분배한 경우 동 건물소유지분에 해당하는 토지를 무상으로 사용함으로써 발생한 이익을 증여받은 것으로 보아 과세한 처분은 정당함(조심2009서0118, 2009.5.11.)

합병에 따른 이익의 증여

(상증법 제38조, 시행령 제28조)

합병을 통하여 합병당사법인 일방의 주주가 상대방 법인의 주주로부터 경제적 이익(특수관계에 있는 법인 간의 합병시 합병당사법인의 주당 평가액이 서로 다름에도 불구하고 합병비율을 불공정하게 적용함으로써 상대적으로 주식가치가 과대평가된 법인의 주주가 상대방법인의 주주로부터 무상으로 받게 되는 경제적 이익)을 얻은 경우에는 그 합병등기일을 증여일로 하여 그 이익에 상당하는 금액을 그 이익을 얻은 자의 증여재산가액으로 합니다. (상증법 제38조)

합병이란, 2 이상의 회사가 상법에 따라 하나의 회사로 되는 것을 말합니다.

☞ **(요약) 합병에 따른 이익의 증여 (상증법 집행기준 38-28-2)**
- **(과세요건)** ① 특수관계에 있는 법인간의 합병
  ② 합병으로 인한 일정규모 이상의 대주주의 이익 발생
- **(납세의무자)** 합병으로 이익을 얻은 대주주등
- **(증여시기)** 합병등기일
- **(증여재산가액)** 기준금액 미만인 경우에는 제외
  ① 합병대가를 주식등으로 교부받은 경우
    대주주의 합병으로 인한 이익 = (A-B) × 대주주가 합병으로 인하여 교부받은 신설 또는 존속하는 법인의 주식수
    A. 합병 후 신설 또는 존속하는 법인의 1주당 평가액
    B. 합병비율 반영한 주가과대평가법인의 합병 전 1주당 평가액
      주가가 과대평가된 합병당사법인의 1주당 평가가액 × (주가가 과대평가된 합병당사법인의 합병한 주식등의 수 / 주가가 과대평가된 합병당사법인의 주주등이 합병으로 인하여 교부받은 신설 또는 존속하는 법인의 주식등의 수)
  ② 합병대가를 주식등 외의 재산으로 지급받은 경우
    · 합병당사법인의 1주당 평가가액이 액면가액에 미달하는 경우로서 그 평가가액을 초과하여 지급받은 경우에 한정합니다.
    대주주의 합병으로 인한 이익 = (가-나) × 대주주 주식수
    가) 1주당 액면가액(단, 액면가액 〉 합병대가 → 합병대가)
    나) 합병당사법인의 1주당 평가
      – 합병당사법인이란 법인의 합병으로 인하여 소멸 흡수되는 법인 또는 신설·존속하는 법인을 말함(상증법 시행령 제28조제1항제3호)
- **(기타 참고사항)**
  – 합병으로 인한 이익을 증여한 자가 대주주 등이 아닌 주주등으로서 2명 이상인 경우에는 주주등 1명으로부터 이익을 얻은 것으로 합니다.
  – 대주주가 합병으로 인한 의제배당소득으로 소득세가 과세되는 경우 합병에 따른 증여이익 계산시 동 의제배당소득을 증여이익에서 차감합니다.

1 과세요건

다음의 세 가지 요건을 충족하여야 합니다. (상증법 제38조제1항 본문)

① 특수관계에 있는 법인 간 합병(분할합병)일 것

② 주가가 과대평가된 합병당사법인의 대주주가 존재할 것

③ 대주주등의 이익이 기준금액 이상일 것

합병으로 인한 이익을 증여한 자가 대주주등이 아닌 주주등으로서 2명 이상인 경우에는 주주등 1명으로부터 이익을 얻은 것으로 봅니다. (상증법 제38조제2항)

1) 특수관계에 있는 법인 간의 합병

합병등기일이 속하는 사업연도의 직전사업연도 개시일(개시일이 서로 다른 법인이 합병한 경우에는 먼저 개시한날을 말함)부터 합병등기일까지의 기간 중 다음의 어느 하나에 해당하는 법인을 말합니다. (상증법 시행령 제28조제1항 각 호)

① 법인세법 시행령 제2조(정의)제5항에 규정된 특수관계에 있는 법인

☞ 합병등기일이 속하는 사업연도의 직전사업년도 개시일부터 합병등기일까지의 기간 중 1회라도 특수관계에 해당한 사실이 있는 경우 특수관계법인으로 봅니다. (상증법 집행기준 38-28-3)

☞ 법인세법 시행령 제2조(정의)제5항

⑤ 법 제2조제12호에서 "경제적 연관관계 또는 경영지배관계 등 대통령령으로 정하는 관계에 있는 자"란 다음 각 호의 어느 하나에 해당하는 관계에 있는 자를 말한다.

1. 임원(제40조제1항에 따른 임원을 말한다. 이하 이 항, 제10조, 제19조, 제38조 및 제39조에서 같다)의 임면권의 행사, 사업방침의 결정 등 해당 법인의 경영에 대해 사실상 영향력을 행사하고 있다고 인정되는 자(「상법」 제401조의2제1항에 따라 이사로 보는 자를 포함한다)와 그 친족(「국세기본법 시행령」 제1조의2제1항에 따른 자를 말한다. 이하 같다)

2. 제50조제2항에 따른 소액주주등이 아닌 주주 또는 출자자(이하 "비소액주주등"이라 한다)와 그 친족

3. 다음 각 목의 어느 하나에 해당하는 자 및 이들과 생계를 함께하는 친족

   가. 법인의 임원·직원 또는 비소액주주등의 직원(비소액주주등이 영리법인인 경우에는 그 임원을, 비영리법인인 경우에는 그 이사 및 설립자를 말한다)

   나. 법인 또는 비소액주주등의 금전이나 그 밖의 자산에 의해 생계를 유지하는 자

4. 해당 법인이 직접 또는 그와 제1호부터 제3호까지의 관계에 있는 자를 통해 어느 법인의 경영에 대해 「국세기본법 시행령」 제1조의2제4항에 따른 지배적인 영향력을 행사하고 있는 경우 그 법인

5. 해당 법인이 직접 또는 그와 제1호부터 제4호까지의 관계에 있는 자를 통해 어느 법인의 경영에 대해 「국세기본법 시행령」 제1조의2제4항에 따른 지배적인 영향력을 행사하고 있는 경우 그 법인

6. 해당 법인에 100분의 30 이상을 출자하고 있는 법인에 100분의 30 이상을 출자하고 있는 법인이나 개인

7. 해당 법인이 「독점규제 및 공정거래에 관한 법률」에 따른 기업집단에 속하는 법인인 경우에는 그 기업집단에 소속된 다른 계열회사 및 그 계열회사의 임원

② 기업집단소속기업(상증법 시행령 제2조의2제1항3호나목)의 다른 기업

③ 동일인이 임원의 임면권의 행사 또는 사업방침의 결정 등을 통하여 합병당사법인의 경영에 대하여 영향력을 행사할 수 있다고 인정되는 관계에 있는 법인

합병당사법인이란 법인의 합병으로 인하여 소멸·흡수되는 법인 또는 신설·존속하는 법인을 말합니다. (상증법 시행령 제28조제1항제3호)

「자본시장과 금융투자업에 관한 법률」에 따른 주권상장법인이 다른 법인과 같은 법 제165조의 4(합병 등의 특례) 및 같은 법 시행령 제176조의5(합병의 요건·방법 등)에 따라 행하는 합병은 특수관계에 있는 법인간의 합병으로 보지 아니합니다. (상증법 시행령 제28조제1항)

☞ 상장·코스닥상장법인은 「자본시장과 금융투자업에 관한 법률」에 따라 평가한 가액으로 합병비율을 정하도록 제한을 받는 등 다른 법률에서 통제를 받고 있어 변칙적인 증여행위가 발생하기 어려운 점을 감안하여 특수관계에 있는 법인간의 합병으로 보지 않습니다.

☞ 과세제외 개정연혁

2001.1.1.이후 합병등기분부터	2001.12.31.이후 합병등기분부터
상장 + 상장 ⇒ 합병 후 상장	상장 + 비상장 ⇒ 합병 후 상장

2) 주가가 과대평가된 합병당사법인에 대주주가 존재

대주주등은 해당 주주등의 자본 및 그와 상증법 시행령 제2조의2(특수관계인의 범위)제1항 각 호의 어느 하나에 규정된 특수관계에 있는 자의 자본을 포함하여 해당 법인의 발행주식 총수 등의 100분의 1이상을 소유하고 있거나, 소유하고 있는 주식 등의 액면가액이 3억원 이상의 주주 등을 말합니다. (상증법 시행령 제28조제2항)

☞ 대주주등 : 상증법 제38조(합병에 따른 이익의 증여)제1항, 시행령 제28조(합병에 따른 이익의 계산방법 등) 제2항 ← 감자에 따른 이익의 증여(상증법 제38조의2) 요건에도 동일하게 적용

3) 대주주등이 얻는 이익이 기준금액 이상

대주주등이 얻는 이익이 기준금액 이상이어야 합니다. 기준금액은 합병 후 신설 또는 존속하는 법인의 주식등의 평가가액의 100분의 30에 상당하는 가액과 3억원 중 적은 금액입니다. (상증법 시행령 제28조제4항)

2 증여재산가액 (기준금액 이상)

(상증법 시행령 제28조제5항~제7항)

1) 합병대가를 주식으로 교부받은 경우

대주주가 얻은 이익은 아래 산식에 따라 산정합니다.

[(1) - (2)] × 주가가 과대평가된 합병당사법인의 대주주등이 합병으로 인하여 교부받은 신설 또는 존속하는 법인의 주식등의 수

(1) 합병 후 신설·존속하는 법인의 1주당 평가가액

가) 주권상장법인 또는 코스닥상장법인으로서 유가증권시장 또는 코스닥상장시장에서 거래되는 법인(주권상장법인 등)인 경우

아래 ①과 ②중 작은 가액을 말합니다.

① 합병등기일부터 2월이 되는 날까지 기간의 최종시세가액의 평균액

$$② \quad \frac{(과대평가법인의 합병직전 주식가액 + 과소평가법인의 합병직전 주식가액)}{합병 후 신설·존속하는 법인의 주식수}$$

나) 그 외 비상장법인인 경우 → 위 (1)의 ②가액

이 경우 합병 직전 주식 등의 가액의 평가기준일은 「상법」 제522조의2(합병계약서 등의 공시)에 따른 대차대조표 공시일 또는 「자본시장과 금융투자업에 관한 법률」 제119조(모집 또는 매출의 신고) 및 같은 법 시행령 제129조(증권신고서의 기재사항 및 첨부서류의 특칙)에 따라 합병의 증권신고서를 제출한 날 중 빠른 날이며, 주권상장법인 등에 해당하지 아니하는 법인인 경우에는 상법 제522조의2에 따른 대차대조표 공시일을 적용합니다.

상증법 시행령 제28조에 따라 대주주등 이익을 계산하는 경우에는 할증평가규정을 적용하지 아니합니다. (상증법 시행령 제53조제5항2호)

계산한 금액에 소득세법 제17조(배당소득)제2항4호의 의제배당금액이 포함된 경우에는 이를 차감하여 계산합니다. (상증법 기본통칙 38-28-2)

분할합병을 하기 위하여 분할하는 법인의 분할사업부문에 대한 합병 직전 주식등의 가액은 상증법 제63조제1항제1호다목에 따른 방법을 준용하여 분할사업부문을 평가한 가액으로 합니다.

2016.2.5.에 신설된 규정으로 기존에 시행규칙에서 분할법인의 분할직전 주식가액을 분할사업부분의 순자산가액 비율로 안분하여 계산하던 것을 특정분할사업부문의 상대적 형평성 문제를 해소하기 위해 분할사업부문의 비상장법인의 보충적 평가방법으로 평가는 하는 것(순손익가치과 순자산가치를 3:2로 가중평균)으로 시행령을 새로이 개정했습니다.

☞ 분할합병시 합병직전 주식등의 가액 계산방법 개정연혁

2016.2.4.이전(상증법 시행규칙 제10조의2)	2016.2.5.이후(상증법 시행령 제28조제7항)
분할법인의 분할직전주식등의 가액 × 분할사업부문의 순자산가액 / 분할법인의 순자산가액	상증법 제63조제제1항제1호다목에 따른 방법을 준용하여 분할사업부문을 평가한 가액

(2) 주가가 과대평가된 합병당사법인의 1주당 평가가액 × (주가가 과대평가된 합병당사법인의 합병전 주식등의 수 / 주가가 과대평가된 합병당사법인의 주주등이 합병으로 인하여 교부받은 신설 또는 존속하는 법인의 주식등의 수)

주가가 과대평가된 합병당사법인의 1주당 평가가액은 아래와 같습니다.

　가) 주권상장법인 등의 경우

공시일 등 이전 2월간 기간의 최종시세가액의 종가평균액을 말합니다. 이 경우 공시일 등 이전 2개월간 기간의 최종시세가액의 종가평균액과 아래 비상장법인 평가가액 중 큰 금액을 적용할 수 있습니다.

　나) 비상장법인

대차대조표 공시일 현재 상증법 제60조(시가) 및 상증법 제63조제1항제1호다목(보충적평가액)에 따른 평가액

상증법 제28조에 따라 대주주가 얻은 이익을 계산하는 경우에는 할증평가규정을 적용하지 아니합니다.(상증법 시행령 제53조제8항제3호) 다만, 합병 전 합병당사법인의 순자산가액을 계산하는 경우 합병당사법인이 보유하고 있는 다른 비상장법인의 주식가액은 할증평가규정을 적용합니다. (재삼 46014-1411, 1999.7.23.)

주가가 과대평가된 법인의 합병 후 주식수는 합병으로 인하여 새로이 취득되는 주식수를 말합니다.

(3) 기준금액

Min(합병후 신설 또는 존속하는 법인의 주식등의 평가가액 × 30%, 3억원)

① 합병후 1주당 평가액(A)

구분	주권상장·코스닥상장 법인	그 외 법인
합병 후 1주당 평가액	Min[①, ②] ① 합병등기일 이후 2개월간 최종시세가액의 평균액 ② 단순 평균 = $\dfrac{\text{합병 전 합병·피합병법인의 주식가액 합계액}}{\text{합병후 주식 수}}$	② 단순평균액

② 합병비율을 반영한 주가 과대평가법인의 합병 전 1주당 평가액(B)

B = 주가과대평가법인 합병 전 1주당가치 × 합병 전 주식수 ÷ (합병전 주식수 × 합병비율)

= 주가과대평가법인 합병 전 주식가치 ÷ 합병 후 주식수

☞ 합병비율 : 주가 과대평가법인 1주당 합병법인주식 교부비율

구분	주권상장·코스닥상장 법인	그 외 법인

주가과대평가법인
합병 전 1주당 가치
	Max [①, ②]
	① 다음 중 빠른날 이전 2개월간 최종시세가액 평균액
	   ⓐ 합병대차대조표 공시일
	   ⓑ 금융감독위원회 합병신고서 제출일
	② 비상장주식 평가방법에 의한 평가액
		합병대차대조표 공시일의
		비상장주식 평가방법에
		의한 평가액 (시가와 보
		충적 평가액 중 큰 금액)

2) 합병대가를 주식 등 외의 재산(현금 등)으로 지급한 경우

합병당사법인의 1주당 평가가액이 액면가액에 미달하는 경우로서 그 평가가액을 초과하여 지급받은 경우에 한정합니다.

(1) 합병대가가 액면가액 이하인 경우

(1주당 합병대가 − 1주당 평가가액) × 합병당사법인의 대주주등의 주식수

(2) 합병대가가 액면가액을 초과하는 경우

(1주당 액면가액 − 1주당 평가가액) × 합병당사법인의 대주주등의 주식수

(3) 기준금액 : 3억원

3 증여시기

합병에 따른 이익의 증여시기는 당해 합병등기일(합병등기를 한 날)입니다. (상증법 제38조제1항)

4 증여세 납세의무

합병에 따른 이익의 증여규정에 있어 납세의무자는 그 이익을 얻은 자입니다.(상증법 제38조제1항) 다만, 수증자가 영리법인인 경우에는 납부할 증여세는 면제하며, 주가가 과대평가된 법인의 대주주의 요건에 해당되어야 하므로, 소액주주에 대하여는 합병으로 인하여 경제적 이익을 얻은 경우에도 증여세 납세의무는 발생하지 않습니다. 또한 증여자에게 연대납세의무가 없습니다.

| 관련 질의회신 및 판례 |

〈1〉 포합주식(피 합병법인이 보유한 합병법인의 주식)의 할증평가 여부

피합병법인의 주주가 합병대가로 받는 합병법인의 주식과 관련하여 피합병법인이 보유한 합병법인의 주식에 대하여는 상증법 제63조제3항의 규정을 적용하지 않음(재경부재산-23, 2007.1.5.)

〈2〉 과대평가된 합병당사법인의 주주가 증여이익을 반환하는 경우

상증법 제38조의 규정에 의한 이익을 합병당사법인의 주주가 합병등기일로부터 3월 이내에 당해 이익에 상당하는 주식을 주가가 과소평가된 상대방 법인의 주주들에게 무상으로 이전하는 경우에는 상증법 제31조제4항의 규정에 의하여 처음부터 증여가 없었던 것으로 봄(서면4팀-1085, 2007.4.3.)

〈3〉 합병후 신설 또는 존속하는 법인이 상장 또는 협회등록법인인 경우 평가기준일

합병 후 신설 또는 존속하는 법인의 1주당 평가가액을 산정함에 있어 평가기준일은 상증법 시행령 제28조제5항 제1호의 규정을 선택한 경우에는 합병등기일이며, 동항 제2호의 규정을 선택한 경우에는 대차대조표공시일(상법 제522조의2의 규정에 의한 날을 말함) 또는 합병신고일(증권거래법 제190조의2의 규정에 의한 날을 말함) 중 빠른 날임(재경부재산46014-68, 2002.3.28.)

〈4〉 합병당사법인의 합병직전 주식가액의 합계액의 계산 방법

합병당사법인의 합병직전 주식가액의 합계액을 계산함에 있어 합병법인이 피합병법인의 주식을 100% 소유한 상태에서 합병함에 따라 합병 후 신설 또는 존속하는 법인이 합병 전에 보유하고 있던 피합병법인의 주식을 소각한 경우에는 동 소각한 주식의 가액을 합병당사법인의 합병직전 주식가액의 합계액에서 차감함(재경부재산46014-67,

2002.3.28.)

A법인이 B법인을 흡수합병하면서 합병 전 A법인이 보유한 B법인의 주식에 대해서 합병 후 주식을 교부하지 아니하고 소각한 경우로서 아래 산식에 따라 합병 후 1주당 가액을 계산하는 경우 산식에서 합병 전 주식가액의 합계액은 해당 소각된 피합병법인의 주식수를 합병 전 피합병법인의 주식수에서 차감하여 계산

$$\frac{(합병법인 1주당 가액 \times 합병 전 주식수) + (피합병법인 1주당 가액 \times 합병 전 주식수)}{합병 전 신설·존속하는 법인의 발행주식 총수}$$

〈5〉 이익의 계산

(동일인 보유) 동일인 갑이 합병당사법인의 주식을 동시에 소유하고 있는 경우 합병전후 차익이 3억원 이상인지 여부는 본인으로부터의 증여에 해당하는 금액을 차감한 순이익을 기준으로 판단함(서일46014-10427, 2002.3.30.)

(3억원 판단) 대주주 1인의 이익을 기준으로 함(재삼 46014-1974, 1999.11.15.)

(다자간 합병시) 다자간 합병의 경우에도 주가가 과대평가된 합병당사법인별로 그 비율을 산정하여 위 요건에 해당하는지 판단하는 것이 자연스러우며, 이에 비추어 보면 제2호의 경우에도 합병당사법인별로 그 요건 해당 여부를 판단함이 상당함(대법원2011두18427, 2013.10.31.)

〈6〉 동일인이 합병법인과 피합병법인의 주주인 경우

합병하는 A사와 B사에 갑이 동시에 주식을 소유하고 있는 경우에는 본인(갑)으로부터 증여받은 금액은 증여세 과세가액에서 제외하며, 이때 제외할 금액은 아래와 같이 계산함 (재경부 재산46014-46,1997.2.12.)

$$갑이 얻은 전체 증여이익 \times \frac{주가가 과소평가된 합병당사법인의 갑 소유지분율}{주가가 과대평가된 합병당사법인의 갑 소유지분율}$$

증자에 따른 이익의 증여

(상증법 제39조, 시행령 제29조)

⟨1⟩ 저가발행

- (실권주 재배정) 실권주를 재배정하는 경우에 해당 법인의 주주 중에 실권주를 배정받음으로서 얻는 이익
- (실권주 실권처리) 실권주를 실권처리함으로써 해당 법인의 주주가 신주인수로 인하여 얻은 이익
- (제3자 배정 주주 초과 배정) 제3자 직접배정이나 해당 법인의 주주가 배정받을 수 있는 수를 초과하여 신주를 직접 배정받음으로서 얻은 이익

⟨2⟩ 고가발행

- (실권주 재배정) 실권주를 재배정함으로써 신주인수포기자가 얻는 이익
- (실권주 실권처리) 실권주를 실권처리함으로써 신주인수포기자가 얻은 이익
- (제3자 배정 주주 초과 배정) 제3자 직접배정이나 해당 법인의 주주가 배정받을 수 있는 수를 초과하여 신주를 직접 배정받음으로써 그의 특수관계인이 얻은 이익

법인이 자본금(출자액을 포함)을 증가시키기 위하여 새로운 주식 또는 지분(신주)를 발생시킴으로써 주주들의 증자 전 주식소유 지분율대로 신주를 인수하지 않음에 따라 지분율이 변동되거나 주식가치가 증감됨으로 인하여 무상 이전되는 이익을 증여로 보아 증여세를 과세합니다. (상증법 제39조제1항)

☞ (증자, 신주의 발행) 주식회사는 그 설립 후 수권자본제도에 의하여 수권자본의 범위 내에서 신주를 발행하고 자본을 조달할 수 있습니다. 이것을 증자 또는 신주의 발행이라도 말합니다.

주식대금 납입일(주식대금 납입일 이전에 실권주를 배정받은 자가 신주인수권증서를 교부받은 경우에는 그 교부일)을 증여일로 하여 증여세를 과세하며,(상증법 시행령 제29조제1항) 증자 유형 및 신주인수가액이 증자 전 주식평가액보다 낮은지 높은지에 따라 과세요건을 다르게 규정하고 있습니다

☞ 일반적으로 법인이 증자를 하면서 주식가치보다 낮은 가액으로 신주를 발행하면 구 주식의 가액은 증자액의 비율에 따라 희석되어 감소되고, 신 주식의 가액은 거꾸로 증가하게 되므로 증자하기 전의 주식비율에 따른 신주인수를 하지 아니하면, 신주의 전부 또는 일부를 인수하지 아니한 자가 소유하고 있는 구 주식의 가액은 증자를 한 비율만큼 감소되고 반면에 비율을 초과하여 신주를 인수한 자의 주식가치는 구 주식의 가액이 감소한 만큼 증가하게 되므로 실권주를 인수한 자는 신주인수를 포기한 자로부터 그 차액에 상당하는 이익을 취득한 것으로 볼 수 있습니다. 위와 같이 법인의 유상증자의 경우에 주주가 신주인수권을 포기하여 그 포기한 실권주를 제3자가 배정받게 함으로써 제3자가 이익을 얻은 경우 엄밀한 의미에서 민법상의 증여로 보기 어렵지만 실질적으로는 실권주를 포기한 자가 그 실권주를 배정받은 자에게 위에서 본 가액만큼 증여한 것과 다름없으므로 이 사건 법률조항은 위와 같은 이익을 증여로 보아 증여세를 과세하기 위한 규정으로써 실질적 소득·수익이 있는 곳에 과세한다고 하는 실질과세원칙을 관철하기 위한 규정이라 할 수 있습니다. (헌재2001헌바13, 2002.1.31.)

① 유형별 과세요건 및 증여재산가액 계산방법 등

1) 유형별 과세요건 및 증여재산가액 계산방법

□ 법령에 명시된 유형별 과세요건 및 증여재산가액 계산방법 (상증법 제39조제1항, 시행령 제29조제2항)

| 구분 | 해당법령 | 증여 요건 | | 납세자 | 증여재산가액 계산
(ⓐ 증자 후 1주당 평가액 ⓑ 신주 1주당 인수가액) |
		특수 관계	30% 요건		
① 저가 실권주 재배정	1호 가목	×	×	실권주 인수자	(ⓐ-ⓑ) × 배정받은 실권주수
② 저가 실권주 실권처리	1호 나목	○	○	신 주 인수자	(ⓐ-ⓑ) × 배정받은 실권총수 × 증자 후 신주인수자 지분 비율 × (신주인수자의 특수관계인의 실권주수 ÷ 실권주 총 수)
③ 저가 신주 제3자 직접 배정	1호 다목	×	×	신 주 인수자	(ⓐ-ⓑ) × 균등조건 초과 인수한 신주수
주주 초과배정	1호 라목				
④ 고가 실권주 재배정	2호 가목	○	×	신 주 인수 포기자	(ⓑ-ⓐ) × 신주인주 포기자의 실권주수 × (특수관계인이 인수한 실권주수 ÷ 실권주 총수)
⑤ 고가 실권주 실권처리	2호 나목	○	○	신주 인수 포기자	(ⓑ-ⓐ) × 신주인주 포기자의 실권주수 × (특수관게인이 인수한 신주수 : 당초 증자 수식 총수)
⑥ 고기 신주 제3자 직접 배정	2호 다목	○	×	신주 인수 포기자	(ⓑ-ⓐ) × 균등증자시보다 미달하게 배정받은 신주수 × (특수관계인이 인수한 신주수 ÷ 균등증자시 주식수를 초과 하여 인수한 신주의 총수)
주주 초과 배정	2호 라목				
⑦ 전환주식 저가발행	3호 가목	×	×	교부 받은자	참여주주의 증여재산가액 × 교부받은 주식수
⑧ 전환주식 고가발행	3호 나목	○	×	교부 받은자 의 특수 관계인	실권주주의 증여재산가액 × 증자에 의하여 증가한 주식수 × 증자 전 지분비율

* (표 : 국세청 책자 자료를 변형) 표의 계산식들은 상증법 시행령 제29조에 명시되어 있습니다.

☞ 위의 표를 간략하게 정리할 수 있습니다.

구분	수증자	비고
배정(직접 이익) (재배정, 제3자 배정, 초과배정)	저가 : 인수자 고가 : 포기자	특수관계 × 특수관계 ○
실권처리 (간접이익)	저가 : 인수자 고가 : 포기자	특수관계 ○, 30% 요건 적용 특수관계 ○, 30% 요건 적용

〈용어 설명〉

① 신주인수권 : 우선적으로 신주의 배정을 받을 수 있는 권리를 말합니다. 일반적으로 주식회사가 신주를 발행할 경우에 정관에 다른 경험이 없는 한 주주가 소유하고 있는 주식의 수에 비례합니다.

② 시가 : 상증법 제60조와 제63조에 따라 평가한 가액을 말합니다.

③ 실권주 : 실권주란 신주를 배정받을 수 있는 권리의 전부 또는 일부를 포기한 경우로서 그 포기한 신주를 말합니다. (상증법 제49조제1항가목)

④ 소액주주 : 해당법인의 발행주식 총수 등의 100분의 1미만을 소유하는 경우로서 소유하고 있는 주식 등의 액면가액이 3억원 미만의 주주 등을 말합니다. (상증법 시행령 제28조제5항)

⑤ 증자 전 1주당 평가가액 : 유가증권시장·코스닥시장 상장주식은 증자에 따른 권리락일 전 2월간의 종가평균액에 의하며, 비상장주식은 증자일 현재 시가 또는 보충적 평가가액을 말합니다.

⑥ 증자 후 1주당 평가가액 : 아래 산식에 따른 이론주가에 의하되, 2001.1.1.이후 유가증권시장·코스닥시장 상장주식의 증자시에는 권리락일 이후 2월간의 종가평균액과 이론주가 중 작은 금액(고가 증자의 경우에는 높은 금액)에 따릅니다.

$$\frac{(증자\ 전\ 1주당가액 \times 증자\ 전\ 주식수) + (신주\ 1주당\ 인수가액 \times 증자주식수)}{증자\ 전\ 주식수 + 증자\ 주식수}$$

⑦ 신주 1주당 인수가액 : 1주당 주식대금 납입액을 말합니다.

⑧ 30%·3억원 요건 : 증자 후 1주당 평가가액과 신주인수가액의 차액이 증자 후 1주당 평가가액의 30%이상 차이가 있거나, 1인별 증여가액이 3억원 이상인 경우에 증여세 과세요건이 성립됨을 말합니다.

저가 증자시 : $\dfrac{ⓐ - ⓑ}{ⓐ} \geq 30\%$ 또는 주주 1인 총이익이 3억원 이상인 경우

고가 증자시 : $\dfrac{ⓑ - ⓐ}{ⓐ} \geq 30\%$ 또는 주주 1인 총이익이 3억원 이상인 경우

⑨ 실권주 재배정 : 기존주주가 지분비율에 따라 배정된 신주를 인수하지 아니하여 발생한 실권주를 이사회 결의를 통해 다른 기존주주 또는 제3자에게 배정하는 것을 말합니다.

⑩ 직접배정 : 주주 평등의 원칙에 의한 예외로서 기존주주의 지분비율에 관계없이 주주총회

특별결의 등을 통해 기존주주 또는 제3자에게 신주를 인수시키는 것을 말합니다.

⑪ 실권주 실권처리 : 기존 주주가 지분비율에 따라 배정된 신주를 인수하기 아니하여 발생한 실권주를 다시 배정하지 아니함으로써 실권처리한 주식 수만큼 증자가 이루어지지 않는 경우를 말합니다.

⑫ 전환주식 : 상법 제346조(주식의 전환에 관한 종류주식)에 따른 종류주식을 말하며, 종류주식은 이익의 배당, 의결권 행사 등이 보통주와 다른 주식을 말합니다. 우선주, 보통주, 후배주 등 다른 종류의 주식으로 전환할 수 있는 권리가 부여되어 있으며, 전환권이 부여되어 있는 주식 또는 정관에 일정한 사유가 발생할 때 회사가 주주의 인수주식을 다른 종류주식으로 전환(우선주를 보통주로 바꾸거나 그 반대의 경우 등)할 수 있습니다.

⑬ 증자의 증여이익 계산시 : 최대주주할증평가 규정을 적용하지 아니합니다.

☞ 증여자별 수증자별로 증여가액을 산정하되, ①, ②, ③의 경우, 신주인수를 포기한 자가 2인 이상의 소액주주인 경우에는 1인이 포기한 것으로 보아 증여이익을 계산합니다. 소액주주가 2인 이상인 경우에 소액주주 1인 이상의 이익을 증여한 것으로 보는 상증법 제39조제2항은 헌법에 위배되지 아니합니다. (헌재2014헌바468, 2016.6.30.) 이는 증여자별로 증여이익을 계산하는 것이 복잡하고 그 증여가액이 과세 최저한에 미달하며, 과세를 못하게 되면 증여세 회피 수단으로 악용될 우려가 있다는 점을 고려한 것입니다. (대법원2014두14976, 2017.5.17.)

2) 증여시기

주식대금 납입일 등 증여일은 다음 구분에 따른 날을 말합니다. (상증법 시행령 제29조제1항 각호)

① 유가증권시장에 주권이 상장된 법인 또는 코스닥시장 상장법인이 해당법인의 주주에게 신주를 배정하는 경우 : 권리락이 있는 날

② 전환주식을 다른 종류의 주식으로 전환한 경우 : 전환한 날

☞ 2017.1.1이후 신주발행분부터 적용합니다.

③ 그 외의 경우 : 주금납입일 (주금납입일 이전에 실권주를 배정받은 자가 신주인수권증서를 교부받은 경우에는 신주인수권증서 교부일)

3) 과세제외

(1) 자본시장과 금융투자업에 관한 법률에 따른 공모방식으로 신주배정

상장법인·코스닥상장법인이 「자본시장과 금융투자업에 관한 법률」 제9조(그 밖의 용어의 정의) 제7항에 따른 유가증권의 모집방법(같은 법 시행령 제11조제3항에 따라 모집(간주모집)하는 경우 제외)

으로 배정하는 경우에는 증자 전·후 주식평가액의 과다 또는 지분을 변동에 관계없이 증여세를 과세하지 아니합니다. (상증법 제39조제1항가목, 시행령 제29조제3항)

비상장법인의 경우에는 증자분은 모집방법에 의하는 경우도 예외없이 증여세를 과세합니다.

☞ 2001.1.1이후 증자분부터 적용합니다.

(2) 우리사주조합에 우선 배정하는 경우

내국법인의 종업원으로서 우리사주조합에 가입한 소액주주가 그 법인의 주식을 우리사주조합을 통하여 시가보다 낮은 가액으로 취득한 경우입니다. (상증법 제46조제2호)

(3) 증자 전·후의 주식 1주당 가액이 모두 '0'이하인 경우

증자 전·후의 주식 1주당 가액이 모두 '0'이하인 경우에는 증여이익이 없는 것으로 봅니다.
(서면4팀-1155, 2005.7.8.)

| 관련 질의회신 및 판례 |

⟨1⟩ 균등증자

법인이 각 주주의 지분비율대로 균등하게 증자를 실시함으로써 특정주주가 얻은 이익이 없는 경우에는 증자에 따른 증여의제 규정 적용되지 아니한다. (서면4팀-513, 2004.4.19.)

⟨2⟩ 회사정리계획안에 따른 증자

회사정리계획안에 따라 주주의 의결권이 법률상 또는 사실상 제한된 상태에서 유상증자를 실시하여 신주를 발행한 경우로서 증여세를 회피할 목적으로 신주를 발행한 것에 해당하지 아니한 경우에는 증여세 과세대상에서 제외한다. (서면4팀-200, 2006.2.6.)

⟨3⟩ 법인이 고가로 증자를 실시한 경우 법인에게 증여세 과세여부

법인이 자본을 증가시키기 위하여 신주를 발행함에 있어서 당해 신주를 시가보다 고가로 발행하여 당해 법인이 얻은 이익에 대하여는 당해 법인에게 증여세를 과세하지 아니함. (서면4팀-3720, 2007.12.28.)

⟨4⟩ 주식매수선택권의 행사에 따른 증자

상법 또는 증권거래법에 따라 법인의 임직원에게 부여한 신주발행한 주식매수선택권의 행사에 따라 당해 법인이 신주를 발행하는 경우 상증법 제39조의 증자에 따른 이익의 증여규정을 적용하지 아니함(서면4팀-55, 2008.1.9.)

2 저가의 실권주를 재배정한 경우 (표의 ①)

(상증법 제39조제1항제1호가목, 시행령 제29조제2항)

저가의 신주발행(실권주 재배정)은 기존 주주가 지분비율에 따라 배정된 신주를 인수하지 아니하여 발생한 실권주를 이사회 결의를 통해 다른 기존주주 또는 제3자에게 배정하는 것을 말합니다.

실권주를 배정받은 자(특수관계를 요하지 않으며, 소액주주도 포함)가 실권주를 배정받음으로서 이익을 얻은 경우에는 그 실권주를 배정받은 자가 실권주를 배정받음으로써 얻은 이익을 실권주를 배정받은 자의 증여재산가액으로 합니다. 다만 공모배정 하는 경우는 제외합니다. (상증법 제39조제1항가목)

이 경우 실권한 소액주주가 2인 이상인 경우에는 소액주주 1인이 실권한 것으로 보아 증여재산가액을 계산합니다. (상증법 제39조제2항)

1) 과세요건

다음 요건을 충족하여야 합니다.

① 자본 또는 출자액의 증가를 위한 신주 배정이어야 합니다.

② 신주를 시가보다 낮은 가액으로 발행하는 경우이어야 합니다.

③ 실권주를 다시 배정하여야 합니다.

④ 재배정은 연고배정방식에 의하여야 합니다.

   ㉮ 주권상장법인 또는 코스닥상장법인이 유가증권의 모집방법(일반공모)에 따라 배정하는 경우에는 증여세 과세대상에서 제외합니다.

   ㉯ 비상장법인인 경우에는 실권주의 재배정방법에 관계없이 주식의 시가와 증자대금 납입금액의 차액에 대하여 증여세를 과세합니다.

⑤ 신주인수권을 포기한 주주가 있어야 합니다.

   ㉮ 신주인수권을 포기한 자와 그 실권주를 배정받은 자간에 특수관계의 요건은 필요가 없습니다.

   ㉯ 30% 적용 요건(30% 이상 이익과 증여재산가액 3억원 이상 요건) 역시 필요가 없습니다.

⑥ 본래의 자기지분율을 초과하여 신주를 배정받은 자가 있어야 합니다.

2) 증여재산가액

(1) 증여재산가액

[ⓐ 증자 후 1주당 평가가액 − ⓑ 신주1주당 인수가액] × 배정받은 실권주수

(2) ⓐ 증자 후 1주당 평가가액

ⓐ 증자 후 1주당 평가가액은 비상장주식은 아래 산식에 따른 ㉠주식평가액에 의하되, 상장·코스닥 상장법인이 증자한 경우에는 ㉠과 ㉡중 작은 금액을 따릅니다.

㉠ 이론적 권리와 주식평가액

$$\frac{(증자\ 전\ 1주당\ 가액 \times 증자\ 전\ 주식수) + (신주\ 1주당\ 가액 \times 증자주식수)}{증자\ 전\ 주식수 + 증자\ 주식수}$$

㉡ 권리락일 이후 2개월간의 최종시세가액의 평균액

3 저가의 실권주를 실권처리한 경우 (표의 ②)

(상증법 제39조제1항제1호나목, 시행령 제29조제2항)

기존주주가 지분비율에 따라 배정된 신주를 인수하지 아니하여 발생한 실권주를 이사회 결의를 통해 기존주주 또는 제3자에게 배정하지 아니하고 실권처리함에 따라 신주 인수를 포기한 주주와 특수관계에 있는 자가 신주를 인수함으로써 얻은 이익을 증여로 보아 증여세를 과세합니다.

실권주를 재배정하지 아니한 경우에도 해당 신주의 인수를 포기한 주주와 특수관계인이 신주를 인수함에 따라 얻은 경제적 이익이 일정액 이상일 경우 이를 증여재산으로 하여 증여세를 과세하는 것을 말합니다. 즉 변칙적인 출자지분율의 변동에 따라 형성된 반사적 이익을 과세하기 위한 규정입니다.

1) 과세요건

① 법인의 증자를 위한 신주의 발행이 있을 것

② 해당 법인의 주주가 신주를 배정받을 수 있는 권리의 전부 또는 일부를 포기함으로써 실권주가 발생할 것

③ 그 실권주를 배정하지 아니할 것

④ 포기한 주주와 특수관계인 사이에서 발생할 것

⑤ 1주당 주가차액이 증자 후의 1주당 평가차액의 30%이상이거나 증여재산가액이 3억원 이상일 것

2) 증여재산가액

(1) 증여재산가액

[ⓐ 증자 후 1주당 평가가액 − ⓑ 신주 1주당 인수가액] × 실권주 총수 × 증자 후 신주인수자의 지분비율

$$\times \frac{\text{신주인수자와 특수관계에 있는 자의 실권주수}}{\text{실권주 총수}}$$

(2) ⓐ 증자 후 1주당 평가가액

ⓐ 증자 후 1주당 평가가액은 비상장주식의 경우 다음 계산식에 따른 ㉠주식평가액에 의하되, 상장 코스닥상장법인이 증자한 경우에는 ㉠과 ㉡ 중 적은 금액에 따릅니다.

㉠ 이론적 권리와 주식평가액

$$\frac{\left(\substack{\text{증자 전 1주당} \\ \text{평가가액}} \times \substack{\text{증자 전의 발행} \\ \text{주식 총수}}\right) + \left(\substack{\text{신주 1주당} \\ \text{인수가액}} \times \substack{\text{증자 전 지분대로 균등하게} \\ \text{증자하는 경우의 증가주식수}}\right)}{\text{증자 전의 발행주식 총수} + \text{증자전 지분대로 균등하게 증자하는 경우의 증가주식수}}$$

㉡ 권리락일 이후 2개월간의 최종시세가액의 평균액

상증법 제39조제1항에 따라 법인이 유상증자를 하면서 실권주 중 일부를 실권한 주주와 특수관계에 있는 주주에게 배정하고 나머지는 배정하지 아니함으로써 특수관계에 있는 자가 얻은 증여이익은 상증법 시행령 제29조제3항제1호 및 제2호에 따라 계산한 가액을 합산하여 산정하는 것이며, 이 경우 제2호의 증여이익을 산정함에 있어 다목의 '증자 후 신주인수자의 지분비율'은 재배정받은 주식을 차감한 신주인수자의 주식수를 증자 후의 발행주식 총수로 나누어 계산한 비율을 말합니다. (재산세과-60, 2010.2.1.)

4 저가의 신주를 직접배정 초과배정한 경우 (표의 ③)

(상증법 제39조제1항제1호다목·라목, 시행령 제29조제2항)

직접배정은 주주평등의 원칙에 의한 예외로서 기존주주의 지분비율에 상관없이 정관상 규정 또는 주주총회 특별회의를 통해 기존주주 또는 제3자에게 신주를 인수시키는 것을 말합니다.

본래 신주인수권은 구주주들의 지분비율에 따라 균정하게 배정하는 것이 원칙입니다. 그럼에도 불구하고 해당 법인의 주주가 아닌 자가 신주를 직접 배정(해당 주식의 인수회사로부터 인수·취득하는 경우와 제3자에게 증권을 취득시킬 목적으로 그 증권의 전부 또는 일부를 취득한 자로부터 인수·취득한 경우를 포함) 받거나 해당 법인의 주주가 지분비율에 따라 배정받을 신주수를 초과하여 배정 받은 경우에는 이익의 무상이전이 일어납니다.

1) 과세요건

2의 1) 과세요건과 같습니다.

실권주를 배정받은 자와 신주인수를 포기한 주주 사이에 특수관계가 성립하는 여부 및 증여재산가액이 얼마인가에 관계없이 신주 1주당 인수가액과 증자 후 1주당 평가가액의 차이가 발생하게 되면 증여세를 과세하게 됩니다.

직접배정에는 「자본시장과 금융투자업에 관한 법률」 제9조(그 밖의 용어의 정의)제12항에 따른 '인수인'으로부터 인수·취득하는 경우와 각각 제3자에게 증권을 취득시킬 목적으로 그 증권의 전부 또는 일부를 취득한 자로부터 인수·취득한 경우를 말합니다.

☞ '인수인'이란 증권을 모집·사모·매출하는 경우 인수를 하는 자를 말합니다. (자본시장과 금융투자업에 관한 법률 제9조제12항)

신주인수권을 포기하거나 미달하게 배정받은 소액주주가 2인 이상인 경우에는 소액주주 1인이 포기하거나 미달하게 배정받은 것으로 봅니다. (상증법 제39조제2항)

2) 증여재산가액

(1) 증여재산가액

(ⓐ 증자 후 1주당 평가가액 − ⓑ 신주 1주당 인수가액) × 배정받은 신주수(균등조건 초과 인수한 신주수)

· 신주 수는 균등 조건에 의하여 배정받을 신주 수를 초과하여 배정받은 자의 경우 그 초과 부분의 신주 수를 말합니다.

(2) ⓐ 증자 후 1주당 평가가액

ⓐ 증자 후 1주당 평가가액은 비상장주식의 경우 다음 산식에 따른 ㉠주식평가가액에 의하되, 상장·코스닥상장 법인이 증자한 경우에는 ㉠ 과 ㉡중 작은 금액에 따릅니다.

㉠ 이론적 권리락 주식 평가액

$$\frac{\left(\begin{array}{c}증자\ 전\ 1주당 \\ 평가가액\end{array} \times \begin{array}{c}증자\ 전의\ 발행 \\ 주식\ 총수\end{array}\right) + \left(\begin{array}{c}신주\ 1주당 \\ 인수가액\end{array} \times \begin{array}{c}증자에\ 의하여 \\ 증가한\ 주식수\end{array}\right)}{증자\ 전의\ 발행주식\ 총수 + 증자전\ 지분대로\ 균등하게\ 증자하는\ 경우의\ 증가주식수}$$

㉡ 권리락일 이후 2개월간의 최종시세가액의 평균액

5 고가의 실권주를 재배정한 경우 (표의 ④)

(상증법 제39조제1항제2호가목, 시행령 제29조제2항)

시가보다 고가의 발행가액으로 증자하면서 실권주를 재배정하는 경우를 말합니다.

저가로 발행하는 신주의 경우와는 반대로 증자 전의 주식평가액보다 높은 가액으로 발행된 신주를 기존주주들이 인수하지 아니하여 발생된 실권주를 특수관계에 있는 자가 배정받아 신주인수를 포기한 주주가 자본금을 납입하지 아니하고도 증자 후 주식가치가 높아짐으로써 얻은 이익을 증여받은 것으로 보아 과세합니다.

1) 과세요건

① 신주를 시가보다 높은 가액으로 발행이 있을 것
② 신주인수권을 포기한 주주가 있을 것.
③ 본래의 자기지분율을 초과하여 신주를 배정받은 자가 있을 것.

④ 이익을 얻은 신주인수 포기자는 실권주를 배정받아 인수한 자와 특수관계인일 것

현저한 이익(30%이상 이익과 증여재산가액 3억원) 요건은 필요 없음.

2) 증여재산가액

(1) 증여재산가액

$$\left[\begin{array}{l}\text{ⓑ 신주 1주당 인수가액 –} \\ \text{ⓐ 증자 후 1주당 평가가액}\end{array}\right] \times \begin{array}{c}\text{신주인수를 포기한} \\ \text{주주의 실권주수}\end{array} \times \dfrac{\text{신주인수를 포기한 주주와 특수관계에 있는 자가 인수한 실권주수}}{\text{실권주총수}}$$

(2) ⓐ 증자 후 1주당 평가가액

ⓐ 증자 후 1주당 평가가액은 비상장주식의 경우 아래 계산식에 따른 ㉠주식평가액에 의하되, 상장·코스닥 법인이 증자한 경우에는 ㉠과 ㉡ 중 큰 금액에 의합니다.

㉠ 이론적 권리락 주식 평가액

$$\dfrac{\left[\begin{array}{c}\text{증자 전 1주당} \\ \text{평가가액}\end{array} \times \begin{array}{c}\text{증자 전의 발행} \\ \text{주식 총수}\end{array}\right] + \left[\begin{array}{c}\text{신주 1주당} \\ \text{인수가액}\end{array} \times \begin{array}{c}\text{증자에 의하여} \\ \text{증가한 주식수}\end{array}\right]}{\text{증자 전의 발행주식 총수 + 증자에 의하여 증가한 주식수}}$$

㉡ 권리락일 이후 2개월간의 최종시세가액의 평균액

6 고가의 실권주를 실권처리한 경우 (표의 ⑤)

(상증법 제39조제1항제2호나목, 시행령 제29조제2항)

증자 전의 주식평가액보다 높은 가액으로 발행된 신주를 기존주주들이 인수하지 아니하여 발생한 실권주를 다시 배정하지 아니하고 실권처리하여 신주인수를 포기한 주주가 자본금을 납입하지 아니하고도 증자 전보다 주식가치가 높아짐으로써 얻은 이익을 증여받은 것으로 보아 과세합니다.

1) 과세요건

① 법인의 증자를 위한 신주의 발행이 있을 것

② 신주를 시가보다 높은 가액으로 발행하여야 합니다.

③ 해당 법인의 주주가 신주를 배정받을 수 있는 권리의 전부 또는 일부를 포기함으로써 실권주가 발생할 것

④ 그 실권주를 배정하지 아니할 것

⑤ 해당 신주를 포기한 주주와 특수관계인이 신주를 인수하여야 합니다.

⑥ 1주당 주식차액이 증자 후의 1주당 평가가액의 30% 이상이거나, 증여재산가액이 3억원 이상일 것

$$\frac{ⓑ \, 신주1주당 \, 인수가액 - ⓐ \, 증자 \, 후 \, 1주당 \, 평가가액}{ⓐ \, 증자 \, 후 \, 1주당 \, 평가가액} \geq 30\%$$

2) 증여재산가액

(1) 증여재산가액

[ⓑ 신주 1주당 인수가액 − ⓐ 증자 후 1주당 평가가액] × 신주인수를 포기한 주주의 실권주수

$$× \frac{신주인수를 \, 포기한 \, 주주와 \, 특수관계에 \, 있는 \, 자가 \, 인수한 \, 신주수}{증자 \, 전의 \, 지분비율대로 \, 균등하게 \, 증자하는 \, 경우의 \, 증자 \, 주식 \, 총수}$$

(2) ⓐ 증자 후 1주당 평가가액

ⓐ 증자 후 1주당 평가가액은 비상장주식의 경우 아래 계산식에 따른 ㉠ 주식평가액에 의하되, 상장·코스닥상장법인이 증자한 경우에는 ㉠과 ㉡ 중 큰 금액에 따릅니다.

㉠ 이론적 권리락 주식평가액

$$\frac{\left[\begin{array}{c}증자 \, 전 \, 1주당 \\ 평가가액\end{array} × \begin{array}{c}증자 \, 전의 \, 발행 \\ 주식 \, 총수\end{array}\right] + \left[\begin{array}{c}신주 \, 1주당 \\ 인수가액\end{array} × \begin{array}{c}증자에 \, 의하여 \\ 증가한 \, 주식수\end{array}\right]}{증자 \, 전의 \, 발행주식 \, 총수 + 증자에 \, 의하여 \, 증가한 \, 주식수}$$

㉡ 권리락일 이후 2개월간의 최종시세가액의 평균액

7 고가의 실권주를 직접배정 초과배정한 경우 (표의 ⑥)

(상증법 제39조제1항제2호다목·라목, 시행령 제29조제2항)

증자 전의 주식평가액보다 높은 가액으로 발행된 신주를 기존주주들이 지분비율대로 균등하게 인수하지 아니하고 특수관계인에게 직접 배정하여 신주인수를 포기하거나 균등하게 배정받지 아니한 주주가 자본금을 납입하지 아니하고도 증자 후 주식가치가 높아짐으로서 얻은 이익을 증여받은 것으로 보아 과세합니다.

1) 과세요건

① 법인의 증자를 위한 신주 발행이어야 합니다.

② 해당 법인의 주주가 신주를 배정 받을 수 있는 권리의 전부 또는 일부를 포기함으로써 실권주가 발생하여야 합니다.

③ 주주가 아닌 자가 해당 법인으로부터 신주를 직접 배정받거나, 해당 법인의 주주가 그 소유주식수에 비례하여 균등한 조건에 의하여 배정받을 수 있는 수를 초과하여 신주를 직접 배정받아 인수한 자와 신주를 배정받지 않거나, 균등한 조건에 의하여 배정받을 신주수에 미달하게 신주를 인수한 자와 특수관계가 있어야 합니다. [현저한 이익(30%이상 이익과 증여재산가액 3억원 이상 요건)은 필요가 없습니다.]

2) 증여재산가액

(1) 증여재산가액

[ⓑ 신주 1주당 인수가액 - ⓐ 증자 후 1주당 평가가액] × 신주를 배정받지 아니하거나 균등한 조건에 의하여 배정받을 신주에 미달하여 신주를 배정받은 주주의 배정받지 아니하거나 그 미달하게 배정받은 부분의 신주수 × (신주를 배정받지 아니하거나 미달되게 배정받은 주주와 특수관계에 있는 자가 인수한 신주수 ÷ 주주가 아닌 자에게 배정된 신주수 및 당해 법인의 주주가 균등한 조건에 의하여 배정받을 신주수를 초과하여 인수한 신주의 총수)

(2) ⓐ 증자 후 1주당 평가가액

ⓐ 증자 후 1주당 평가가액은 비상장주식의 경우 아래 계산식에 따른 ㉠주식평가액에 의하

되, 상장·코스닥상장법인이 증자한 경우에는 ㉠과 ㉡ 중 큰 금액에 따릅니다.

㉠ 이론적 권리락 주식평가액

$$\frac{\left(\begin{array}{c}증자\ 전\ 1주당 \\ 평가가액\end{array} \times \begin{array}{c}증자\ 전의\ 발행 \\ 주식\ 총수\end{array}\right) + \left(\begin{array}{c}신주\ 1주당 \\ 인수가액\end{array} \times \begin{array}{c}증자에\ 의하여 \\ 증가한\ 주식수\end{array}\right)}{증자\ 전의\ 발행주식\ 총수 + 증자에\ 의하여\ 증가한\ 주식수}$$

㉡ 권리락일 이후 2개월간의 최종시세가액의 평균액

8 전환주식을 시가보다 낮은 가액으로 발행한 경우 (표의 ⑦)

(상증법 제39조제1항제3호가목, 시행령 제29조제2항)

전환주식을 시가보다 낮은 가액으로 발행한 경우 교부받았거나 교부받을 주식의 가액이 전환주식 발행 당시 전환주식의 가액을 초과함으로써 그 주식을 교부받은 자가 얻은 이익을 증여받은 것으로 보아 과세합니다. ☞ 2017.1.1.이후 전환주식을 발행하는 분부터 증여세를 과세합니다.

1) 과세요건

주주 사이에 특수관계 성립 여부 및 증여가액에 관계없이 증여세를 과세합니다.

2) 증여재산가액 (①-②)

차감한 금액이 0 이하인 경우에는 이익이 없는 것으로 봅니다.

① 전환주식을 다른 종류의 주식으로 전환함에 따라 교부받은 주식을 신주로 보아 상증법 시행령 제29조제2항제1호부터 제5호까지의 규정에 따라 계산한 이익

② 전환주식 발행 당시 상증법 시행령 제29조제2항제1호부터 제5호까지의 규정에 따라 계산한 이익

9 전환주식을 시가보다 높은 가액으로 발행한 경우 (표의 ⑦)

(상증법 제39조제1항제3호나목, 시행령 제29조제2항)

전환주식을 시가보다 높은 가액으로 발행한 경우 교부받았거나 교부받을 주식의 가액이 전환주

식 발행 당시 전환주식의 가액보다 낮아짐으로써 그 주식을 교부받은 자의 특수관계인이 얻은 이익을 증여받은 것으로 보아 과세합니다. ☞ 2017.1.1.이후 전환주식을 발행하는 분부터 증여세를 과세합니다.

1) 과세요건

교부받은 자의 특수관계인이 얻은 이익에 대하여 증여세를 부과하여, 특수관계인은 상증법 시행령 제2조의2(특수관계인의 범위)제1항 각 호의 어느 하나에 해당하는 자를 말합니다.

2) 증여재산가액 (①-②)

차감한 금액이 0 이하인 경우에는 이익이 없는 것으로 봅니다.

　① 전환주식을 다른 종류의 주식으로 전환함에 따라 교부받은 주식을 신주로 보아 상증법 시행령 제29조제2항제1호부터 제5호까지의 규정에 따라 계산한 이익

　② 전환주식 발행 당시 상증법 시행령 제29조제2항제1호부터 제5호까지의 규정에 따라 계산한 이익

│ **관련 질의회신 및 판례** │

〈1〉 자기주식

(자기주식을 제외하고 균등증자한 경우) 법인이 지분을 증가시키기 위하여 신주를 발행함에 있어 신주인수권이 없는 자기주식을 제외한 각 주주의 지분비율대로 균등하게 증자를 실시함으로써 특정주주가 얻은 이익이 없는 경우에는 상증법 제39조의 규정이 적용되지 않는 것임(서면2015상속증여-2216, 2015.11.23.)

(신주를 배정받지 못한 자기주식이 있는 경우) 신주를 고가로 인수한 주주의 실권주주 사이의 분여이익 계산시 상법상 자기주식의 취득이 제한되어 신주를 배정받지 못한 자기주식이 있는 경우에는 이를 제외하고 '증자 전의 1주당 평가가액'이나 '증자전의 발행주식 총수'를 계산해야 할 것임(대법원2007두5363, 2009.11.26.)

〈2〉 간주모집

간주모집도 상장주식 신주저가인수 이익을 과세하지 아니하는 경우에는 유가증권의 모집방법에 해당함(간주모집 해당여부는 청약 권유 받은 자의 수가 아닌 전매 가능성의 유무를 기준으로 판단)(대법원2012두14866, 2014.3.13., 대법원2011두198, 2014.2.27.)

⇒ 상증법 제39조제1항제1호가목 개정 및 상증법 시행령 제29조제3항을 개정하여 2016.1.1. 이후 자본시장법 시행령 제11조제3항(간주모집)에 따라 모집하는 경우에는 증여세 과세대상임

이 사건 유상증자는 실제 투자인원이 50명을 초과하였다 할지라도 유가증권신고서가 금융감독원에 수리되지 않아 모집에 해당하지 않고, 이 사건 주식의 시가 산정이 증자 등의 사유에 주식분할도 포함됨(대법원2015두41531, 2015.12.10.)

〈3〉 과세대상

(우선주 불균등 증자) 비상장법인이 상환전환우선주를 고가 또는 저가로 발행하여 상증법 제39조에 다른 이익의 증여가 있는 경우에는 증여세가 과세되며, 증여이익은 상증법 시행령 제29조제4항에 따라 주식대금 납입일(주식대금 납입일 이전에 실권주를 배정받은 자가 신주인수권증서를 교부받은 경우에는 그 교부일)을 기준으로 계산함. 상증법 시행령 제29조제3항을 적용함에 있어 상환전환우선주의 주식수는 발행당시 보통주 전환비율로 반영하여 증자에 따른 이익의 증여를 계산함(기획재정부 재산세제과-82, 2015.2.9.)

(외국소재 법인의 유상증자) 외국에 소재하는 법인의 유상증자시 당해 법인의 주주가 아닌 자가 신주(실권주를 포함한다)를 배정받음에 따라 당해 신주를 배정받은 자 또는 당해 법인의 기존 주주가 이익을 얻은 경우에는 상증법 제39조 및 제42조제1항제3호의 규정에 따라 증여세가 과세됨(재산세제과-1582, 2008.7.10.)

(입사조건으로 배정) 임원으로 입사하는 조건으로 저가로 발행된 신주를 직접 배정받은 경우에 증여세가 과세될 수 있음 (서일46014-10060, 2003.1.14.)

(포기 후 지분 초과한 경우) 종전의 증자과정에서 신주인수권을 포기한 주식이 있다 하더라도 그 후의 증자에서 지분비율을 초과하여 신주를 배정받은 경우 증여 의제 적용함(대법원93누1343, 1993.7.27.)

(의결권이 제한된 상태에서 신주 발행한 경우) 회사정리계획안에 따라 주주의 의결권이 법률상 또는 사실상 제한된 상태에서 유상증자를 실시하여 신주를 발행한 경우로서 증여세를 회피할 목적으로 신주를 발행한 것에 해당되지 아니한 경우에는 증여세 과세대상에서 제외함이 타당함(서면4팀-200, 2006.2.6.)

(우리사주조합) 「근로복지기본법」 및 「증권거래법」에 의하여 우리사주조합에 우선 배정된 신주의 20%를 조합원이 인수하지 아니함에 따라 발생한 실권주를 대표이사(기존주주) 1인이 전부 인수한 경우에 증여자는 우리사주조합이 아니라 신주인수를 포기한 조합원으로 하여 증여세를 과세하는 것이 타당(국심90중209, 1990.5.8. 대법원90누8473, 1991.2.12. 같은 뜻)

(사내근로복지기금) 주주인 사내근로복지기금이 신주를 배정받을 수 있는 권리의 전부 또는 일부를 포기하는 경우에도 상증법 제39조제1항제1호의 규정이 적용됨(재삼46014-2619, 1997.11.6.)

〈4〉 우선주 불균등 증자

비상장법인이 상환전환우선주를 고가 또는 저가로 발생하여 상증법 제39조에 따른 이익의 증여가 있는 경우에는 증여세가 과세되며, 증여이익은 상증법 시행령 제29조제4항에 따라 주식대금 납입일(주식대금 납입입 이전에 실권주를 배정받은 자가 신주인수권증서를 교부받은 경우에는 그 교부일)을 기준으로 계산함. 상증법 시행령 제29조제3항을 적용함에 있어 상환전환우선주의 주식수는 발행당시 보통주 전환비율을 반영하여 증자에 따른 이익의 증여를 계산함(기획재정부 재산세제과-82, 2015.2.9.)

〈5〉 외국소재 법인의 유상증자

외국에 소재하는 법인의 유상증자시 당해 법인의 주주가 아닌 자가 신주(실권주를 포함한다)를 배정받음에 따라 당해 신주를 배정받은 자 또는 당해 법인의 기존 주주가 이익을 얻은 경우에는 상증법 제39조 및 제42조제1항제3호의 규정에 따라 증여세가 과세됨(재산세과-1582, 2008.7.10.)

〈6〉 가장납입의 방법으로 주금납입을 대신해 준 경우

신주에 관하여 수증자 명의의 신주인수 및 신주인수대금 납입이 적법하게 마쳐졌고, 그 대금이 실제로는 증여된 것이라면 가장납입의 방법에 의하여 이루어진 것이라 하더라도 그 신주인수대금을 증여받은 때에 증여세 납세의무가 적법하게 성립하였다고 할 것이므로, 그 이후에 감정절차를 밟았다거나 과세처분 후에 수증자가 회사를 상대로 신주발행부존재확인을 구하는 소송을 제기하여 승소판결을 받아 그 판결이 확정되었더라도 증여가 부존재하거나 무효가 아닌 이상 증여세 과세처분에 아무런 영향이 없음(대법원99두8039, 2001.3.27.)

〈7〉 증자 전의 1주당 평가가액

(증자 후 거래가액) 증자 전의 1주당 평가가액이라 함은 증자전의 시점을 기준으로 한 주식의 평가가액을 의미한다 할 것이므로 증자 후 3월 중 이루어진 매매거래가액을 증여세가 부과하는 재산의 시가로 볼 수 있다고 하여야 하여 이를 '증자전의 1주당 평가가액'으로 볼 수 없음(대법원2007두5110, 2009.6.25.)

(기준일) 제3자배정방식의 증자에 따른 이익의 계산방법에 관하여 '증자 전의 1주당 평가가액'을 평가함에 있어서는 원칙적으로 증자에 관한 이사회결의일이 아니라 주금납일일의 전날을 기준으로 하여 그 이전의 기간을 대상으로 함이 상당함(대법원2007두7949, 2009.8.20.)

〈8〉 증여자가 소액주주인 경우

상증법 제39조제2항에서 신주를 배정받을 수 있는 권리를 포기하거나 그 소유주식수에 비례하여 균등한 조건으로 배정받을 수 있는 수에 미달되게 신주를 배정받은 소액주주가 2명 이상인 경우에는 소액주주 1명이 그 권리를 포기하거나 신주를 미달되게 배정받은 것으로 보고 이익을 계산함(서울고법2014누60377, 2015.03.17.)

〈9〉 입사조건으로 배정받은 경우

임원으로 입사하는 조건으로 저가로 발행된 신주를 직접 배정받은 경우에 증여세 과세될 수 있음(서일46014-10040, 2003.1.14.)

〈10〉 사내근로복지기금이 포기한 경우

주주인 사내근로복지기금이 신주를 배정받을 수 있는 권리의 전부 또는 일부를 포기하는 경우에도 상증법 제39조제1항제1호의 규정이 적용됨(재삼46014-2619, 1997.11.6.)

〈11〉 개인투자조합 대 조합원

개인투자조합과 개인이 주주로 구성되어 있는 법인이 불균등유상증자를 하여 상증법 제39조에 따라 개인 주주에게 증여세가 과세되는 경우 증여자는 조합원임(기획재정부 재산제세과-1438, 2022.11.17.)

감자에 따른 이익의 증여

(상증법 제39조의2, 시행령 제29조의2)

☞ 법인의 자본금을 감소시키기 위하여 주식등을 소각하는 경우로서 일부 주주등의 주식등을 소각하는 경우

〈1〉 주식등을 시가보다 낮은 대가로 소각한 경우

- (납세의무자) 대주주
- (증여시기) 주주총회 결의일
- (증여재산가액) Min(감자한 주식등의 평가액 × 30%, 3억원) 이상인 경우

  ($ⓐ - ⓑ$) × ⓒ

  ⓐ 감자한 주식 1주당 평가액

  ⓑ 주식 소각시 지급한 1주당 금액

  ⓒ 총감자 주식수 × 대주주 감자 후 지분비율 × $\dfrac{\text{대주주의 특수관계인의 감자주식수}}{\text{총 감자주식수}}$

〈2〉 주식 등을 시가보다 높은 대가로 소각한 경우

- (납세의무자) 대주주등의 특수관계인에 해당하는 주식등을 소각한 주주등
- (증여시기) 주주총회결의일
- (증어재산가액) Min(감자한 주식등의 평기액 × 30%, 3억원) 이상인 경우

  (주식등의 소각시 지급한 1주당 금액 – 감자한 주식등의 1주당 평가액) × 해당 주주등의 감자한 주식등의 수

　법인이 특정 주주의 주식을 감자전의 주식 평가액 보다 낮은 가액으로 주식을 소각한다면, 주식을 소각하지 않거나 균등비율보다 적게 소각시킨 주주는 감자 후 지분율과 주식평가액이 증가하는 결과가 발생하며, 이 때 해당 주주가 얻은 이익이 증여세 과세대상이 됩니다.

　주식소각은 주식수를 소각하는 경우이며, 주식병합은 수개의 주식을 병합하는 경우를 말합니다. 임의소각은 임의로 주식을 매입하여 소각하는 경우이며, 강제소각은 일방적으로 소멸시키는 소각을 말합니다.

　　☞ 감자란 자본 감소, 즉 자본금을 감소시키는 것으로 주식회사는 주주총회의 특별결의를 필요로 합니다. 감자의 방법에는 주식금액의 감소방법(주식금액의 일부를 환급하는 방법과 주식금액의 일부를 버리는 방법이 있음)과 주식수를 줄이는 방법이 있습니다. 실질상의 감자는 기업의 순자산을 감소시키는 경우이며, 형식상의 감자는 기업의 순자산 감소 없이 이월결손금을 보전하는 경우를 말합니다.

1 주식을 시가보다 낮은 대가로 소각한 경우

(상증법 제39조의2제1항제1호, 시행령 제29조의2제1항제1호)

1) 과세대상

주식 등을 소각한 주주등의 특수관계인에 해당하는 대주주등이 얻은 이익

2) 대주주등

'대주주등'은 주주 등 1인과 상증법 시행령 제2조의2(특수관계인의 범위)제1항 각 호의 어느 하나에 해당하는 관계에 있는 자로서 해당 주주 등의 지분 및 그와 상증법 시행령 제2조의2제1항 각 호와 관계에 있는 자의 지분을 포함하여 당해법인의 발행주식 총수 등의 1% 이상을 소유하고 있거나, 소유하고 있는 주식 등의 액면가액이 3억원 이상인 주주 등을 말합니다.

☞ 대주주 : 상증법 제38조(합병에 따른 이익의 증여)제1항, 시행령 제28조(합병에 따른 이익의 계산방법 등)제2항에서 상증법 제39조의2(감자에 따른 이익의 증여)도 동일하게 적용합니다.

3) 증여재산가액

증여재산가액은 다음과 같이 계산합니다. 기준금액 이상이어야 합니다.

증여재산가액 = (ⓐ – ⓑ) × ⓒ

  ⓐ 감자한 주식 1주당 평가액

  ⓑ 주식 소각시 지급한 1주당 금액

  ⓒ 총 감자주식수 × 대주주등의 감자 후 지분비율 × $\dfrac{\text{대주주등과 특수관계인의 감자주식수}}{\text{총 감자주식수}}$

감자에 따른 대주주등이 얻은 이익을 계산하는 경우 최대주주등의 할증평가 규정은 적용하지 않습니다.

기준금액은 다음과 같습니다. (상증법 시행령 제29조의2제2항)

  기준금액 = Min(감자한 주식등의 평가액×30%, 3억원)

2 주식을 시가보다 높은 대가로 소각한 경우

(상증법 제39조의2제1항제2호, 시행령 제29조의2제1항제2호)

1) 과세대상

대주주등의 특수관계인에 해당하는 주식등을 소각한 주주등이 얻은 이익. 주식등의 1주당 평가액이 액면가액(대가가 액면가액에 미달하는 경우에는 해당 대가)에 미달하는 경우로 한정합니다.

2) 대주주등

대주주등은 주주 등 1인과 상증령 제2조의2(특수관계인의 범위)제1항 각호의 어느 하나에 해당하는 관계에 있는 자로서 해당 주주 등의 지분 및 그와 상증령 제2조의2제1항 각 호의 관계에 있는 자의 지분을 포함하여 당해 법인의 발행주식 총수 등의 1% 이상의 지분을 소유하고 있거나, 소유하고 있는 주식 등의 액면가액이 3억원 이상인 주주 등을 말합니다.

3) 증여재산가액

기준금액이상이어야 합니다. (상증법 시행령 제29조의2제2항)

증여재산가액 = (주식등의 소각시 지급한 1주당 금액 – 감자한 주식등의 1주당 평가액) ×
해당 주주등의 감자한 주식등의 수

기준금액 = Min(감자한 주식등의 평가액 × 30%, 3억원)

3 증여시기

감자를 위한 주주총회 결의일로 합니다. (상증법 제39조의2제1항)

〈1〉 평가기준일

감자한 주식 1주당 평가액은 증여일(감자를 위한 주주총회 결의일)을 기준으로 하여 상증법 제60조 및 제63조제1항에 따라 평가함 (서면4팀-1698, 2004.10.22.)

〈2〉 과세대상

법인이 지분을 감소하기 위하여 주식을 소각한 때에 당해 감자전에 각 주주들이 소유하고 있는 주식수 대로 균등하게 주식을 소각하지 아니한 경우에는 상증법 제39조의2 및 법 제42조의 규정에 의하여 증여세가 과세됨(서면4팀-3248, 2006.9.25.)

법인의 주식을 소각함에 있어서 일부주주의 주식만을 소각함에 따라 다른 주주가 이익을 얻은 경우에는 증여재산가액을 계산함(재경부재산-745, 2007.6.27.)

〈3〉 자기주식 소각

출자관계에 있는 법인간 합병으로 취득한 자기주식을 상법(제343조)에 따라 적정하게 소각한 경우에는 상증법 제39조의2 및 상증법 제42조의 규정이 적용되지 않음(재경부재산-767, 2007.6.29.)

법인이 주식을 소각함에 있어서 일부주주의 주식만을 소각함에 따라 다른 주주가 이익을 얻은 경우에는 상증법 제39조의2 및 같은 법 제42조제1항제3호의 규정에[의하여 증여재산가액을 계산하는 것이며, 귀 질의의 경우가 이에 해당하는지 여부는 자기주식의 매입목적, 매입가액, 소각 등 매입·소각에 관한 구체적인 사실에 따라 판단할 사항임(재경부재산-745, 2007.6.27.)

〈4〉 이익의 계산

감자에 따른 이익의 증여 시 증여재산가액이 상증법 제39조의2제1항에 따른 기준금액 미만인지 여부는 수증자별 증여이익을 기준으로 판단하는 것임(기획재정부 재산세제과-476, 2017.8.1.)

제 10 절	현물출자에 따른 이익의 증여

(상증법 제39조의3, 시행령 제29조의3)

〈1〉 저가인수

- (납세의무자) 현물출자자
- (증여시기) 현물출자 납입일
- (증여재산가액) 현물출자자가 아닌 주주등 소액주주가 2명 이상인 경우에는 소액주주가 1명인 것으로 봅니다.

증여재산가액 = (ⓐ현물출자 후 1주당 가액 – ⓑ신주 1주당 인수가액) × 현물출자자가 배정받은 신주수

〈2〉 고가인도

- (납세의무자) 현물출자자의 특수관계인에 해당하는 주주등
- (증여시기) 현물출자 납입일
- (증여재산가액) Min(30%, 3억원) 조건 있음

(ⓑ – ⓐ) × ⓒ

ⓐ 현물출자후 1주당 가액

ⓑ 신주 1주당 인수가액

ⓒ 현물출자자의 신주인수수 × $\dfrac{\text{현물출자자의 특수관계인에 해당하는 주주의 출자전 주식 수}}{\text{출자전 발행주식 총수}}$

현물출자란 금전 외의 재산을 목적으로 하는 재산출자를 말합니다.

현물출자를 할 때에 신주의 인수가액이 현물출자 전의 주식평가액보다 높거나 낮음에 따라 현물출자자 등이 이익을 얻은 경우 그 가액을 이익을 얻은 자의 증여재산가액으로 합니다. (상증법 제39조의3제1항)

현물출자는 그 출자재산의 평가문제가 발생하고, 평가액에 따라 자본평가와 주주·채권자에게 손해를 해할 우려가 있어 상법에서는 현물출자에 대하여 엄격한 검사와 책임을 규정하고 있습니다.

☞ **상법 제4장 주식회사 제1절 설립**

제290조(변태설립사항) 다음의 사항은 정관에 기재함으로써 그 효력이 있다.

2. 현물출자를 하는 자의 성명과 그 목적인 재산의 종류, 수량, 가격과 이에 대하여 부여할 주식의 종류와 수

제295조(발기설립의 경우의 납입과 현물출자의 이행) ② 현물출자를 하는 발기인은 납입기일에 지체없이 출자의 목적인 재산을 인도하고 등기, 등록 기타 권리의 설정 또는 이전을 요할 경우에는 이에 관한 서류를 완비하여 교부하여야 한다.

제299조(검사인의 조사, 보고) ① 검사인은 제290조 각 호의 사항과 제295조에 따른 현물출자의 이행을 조사하여 법원에 보고하여야 한다.

제299조의2(현물출자 등의 증명) 제290조제1호 및 제4호에 기재한 사항에 관하여는 공증인의 조사·보고로, 제290조제2호 및 제3호의 규정에 의한 사항과 제295조의 규정에 의한 현물출자의 이행에 관하여는 공인된 감정인의 감정으로 제299조제1항의 규정에 의한 검사인의 조사에 갈음할 수 있다. 이 경우 공증인 또는 감정인은 조사 또는 감정결과를 법원에 보고하여야 한다.

(과세 경과)

2003년 12월 현물출자에 따른 이익의 증여를 예시규정으로 신설하였습니다. 현물출자자 또는 기존주주가 이익을 얻은 경우에는 증자에 따른 증여의 이익과 경제적 실질이 동일하므로, 계산 방식이 증자에 따른 이익과 같고, 2004.1.1. 이후 현물출자분부터 적용하였습니다.

2013.2.15.이후 현물출자분부터는 「자본시장과금융투자업에 관한 법률」에 따른 주권상장법인이 같은 법 제165조의6에 따른 '일반공모증자'의 방법으로 배정하는 경우에는 과세대상에서 제외하였습니다. (상증법 시행령 제29조의3제1항제1호)

2014.1.1.이후 증여 분부터는 증여자 중 소액주주가 2인 이상일 때에는 소액주주1인이 증여한 것으로 보아 증여재산가액을 계산하도록 하였습니다.

증자에 따른 이익의 증여와 동일하게 저가 신주 배정 시는 차이비율 및 차액의 많고 적음에 관계없이 모두 과세대상이며, 신주 고가 배정 시는 현물출자 전 1주당가액과 신주인수가액의 차이비율이 30%이상이거나 주주 1인이 얻은 이익이 3억원 이상 차이가 있는 경우에 과세합니다.

☞ 현물출자에 따른 이익의 증여

ⓐ 현물출자후 1주당 가액 ⓑ 신주 1주당 인수가액

구 분	증여 조건		납세자	증여재산가액 계산 산식
	특수관계	30%요건		
현물출자에 따라 주식을 저가인수한 경우	×	×	저가인수자	(ⓐ-ⓑ) × 현물출자자가 배정받은 신주수
현물출자에 따라 주식을 고가인수한 경우	○	○	특수관계인	(ⓑ-ⓐ) × 현물출자자가 인수한 주식수 × 현물출자자의 특수관계인인 주주의 현물출자 전 지분비율

① 주식을 시가보다 낮은 가액으로 인수한 경우

(상증법 제39조의3제1항제1호, 시행령 제29조의3제1항제1호, 제2항)

(1) 과세요건

주식 등을 시가보다 낮은 가액으로 인수함에 따라 현물출자자가 이익을 얻은 경우를 말합니다. 이 경우 특수관계가 없는 때에도 적용됩니다.

현물출자자가 배정받은 주식 수에서 「자본시장과 금융투자업에 관한 법률」에 따른 주권상장법인이 같은 법 제165조의6에 따른 일반공모증자의 방법으로 배정하는 경우는 제외합니다.

☞ 2013.2.15.부터 적용합니다.

증여자 중 소액주주가 2명 이상인 경우에는 소액주주가 1명인 것으로 보고 이익을 계산합니다. (상증법 제39조의3제2항) ☞ 2014.1.1.이후 증여분부터 적용합니다.

소액주주란 발행주식 총수 등의 100분의 1미만을 소유하는 경우로서 주식 등의 액면가액의 합계액이 3억원 미만인 주주 등을 말합니다.

(2) 증여재산가액

☞ 계산산식은 상증법 시행령 제29조(증자에 따른 이익의 계산방법 등)제2항제3호가목,나목을 준용하여 계산합니다.

증여재산가액 = [ⓐ − ⓑ] × 현물출자자가 배정받은 신주수

ⓐ 현물출자후 1주당 가액

$$\frac{\left(\begin{array}{c}\text{현물출자 전}\\\text{1주당 평가가액}\end{array} \times \begin{array}{c}\text{현물출자 전}\\\text{발행주식 총수}\end{array}\right) + \left(\begin{array}{c}\text{신주 1주당}\\\text{인수가액}\end{array} \times \begin{array}{c}\text{현물출자로 증가한}\\\text{주식수}\end{array}\right)}{\text{현물출자전 발행주식수} + \text{현물출자에 의하여 증가한 주식수}}$$

상장법인의 경우에는 증자한 날의 다음 날부터 2월이 되는 날까지의 기간 중 한국거래소 최종시세가액의 평균액과 위 산식에 의한 가액 중 적은 가액으로 합니다.

ⓑ 신주 1주당 인수가액

현물출자 전·후의 1주당 주식평가가액이 모두 '0' 이하인 경우에는 이익이 없는 것으로 봅니다. (상증법 시행령 제29조의3제1항제1호)

2 주식등을 시가보다 높은 가액으로 인수한 경우

(상증법 제39조의3제1항제2호, 시행령 제29조의3제1항제2호, 제2항)

주식 등을 시가보다 높은 가액으로 인수함에 따라 현물출자자와 특수관계에 있는 현물출자자 외의 주주 또는 출자자가 얻은 이익을 말합니다.

(1) 과세요건

[ⓑ - ⓐ]의 금액이 ⓐ의 30% 이상 또는 [ⓑ - ⓐ] × ⓒ ≥ 3억원인 경우

ⓐ 현물출자 후 1주당 가액

$$\frac{\left[\text{현물출자 전 1주당 평가가액} \times \text{현물출자 전 발행주식 총수}\right] + \left[\text{신주 1주당 인수가액} \times \text{현물출자에 의하여 증가한 주식수}\right]}{\text{현물출자 전 발행주식수 + 현물출자에 의하여 증가한 주식수}}$$

ⓑ 신주 1주당 인수가액

ⓒ 현물출자자의 인수주식수 × $\dfrac{\text{현물출자자의 특수관계인인 주주의 현물출자 전 주식수}}{\text{현물출자 전 발행주식 총수}}$

(2) 증여재산가액

[ⓑ - ⓐ] × ⓒ

ⓐ 현물출자 후 1주당 가액

$$\frac{\left[\text{현물출자 전 1주당 평가가액} \times \text{현물출자 전 발행주식 총수}\right] + \left[\text{신주 1주당 인수가액} \times \text{현물출자에 의하여 증가한 주식수}\right]}{\text{현물출자 전 발행주식수 + 현물출자에 의하여 증가한 주식수}}$$

ⓑ 신주 1주당 인수가액

ⓒ 현물출자자의 인수주식수 × $\dfrac{\text{현물출자자의 특수관계인인 주주의 현물출자 전 주식수}}{\text{현물출자 전 발행주식 총수}}$

현물출자자가 인수주식수에서 「자본시장과 금융투자업에 관한 법률」에 따른 주권상장법인이 같은 법 제165조의6(주식의 발행 및 배정 등에 관한 특례)에 따른 일반공모증자의 방법으로 배정하는 경우는 제외합니다. ☞ 2013.2.15.부터 적용합니다.

현물 출자 전·후의 1주당 주식평가가액이 모두 '0' 이하인 경우에는 이익이 없는 것으로 봅니다. (상증법 시행령 제29조의3제1항제1호)

3 증여시기

현물 출자시 증여시기는 주금 납입일입니다. 다만, 주금 납입일 이전에 실권주를 재배정 받은 자가 신주인수권증서를 교부받은 경우에는 그 교부일입니다. (서면4팀-4140, 2006.12.21.)

| 관련 질의회신 및 판례 |

〈1〉 현물출자에 따른 이익의 증여 규정 적용시 할증평가 여부

현물출자에 다른 이익의 증여 규정에 의하여 현물출자자 또는 그와 특수관계에 있는 자가 얻은 이익을 계산할 때, 최대주주등의 할증평가규정이 적용되지 않음(서면4팀-1284, 2004.8.13.)

〈2〉 최대주주 소유주식을 현물출자하는 경우 할증평가 여부

현물출자에 따른 이익을 계산할 때 같은 법 제63조제3항에 따른 최대주주등이 현물출자한 주식의 가액은 같은 조 같은 항에 따라 할증평가함(기준2021법령해석재산-0143(법령해석과-3259), 2021.9.17.)

제 11 절	전환사채 등의 주식전환 등에 따른 이익의 증여

(상증법 제40조, 시행령 제30조)

- (과세대상) 전환사채, 신주인수권부사채 등을 주식으로 전환·교환하거나 주식을 인수할 수 있는 권리가 부여된 전환사채 등을 거래하는 경우에 발생되는 증여이익

- (유형별 과세요건)

  ① 전환사채 등을 인수·취득 : (시가 − 인수·취득가액) ≥ 1억원 or 시가의 30% 이상

  ② 전환사채 등을 양도 : ①과 동일

  ③ 전환사채 등의 주식전환 : (교부받은 주식가액 − 전환가액) × 주식수 − (이자손실분 + ①에 따른 이익) ≥ 1억원

  ④ 고가 주식전환 : 아래 산식에 따른 증여이익이 0 이상이면 과세

   · (전환가액 − 교부받은 주식가액) × 증가 주식수 × 특수관계인의 전환전 지분비율

☞ 전환사채와 신주인수권사채의 비교

구분	전환사채(CB)	신주인수권부사채(BW)	교환사채(EB)
공통점	· 미리 정한 조건(전환·행사·교환가격, 배당률)과 비율(전환·행사·교환가격, 배당률)에 의거 사채권자가 권리를 행사 · 보통주를 구입할 수 있는 옵션(call option)을 갖고 있음 · 이자율이 일반사채보다 저렴 · 만기시 원금에 일정프리미엄을 더한 금액을 지급		
권리 행사시 신주 대금	· 사채가 소멸 · 신주에 대한 주금을 납입 아니함	· 사채는 만기까지 존속 · 신주 구입시 주금 납입	· 상장법인이 발행하는 회사채 · 교환권 청구시 자금 납입 안함
신주 발행가액	· 신주발행가격 = 전환사채 최초발행	· 신주발행가액 ≤ 최초의 발행가액	· 교환가격 ≥ 기준가격 × 90%
주주시기	· 즉시 주주가 됨	· 신주의 주금납입시 주주가 됨	· 타 상장회사의 주식 교환시 교환을 청구한 때
상환의무	· 상환의무가 소멸	· 상환의무가 있음	· 상환의무가 소멸
외화환산	· 비화폐성 항목	· 화폐성 항목	–
자본금 증가	· 자본금의 증가	· 자본금의 증가	· 자본금이 증가 안됨

(자료: 국세청 책자)

주식으로 전환 교환하거나 주식을 인수할 수 있는 권리가 부여되어 있는 사채, 신주인수권부사채 등을 특수관계인으로부터 취득하거나 발행법인의 최대주주 및 그의 특수관계인이 전환사채 등을 시가보다 낮은 가액으로 인수·취득함으로써 얻은 이익 및 전환사채 등을 인수·취득한 자가 당

해 전환사채 등을 주식으로 전환 등을 함으로써 얻은 이익에 대하여 전환사채 등을 양도하거나 인수하지 아니한 자로부터 증여받은 것으로 보아 증여세를 과세합니다. (상증법 제40조제1항)

1 거래단계별 과세요건 및 증여재산가액 계산방법 등 (상증법 시행령 제30조)

1) 거래단계별 증여재산가액 계산

(1) 거래단계별 과세요건 및 증여재산가액 계산방법 (자료: 국세청 책자자료 변환)

거래단계 (상증법제40조) 항	목	수증자 (상증법 제40조)	증여재산가액 (상증법 시행령 제30조)
인수 취득 (제1항 제1호)	가목	① 특수관계인으로부터 저가로 취득한 자가 얻은 이익	(ⓐ 시가 − ⓑ 인수·취득가액)이 기준금액 (30% or 1억원 중 적은 금액 이상인 요건)
	나목	② 발행회사로부터 최대주주 및 그의 특수관계인 주주가 배정비율을 초과하여 저가로 인수·취득	
	다목	③ 발행회사로부터 주주 외의 자로서 최대주주의 특수관계인이 저가로 인수·취득	
주식 전환 (제1항 제2호)	가목	④ 특수관계인으로부터 취득한 자기 주식으로 전환·양도하여 얻은 이익	[(ⓒ−ⓔ) × 교부받은 주식수] − ⓕ − 기과세된 가액 (①의 증여가액) 기순금액 (1억원) 이상 요건
	나목	⑤ 최대주주 및 그 외 특수관계인인 주주로서 배정비율을 초과하여 인수·취득한 자 주식으로 전환하여 얻은 이익	[(ⓒ−ⓔ) × 자기 지분 초과하여 교부받은 주식수] − ⓕ − 기과세된 가액(②의 증여가액), 기준금액(1억원)이상 요건
	다목	⑥ 최대주주의 특수관계인인 주주 외의 자로서 발행회사로부터 인수··취득한 자가 주식으로 전환하여 얻은 이익	[(ⓒ−ⓔ) × 교부받은 주식수] − ⓕ − 기과세된 가액(②의 증여가액), 기준금액(1억원)이상 요건
	라목	⑦ 전환가액등이 주식평가액보다 높아 전환사채 등으로 주식을 교부받지 않은 자가 얻은 이익	[(ⓔ−ⓒ) × (전환 등에 의하여 증가한 주식수) × (주식을 교부받은 자의 특수관계인의 전환전 지분비율), 기준금액 0
양도 (제1항 제3호)	−	⑧ 특수관계인에게 시가보다 높은 가액으로 양도한 자가 얻은 이익	양도가액에서 전환사채등의 시가를 뺀 금액이 기준금액(30% or 1억원 중 적은 금액) 이상인 요건

ⓐ 전환사채 등의 시가 ⓑ 전환사채 등의 인수·취득가액 ⓒ 교부받은 주식가액

ⓓ 교부받을 주식가액 ⓔ 주식 1주당 전환가액 ⓕ 이자손실분

(2) 기준금액 (상증법 시행령 제30조제1항, 제2항 각 호)

☞ 상증법 시행령 제30조제2항은 2016.2.5. 신설된 규정입니다.

① 전환사채 등 인수·취득·양도시 (상증법 제40조제1항제1호 각 목, 제3호)

Min(전환사채등의 시가의 100분의 30에 상당하는 가액, 1억원)

$$= \text{Min} \left[\frac{\text{ⓐ 시가} - \text{ⓑ 인수·취득가액}}{\text{ⓐ 시가}} \geq 30\%, (\text{ⓐ 시가} - \text{ⓑ 인수·취득가액})\text{이 1억원} \right]$$

② 전환사채 등 주식전환(상증법 제40조제1항제2호가~다목) : 1억원

③ 전환사채등에 의하여 교부받은 주식의 가액이 전환가액등보다 낮게됨으로써 그 주식을 교부받은 자의 특수관계인이 얻은 이익(상증법 제40조제1항라목) : 0원

(3) 용어 및 용어별 계산식 설명

ⓐ 전환사채 등의 시가 : 상증법 제60조(평가의 원칙 등) 및 상증법 제63조(유가증권 등의 평가)제1항제2호에 따라 평가한 가액

ⓑ 전환사채 등의 인수·취득가액 : 전환사채등의 인수·취득시 지급한 금액
(상증법 시행령 제30조제5항제1호)

ⓒ 교부받은 주식가액 : 전환사채등에 의하여 주식으로 전환·교환하거나 주식을 인수(이하 '전환'등)한 경우 다음 산식으로 계산한 1주당 가액 (상증법 시행령 제30조제5항제1호)

이 경우 주권상장법인 등의 주식으로 전환등을 한 경우로서 전환등 후의 1주당 평가가액(전환일 이후 2개월 종가 평균)이 다음 산식에 따라 계산한 1주당 가액보다 적은 경우(상증법 제40조제1항제2호라목의 경우에는 높은 경우를 말합니다)에는 그 작은 가액을 말합니다.

$$\frac{\left(\begin{array}{c} \text{전환등 전의} \\ \text{1주당 평가가액} \end{array} \times \begin{array}{c} \text{전환등 전의} \\ \text{발행주식 총수} \end{array} \right) + \left(\begin{array}{c} \text{주식 1주당} \\ \text{전환가액등} \end{array} \times \begin{array}{c} \text{전환등에 의하여} \\ \text{증가한 주식수} \end{array} \right)}{\text{전환 등 전의 발행주식 총수} + \text{전환등에 의하여 증가한 주식수}}$$

ⓓ 교부받을 주식가액 : 주식으로의 전환등이 가능한 전환사채 등을 양도한 경우로서 당해 전환사채등의 양도일 현재 주식으로 전환등을 할 경우 다음 산식으로 계산한 1주당 가액 (상증법 시행령 제30조제5항제2호)

이 경우 주권상장법인등의 경우로서 양도일 현재, 1주당 평가가액이 다음 산식으로 계산한 1주당 가액보다 적은 경우에는 그 적은 가액을 말합니다.

$$\frac{\left(\begin{array}{c} \text{양도 전의} \\ \text{1주당 평가가액} \end{array} \times \begin{array}{c} \text{양도 전의} \\ \text{발행주식 총수} \end{array} \right) + \left(\begin{array}{c} \text{주식 1주당} \\ \text{전환가액등} \end{array} \times \begin{array}{c} \text{전환등에 의하여} \\ \text{증가한 주식수} \end{array} \right)}{\text{전환등 전의 발행주식 총수} + \text{전환등을 할 경우 증가하는 주식수}}$$

ⓔ 주식 1주당 전환가액등 : 인수·취득한 전환사채등에 의하여 주식으로 전환하는 경우에 그

주식 1주당 전환가액·교환가액·인수가액을 말합니다.(상증법 시행령 제30조제1항제2호나목)

ⓕ 이자손실분 (상증법 시행규칙 제10조의2)

주권 전환등에 의한 증여이익(상증법 제40조의제1항제2호 가목에서 다목까지 이익) 계산 시 차감하는 이자·손실분은 아래 ㉠의 가액에서 ㉡의 가액을 뺀 가액을 말합니다. 다만 신주인수권증권에 의하여 전환등을 한 경우에는 상증법 시행령 제58조의2(전환사채등의 평가)제2항제1호가목에 따라 평가한 금액으로 계산합니다.

㉠ 전환사채 등의 만기상환금액을 사채발행이율에 의한 취득당시의 현재가치로 할인한 금액

상증법 시행령 제58조의2(전환사채등의 평가)제2항제1호나목의 만기상환금액의 계산에 있어서, 주식으로의 전환이 불가능한 기간 중인 전환사채를 만기상환하는 경우 전환사채 발행자가 발행조건에 따라 일정 수준의 수익률을 보장하기 위하여 지급하기로 한 상환할증금은 만기상환금액에 포함합니다. (기획재정부 재산세제과 - 678, 2010.7.14.)

사채발행이율이란 사채의 발행가액과 사채발행에 따라 만기일까지 지급할 액면이자와 만기상환금액의 현재가치를 일치시키는 이자율을 말합니다. (기획재정부 재산세제과 - 1036, 2011.12.2.)

㉡ 전환사채등의 만기상환금액을 상증법 시행규칙 제18조의3에 따른 이자율(현재 8%)에 취득당시의 현재가치로 할인한 금액

☞ 이자율 개정 연혁

2002.11.8.–2010.11.4.	2010.11.5.–2016.3.20.	2016.3.21.이후
연 6.5% (국세청 고시)	연 8% (국세청 고시)	8% (상증법 시행규칙)

2) 전환사채등

전환사채등이란 전환사채·신주인수권부사채 또는 그 밖의 주식으로 전환·교환하거나 주식을 인수할 수 있는 권리가 부여된 사채를 말합니다. 신주인수권부사채에서 신주인수권증권이 분리된 경우에는 신주인수권증권을 말합니다. (상증법 제40조제1항)

① 전환사채(CB) : 일정기간 후에 사채권자가 주식 전환을 청구하면 사채가 소멸하고 주식으로 전환할 수 있는 권리를 수반한 사채를 말합니다.

② 신주인수권부사채(BW) : 신주를 인수할 수 있는 권리가 부여된 사채로 사채 기능은 그대

로 유지하면서 새로이 주금을 납입하여 신주를 인수할 수 있는 권리가 부여된 사채를 말합니다.

③ 교환사채(EB) : 사채권 보유자에게 일정기간 내에 사전에 합의된 조건으로 발행법인이 소유하고 있는 타사·유가증권과 교환을 청구할 수 있는 권리가 부여된 사채를 말합니다.

☞ 전환사채 과세대상 개정 연혁

구분	내 용
1997.1.1. 이후	당초 전환사채를 인수·취득한 자로부터 시가보다 낮은 가액으로 취득한 자가 얻은 이익에 대하여 증여의제로 과세
1997.11.10.이후	과세대상 사채에 신주인수권부사채, 교환사채 등을 추가하고, 사채발행회사로부터 최초에 인수·취득한 자가 얻은 이익도 증여의제로 과세
2001.1.1.이후 전환사채등 취득분부터	① 전환사채 등을 주식으로 전환하는 과정에서 당초 인수·취득시점의 가액보다 주식 평가액이 증가하는 등으로 추가적인 이익을 얻은 경우 ② 증자시에 고가 신주를 배정한 경우와 같이 전환가액 등이 전환사채 등으로 교부받은 주식가액보다 높아 당해 주식을 교부받지 아니한 주주의 주식평가액이 주식전환 후에 상승함으로써 얻은 이익 추가

3) 증여세 과세제외

주권상장 법인이 「자본시장과 금융투자업에 관한 법률」제9조제7항에 따른 유가증권의 모집방법(같은 법 시행령 제11조제3항에 따른 모집의 경우 제외합니다)으로 전환사채 등을 발행한 경우에는 전환사채 등의 주식전환 등에 따른 이익의 증여규정을 적용하지 않습니다. (상증법 제40조제1항제1호나목, 시행령 제30조제4항) ☞ 2001.1.1.이후부터 적용합니다.

☞ **자본시장과 금융투자업에 관한 법률제9조(그 밖의 용어의 정의)**
⑦ 이 법에서 "모집"이란 대통령령으로 정하는 방법에 따라 산출한 50인 이상의 투자자에게 새로 발행되는 증권의 취득의 청약을 권유하는 것을 말한다.

☞ **자본시장과 금융투자업에 관한 법률 시행령 제11조(증권의 모집 · 매출)**
③ 제1항 및 제2항에 따라 산출한 결과 청약의 권유를 받는 자의 수가 50인 미만으로서 증권의 모집에 해당되지 아니할 경우에도 해당 증권이 발행일부터 1년 이내에 50인 이상의 자에게 양도될 수 있는 경우로서 증권의 종류 및 취득자의 성격 등을 고려하여 금융위원회가 정하여 고시하는 전매기준에 해당하는 경우에는 모집으로 본다. 다만, 해당 증권이 법 제165조의10제2항에 따라 사모의 방법으로 발행할 수 없는 사채인 경우에는 그러하지 아니하다.

2 특수관계인으로부터 저가로 취득한 경우 (표 ①)

(상증법 제40조제1항제1호가목)

발행회사로부터 인수·취득한 자가 보유하고 있는 전환사채등을 그의 특수관계인이 해당 전환사채등을 시가보다 낮은 가액으로 취득함으로써 얻은 이익을 증여재산가액으로 하여 증여세를 과세합니다.(상증법 제40조제1항제1호가목)

☞ 전환사채는 1997.1.1이후부터 과세대상이었고, 신주인수권부사채 등은 1997.11.10이후부터 과세대상이었습니다.

1) 과세요건

(1) 특수관계인 간의 거래일 것

전환사채 등의 양도자와 양수자가 상증법 시행령 제2조의2(특수관계인의 범위)제1항 각 호의 어느 하나에 해당하는 관계에 있는 경우를 말합니다.

(2) 전환사채등을 취득한 자가 얻은 이익이 기준금액 이상일 것

전환사채등을 취득한 자가 얻은 이익이 기준금액이상이어야 합니다. 기준금액은 아래의 금액 중 적은 금액입니다.

㈎ $\dfrac{(\text{전환사채등의 시가} - \text{전환사채등의 취득가액})}{\text{전환사채등의 시가}} \geq 30\%$

㈏ 취득한 자가 얻은 총이익이 1억원

2) 증여시기

전환사채등을 취득한 때입니다. 즉 사채대금 청산일, 청산일 이전에 교부받은 경우는 그 교부일이 됩니다.

3) 증여재산가액

증여재산가액 = ⓐ 전환사채등의 시가 - ⓑ 전환사채등의 취득가액

3 주주가 발행회사로부터 시가보다 낮은 가액으로 인수등을 한 경우

(표 ②) (상증법 제40조제1항제1호나목)

전환사채등을 발행한 법인의 최대주주나 그와 특수관계인인 주주가 시가보다 낮은 가액으로 발행된 전환사채등을 소유주식수에 비례하여 배정받을 수 있는 수를 초과하여 인수·취득('인수등')함으로써 얻은 이익을 증여재산가액으로 하여 증여세를 과세합니다. (상증법 제40조제1항제1호나목) 인수·취득에는 「자본시장과 금융투자업에 관한 법률」제9조(그 밖의 용어의 정의)제12항에 따른 인수인으로부터 인수·취득할 경우와 각각 제3자에게 증권을 취득시킬 목적으로 그 증권의 전부 또는 일부를 취득한 자로부터 인수·취득한 경우를 포함합니다.

☞ 2017.1.1이후 전환사채 등을 인수·취득하는 경우부터 적용합니다.
☞ 자본시장과 금융투자업에 관한 법률」제9조(그 밖의 용어의 정의)
⑫ 이 법에서 "인수인"이란 증권을 모집·사모·매출하는 경우 인수를 하는 자를 말한다.

1) 과세요건

(1) 최대주주나 그의 특수관계인인 주주가 인수등을 할 것

특수관계인인 주주는 최대주주와 상증법 시행령 제2조의2(특수관계인의 범위)제1항 각 호의 어느 하나에 해당하는 관계에 있는 주주를 말합니다. 이 경우 최대주주란 최대주주등 중 보유주식 등의 수가 가장 많은 1인을 말합니다. (상증법 시행령 제30조제3항)

(2) 전환사채등을 취득한 자가 얻은 이익이 기준금액 이상일 것

전환사채등을 취득한 자가 얻은 이익이 기준금액이상이어야 합니다. 기준금액은 아래의 금액 중 적은 금액을 말합니다.

(가) $\dfrac{(\text{전환사채등의 시가} - \text{전환사채등의 취득가액})}{\text{전환사채등의 시가}} \geq 30\%$

(나) 취득한 자가 얻은 총이익이 1억원

2) 증여시기

전환사채등을 인수·취득한 때입니다. 즉 사채대금, 청산일, 청산일 이전에 교부받은 경우는 그 교부일이 됩니다.

3) 증여재산가액

증여재산가액 = ⓐ 전환사채등의 시가 – ⓑ 전환사채등의 인수가액등의 가액

최대주주 또는 그의 특수관계인인 주주가 소유주식수에 비례하여 균등하게 배정받을 수 있는 수를 초과하여 인수등을 함으로써 얻은 이익을 말합니다.

4 주주가 아닌 자가 발행회사로부터 시가보다 낮은 가액으로 인수등을 한 경우 (표 ③) (상증법 제40조제1항제1호다목)

전환사채등을 발행한 법인의 주주가 아닌 자로서 그 법인의 최대주주의 특수관계인이 그 법인으로부터 전환사채등을 시가보다 낮은 가액으로 인수등을 함으로써 얻은 이익을 증여재산가액으로 하여 증여세를 과세합니다. (상증법 제40조제1항제1호다목)

☞ 1997.11.10. 이후부터 증여세 과세대상에 포함되었습니다.

1) 과세요건

(1) 발행법인의 주주가 아닌 자로서 최대주주의 특수관계인이 인수등을 할 것

특수관계에 있는 자란 최대주주와 상증법 시행령 제2조의2(특수관계인의 범위)제1항 각 호의 어느 하나에 해당하는 관계에 있는 자를 말합니다.

(2) 전환사채 등을 취득한 자가 얻은 이익이 기준금액 이상일 것

전환사채등을 취득한 자가 얻은 이익이 기준금액이상이어야 합니다. 기준금액은 아래의 금액 중 적은 금액을 말합니다.

(가) $\dfrac{(\text{전환사채등의 시가} - \text{전환사채등의 취득가액})}{\text{전환사채등의 시가}} \geq 30\%$

(나) 취득한 자가 얻은 총이익이 1억원

2) 증여시기

전환사채등을 인수·취득한 때입니다. 즉 사채대금, 청산일, 청산일 이전에 교부받은 경우는 그 교부일입니다.

3) 증여재산가액

증여재산가액 = ⓐ 전환사채등의 시가 − ⓑ 전환사채등의 인수 가액 등

5 특수관계인으로부터 취득한 자가 주식으로 전환등을 한 경우

(표 ④) (상증법제40조제1항제2호가목)

전환사채등을 특수관계인으로부터 취득한 자가 전환사채등에 의하여 교부받거나 교부받을 주식가액이 전환·교환 또는 인수가액(이하 '전환가액등')을 초과함으로써 얻은 이익에 대하여 증여세를 과세합니다. (상증법제40조제1항제2호가목)

☞ 2000.1.1. 이후부터 증여세 과세대상에 포함되었습니다.

1) 과세요건

(1) 전환사채 등을 특수관계인에게 취득한 경우이어야 합니다.

(2) 전환 등을 한 시점에서 추가로 얻은 이익이 있는 경우로서 그 이익이 1억원 이상이어야 합니다.

(상증법 시행령 제30조제3항제2호)

☞ 30% 요건은 적용하지 않으며, 1억원 요건은 2004.1.1이후에 적용합니다.

2) 증여시기

전환사채등을 주식으로 전환등을 한 때입니다.

3) 증여재산가액

[ⓒ 교부받은 주식가액 − ⓔ 주식1주당 전환가액 등] × 교부받은 주식수 − ⓕ 이자 손실분 − 취득시점에서 과세된 금액

6 초과인수 주주가 주식으로 전환 등을 한 경우 (표 ⑤)

(상증법 제40조제1항제2호나목)

전환사채등을 발행한 법인의 최대주주나 그의 특수관계인인 주주가 그 법인으로부터 균등한 조

건을 초과하여 인수 등을 한 경우로서, 전환사채 등에 의하여 교부받거나 교부받을 주식가액이 전환가액등을 초과함으로써 얻은 이익에 대하여 증여세를 과세합니다.(상증법 제40조제1항제2호나목)

☞ 2001.1.1. 이후부터 증여세 과세대상에 포함되었습니다.

1) 과세요건

(1) 해당 법인의 주주로서 최대주주 및 그의 특수관계인일 것

(2) 해당 법인으로부터 전환사채 등을 초과인수한 주주가 전환사채등에 의하여 주식으로 전환함에 있어 교부받거나 교부받을 주식가액이 전환가액을 초과하는 경우로서 그 이익이 1억원 이상인 경우

☞ 1억원 이상 요건은 2001.1.1. 이후 증여분부터 적용합니다.

2) 증여시기

전환사채등을 주식으로 전환등을 한 때입니다.

3) 증여재산가액

[ⓒ 교부받은 주식가액 – ⓔ 주식1주당 전환가액등] × 소유지분을 초과하여 교부받은 주식 수 – ⓕ 이자손실분 – 인수등 시점에서 과세된 금액

7 주주 아닌 자가 인수 후 주식으로 전환등을 한 경우 (표 ⑥)

(상증법 제40조제1항제2호다목)

전환사채등을 발행회사로부터 인수등을 한 최대주주의 특수관계인인 주주 외의 자가 전환사채등에 의하여 교부받거나 교부받을 주식가액이 전환·교환 또는 인수가액을 초과함으로써 받은 이익에 대하여 증여세를 과세합니다. (상증법 제40조제1항제2호다목)

☞ 2001.1.1. 이후부터 증여세 과세대상에 포함되었습니다.

1) 과세요건

(1) 해당 법인의 최대주주의 특수관계인인 주주 외의 자가 전환 등을 할 것

(2) 전환등을 한 시점에서 추가로 얻은 이익이 1억원 이상인 경우 (상증법 시행령 제30조제2항제2호)

2) 증여시기

전환사채등을 주식으로 전환등을 한 때입니다.

3) 증여재산가액

[ⓒ 교부받은 주식가액 – ⓔ 주식1주당 전환가액등] × 교부받은 주식 수 – ⓕ 이자손실분 –인수등 시점에서 과세된 금액

8 전환가액 등이 주식가액보다 높은 경우 (표 ⑦)

(상증법 제40조제1항제2호라목)

전환가액등이 전환사채등에 의하여 전환등을 한 주식가액보다 높아 주식으로 전환등을 한 자의 특수관계인인 다른 주주의 주식가치가 상승함으로써 얻은 이익을 증여재산가액으로하여 증여세를 과세합니다. (상증법 제40조제1항제2호라목)

☞ 2001.1.1.부터 증여세 과세대상에 포함되었습니다.

1) 과세요건

(1) 주식으로 전환등을 한 자와 상증법 시행령 제2조의2(특수관계인의 범위)제1항 각 호의 어느 하나에 해당하는 주주가 주식전환등 시점에서 얻은 이익이 있는 경우에 증여세를 과세합니다.

(2) 전환등을 한 시점에서 추가로 얻은 이익이 0 이상인 경우에 해당됩니다. (상증법 시행령 제30조제2항제3호)

2) 증여시기

전환사채 등을 주식으로 전환등을 한 때입니다.

3) 증여재산가액

[ⓔ 주식1주당 전환가액 등 − ⓒ 교부받은 주식가액] × 전환등에 의하여 증가한 주식 수 × 전환자의 특수관계인인 주주의 전환 전 지분비율

9 특수관계인에게 시가보다 높은 가액으로 양도한 경우 (표 ⑧)

(상증법 제40조제1항제3호)

전환사채등을 특수관계인에게 양도한 경우로서 전환사채등의 양도일에 양도가액이 시가를 초과함으로써 양도인이 얻은 이익에 대하여 증여세를 과세합니다. (상증법 제40조제1항제3호)

☞ 1998.12.31 증여세 과세대상으로 신설·규정하였습니다.

1) 과세요건

(1) 특수관계인에게 양도한 경우일 것

특수관계인이란 양도자와 양수자가 상증법 시행령 제2조의2(특수관계인의 범위)제1항 각 호의 어느 하나에 해당하는 경우를 말합니다.

(2) 전환사채등을 양도한 자가 얻은 이익이 기준금액 이상일 것

(상증법 시행령 제30조제3항제1호)

전환사채등을 취득한 자가 얻은 이익이 기준금액이상이어야 합니다. 기준금액은 아래의 금액 중 적은 금액을 말합니다.

㉮ $\dfrac{(전환사채등의\ 시가 - 전환사채등의\ 취득가액)}{전환사채등의\ 시가} \geq 30\%$

㉯ 취득한 자가 얻은 총이익이 1억원

2) 증여시기

전환사채등을 양도한 때입니다.

3) 증여재산가액

전환사채등의 양도가액 − 전환사채등의 시가

전환사채등의 시가는 상증법 제60조와 제63조에 따라 평가한 가액을 말합니다.

⑩ 과세표준과 연대납세의무 면제

1) 증여세 과세표준 및 동일인 합산배제

상증법 제40조제1항제2호·제3호에 해당하는 증여이익에 대한 과세표준은 과세가액에서 3천 만원을 공제하여 산정하며, 해당 이익은 동일인으로부터 증여받은 다른 일반 증여 재산과 합산하 지 않습니다. (상증법 제55조(증여세의 과세표준 및 과세최저한)제1항제3호)

☞ 2004.1.1. 이후부터 적용합니다.

2) 증여세 연대납세의무 면제

전환사채 등의 주식전환 등에 따른 이익의 증여에 대해서는 수증자의 주소 또는 거소가 분명하 지 않은 경우로서 조세채권의 확보가 곤란한 경우 등에도 증여자의 연대납세의무는 없습니다. (상 증법 제4조의2제5항)

| 관련 질의회신 및 판례 |

〈1〉 전환사채 등의 인수·취득

전환사채 등을 발행한 법인의 주주인 자가 그 법인으로부터 전환사채등을 시가보다 낮은 가액으로 그 소유주식 수 에 비례하여 균등한 조건으로 배정받을 수 있는 수를 초과하여 인수·취득함으로써 얻은 이익에 대해 상증법 제40조 를 적용하며, 이 경우 이익의 계산시기는 전환사채의 취득일임(서면2014 상속증여−2100, 2015.5.19.)

〈2〉 전환사채 등의 주식전환

특수관계자로부터 신주인수권증권을 취득하여 저가전환에 따라 증여이익을 얻은 경우 증여이익은 해당 신주인수권증권에 의하여 교부받은 전체 주식수를 기준으로 하여 계산하는 것임(기준-2015-법령해석재산-0286, 2016.2.19.)

〈3〉 초과인수한 전환사채 등의 주식전환

증여이익은 최대주주 등이 그 소유주식수에 비례하여 균등한 조건에 의하여 배정받을 수 있는 수를 초과하여 인수한 전환사채 등 및 그 초과하여 인수한 전환사채 등에 의하여 주식으로 전환 등을 한 주식수를 기준으로 계산함(서면4팀-3398, 2007.11.23.)

신주인수권부사채를 발행한 법인으로부터 소유 주식수에 비례하여 균등한 조건에 의하여 배정받을 수 있는 수를 초과하여 인수한 경우 초과하여 인수한 신주인수권에 의하여 일부만을 주식으로 전환한 경우 증여재산가액은 주식전환 주식수에서 본인 지분 초과율을 안분하여 계산하는 것임(재산세과-9, 2011.1.5.)

〈4〉 전환사채 등의 우회 취득

증권거래법상 인수인이 아닌 자로부터 전환사채등을 취득한 경우도 사실상 전환사채등을 발행한 법인 또는 인수인으로부터 소유주식수에 비례하여 균등한 조건에 의하여 배정받을 수 있는 수를 초과하여 인수 등을 한 경우에는 증여세 과세대상임(서울행법2015구합54384, 2015.11.6.)

〈5〉 비특수관계 주주가 이익을 얻은 경우

전환샬채 등을 발행한 법인의 최대주주와 특수관계에 있지 아니한 주주가 「자본시장과 금융투자업에 관한 법률」에 따른 인수인이 아닌 자로부터 전환사채 등을 취득한 경우에도 사실상 전환사채 등을 발행한 법인 또는 인수인으로부터 전환사채 등을 취득한 후에 당해 전환사채 등을 주식으로 전환·인수·교환 등을 하여 이익을 얻은 경우로서 거래의 관행상 정당한 사유가 있다고 인정되지 아니한 경우에는 상증법 제2조 및 제42조제1항제3호·제3항에 따라 증여세가 과세되는 것이며, 증여이익 계산은 그 소유주식수에 비례하여 균등한 조건에 의하여 배정받을 수 있는 수를 초과하여 인수한 전환사채 등 및 그 초과하여 인수한 전환사채 등에 의하여 주식으로 전환 등을 한 주식수를 기준으로 상증법 시행령 제31조의9제2항제4호에 따라 계산하는 것임(재산세제과-401, 2011.8.26.)

〈6〉 전환사채를 발행한 법인이 상장·코스닥상장 법인인 경우

전환 등 전의 1주당 평가가액은 전환일 전 2월이 되는 날부터 전환일 전일까지의 최종시세가액의 평균액에 의하며, 전환 등 후의 1주당 평가가액은 전환일부터 전환일 이후 2월이 되는 날까지의 최종시세가액의 평균액에 의함 (재산-456, 2010.6.28., 서면4팀-880, 2004.6.16.)

〈7〉 주식 전환시 이자손실분 차감 여부

특수관계인으로부터 취득한 신주인수권증권에 의하여 주식을 인수하여 상증법 시행령 제30조제1항제2호에 따른 이익을 계산하는 경우 이자손실분을 차감하는 것이며, 같은 호 나목에 따른 전환가액 등에는 신주인수권증권의 취득가액이 포함되지 않음 (기획재정부 재산세제과-1300, 2022.10.17)

초과배당에 따른 이익의 증여

(상증법 제41조의2, 시행령 제31조의2, 시행규칙 제10조의3)

초과배당금액은 형식상 법인으로부터 받는 배당이지만, 실질은 특수관계가 있는 최대주주의 배당포기 등으로 인해 발생하는 증여재산으로 봅니다.(상증법 제41조의2)

☞ 법인의 최대주주등이 자신이 받아야 할 배당금을 포기하는 경우, 그 배당금액을 받은 자는 배당을 포기한 최대주주로부터 증여를 받는 것과 같은 효과가 있습니다.

소득세와 증여세를 함께 부과하되, 증여이익에서 소득세 상당액을 차감합니다.

☞ 2016.1.1.이후 초과배당에 따른 이익의 증여규정을 신설하여, 초과배당금액에 대한 증여세와 소득세상당액을 비교하여 증여세가 소득세상당액보다 큰 경우에 과세하였다가, 2021.1.1.이후 증여이익에서 소득세 상당액을 차감하는 방식으로 개정하여 적용토록 하였습니다.

☞ 〈요약〉초과배당에 따른 이익의 증여
- (과세요건) 최대주주등이 배당을 전부 또는 일부를 포기하거나 불균등배당에 따라 최대주주등의 특수관계인이 보유주식 등에 비하여 높은 배당 등을 얻은 경우
- (납세의무자) 이익을 얻은 자 (최대주주등의 특수관계인)
- (과세대상) 초과배당금액에 대한 증여세 〉 소득세 상당액
  2021.1.1.이후는 비교과세 없이 증여세와 소득세 모두 과세
- (증여시기) 법인이 배당 또는 분배한 금액을 지급한 날(2021.12.21. 명확화)
- (증여재산가액)
  - 2021.1.1.전 : 초과배당금액
  · 초과배당금액에 대한 소득세 상당액은 증여세산출세액공제
  · 초과배당금액에 대한 증여세액이 초과배당금액에 대한 소득세 상당액보다 적은 금액에는 과세하지 않음
  - 2021.1.1.이후 : 초과배당금액 – 실제소득세액
  · 실제소득세액 ① 초과배당금액이 분리과세된 경우 : 해당세액
    ② 초과배당금액이 종합과세된 경우 : 종합소득세액 – 해당 초과배당금액을 제외하고 계산한 종합소득세액
- (정산) 초과배당금액에 대한 소득세를 납부할 때 당초 증여세액에서 정산증여재산가액의 증여세액을 정산(납부, 환급 가능)
  - 정산 증여세 신고기한 : 초과배당금액이 발생한 연도의 다음연도 5.1~5.31
    (성실신고확인대상사업자는 5.1~6.30)

1 과세요건

법인이 이익이나 잉여금을 배당 또는 분배('배당등')하는 경우로서, 그 법인의 최대주주 또는 최대출자자('최대주주등')가 본인이 지급받을 배당등의 금액의 전부 또는 일부를 포기하거나, 본인이 보유한 주식등에 비례하여 균등하지 아니한 조건으로 배당등을 받음에 따라, 그 최대주주등의 특

수관계인이 본인이 보유한 주식 등에 비하여 높은 금액의 배당등을 받은 경우에 해당됩니다. (상증법 제41조의2제1항)

이 경우 '최대주주등'은 상증법 시행령 제19조(금융재산 상속공제)제2항에 따른 최대주주등을 말합니다.

> ☞ 상증법 시행령 제19조(금융재산 상속공제)
> ② 상증법 제22조(금융재산 상속공제)제2항에서 "대통령령으로 정하는 최대주주 또는 최대출자자"란 주주등 1인과 그의 특수관계인의 보유주식등을 합하여 그 보유주식등의 합계가 가장 많은 경우의 해당 주주등 1인과 그의 특수관계인 모두를 말한다

2 증여재산가액

법인이 이익이나 잉여금을 배당 또는 분배('배당등')하는 경우로서 그 법인의 '최대주주등'이 본인이 지급받을 배당등의 금액의 전부 또는 일부를 포기하거나 본인이 보유한 주식등에 비례하여 균등하지 아니한 조건으로 배당등을 받음에 따라 그 최대주주등의 특수관계인이 본인이 보유한 주식등에 비하여 높은 금액의 배당등을 받은 경우에는 법인이 배당 또는 분배한 금액을 지급한 날을 증여일로 하여 그 최대주주등의 특수관계인이 본인이 보유한 주식등에 비례하여 균등하지 아니한 조건으로 배당등을 받은 금액('초과배당금액'이라 합니다)에서 해당 초과배당금액에 대한 소득세 상당액을 공제한 금액을 그 최대주주등의 특수관계인의 증여재산가액으로 합니다. (상증법 제41조의2제1항)

1) 초과배당금액 (상증법 시행령 제31조의2제2항)

초과배당금액을 산식으로 표현하면 다음과 같습니다.

$$특수관계인의 \ (배당금액 - 균등배당액) \times \frac{최대주주등의 \ (균등배당액 - 배당금액)}{과소배당 \ 받은 \ 주주 \ 전체의 \ (균등배당액 - 배당금액)}$$

2) 초과배당금액에 대한 소득세액 ☞ 2021.1.1. 이후부터 적용합니다.

① 소득세가 확정되지 않은 경우 (상증세법 시행규칙 제10조의3제1항)		② 소득세가 확정된 경우 (상증세법 시행규칙 제10조의3제2항)	
초과배당금액	소득세액	구분	소득세액
5,220만원 이하	초과배당금액 × 14%	초과배당금액이 비과세된 경우※	0
5,220만원 초과 – 8,800만원 이하	731만원 + (5,220만원 초과액 × 24%)	※ 초과배당금액이 비과세된 경우 : 소득세법 시행령 제26 조의3제6항에 따라 자본준비금을 감액하여 받은 배당으 로서 배당소득 과세대상에서 제외된 경우 등	
8,800만원 초과 – 1.5억원 이하	1,590만원 + (8,800만원 초과액 × 35%)		
1.5억원 초과 – 3억원 이하	3,760만원 + (1.5억원 초과액 × 38%)	초과배당금액이 분리과세된 경우	해당 세액
3억원 초과 – 5억원 이하	9,460만원 + (3억원 초과액 × 40%)		
5억원 초과 – 10억원 이하	1억 7,460만원 +(5억원 초과액 × 42%)	초과배당금액이 종합과세된 경우	Max(ⓐ-ⓑ, 초과배당금액×14%) ⓐ 해당수증자의 종합소득 과세표준에 　종합소득세율을 적용한 금액 ⓑ (종합소득과세표준 – 초과배당금 　액)에 종합소득세율을 적용한 금액
10억원 초과	3억 8,460만원 +(10억원 초과액 × 45%)		

(표 : 국세청 책자)

3) 세대생략 할증과세 문제

　수증자가 증여자의 자녀가 아닌 직계비속인 경우 상증법 제57조에 따라 증여세산출세액에 100분의 30(수증자가 증여자의 자녀가 아닌 직계비속이면서 미성년자인 경우로서 증여재산가액이 20억원을 초과하는 경우에는 100분의 40)에 상당하는 금액을 가산하여야 합니다.

☞ 2017.12.19 상증법 개정시에는 상증법 제57조가 들어있었으나, 2020.12.22.까지 여러 차례 개정되면서 명문화된 상증법 제57조가 명시된 상증법 제41조의2제2항은 개정되었습니다. 그러나 할증과세 일반원칙(상증법 제57조)에 의하여 수증자가 직계비속인 경우에는 세대생략 할증과세 문제가 제기됩니다.

☞ **상속세 및 증여세법 제57조(직계비속에 대한 증여의 할증과세)**
　① 수증자가 증여자의 자녀가 아닌 직계비속인 경우에는 증여세산출세액에 100분의 30(수증자가 증여자의 자녀가 아닌 직계비속이면서 미성년자인 경우로서 증여재산가액이 20억원을 초과하는 경우에는 100분의 40)에 상당하는 금액을 가산한다. 다만, 증여자의 최근친인 직계비속이 사망하여 그 사망자의 최근친인 직계비속이 증여받은 경우에는 그러하지 아니하다.
　② 할증과세액의 계산방법 등 필요한 사항은 대통령령으로 정한다.

③ 과세방법 및 증여세 정산신고

초과배당을 지급받은 시점에서 초과배당 증여이익에 대해 소득세·증여세를 모두 과세(증여세 가계산)합니다.

> ☞ 소득세는 초과배당금액에 대한 소득세를 말합니다. 증여세는 (초과배당금액-소득세액)에 대한 증여세입니다.
> ☞ 2021.1.1. 이후 증여받는 분부터 적용합니다.

초과배당금액에 대하여 증여세를 부과받은 자는 해당 초과배당금액에 대한 소득세를 납부(납부할 세액이 없는 경우 포함)할 때 당초 증여재산가액을 기준으로 계산한 증여세액에서 '실제 소득세액을 반영한 증여재산가액(정산증여재산가액)을 기준으로 계산한 증여세액'을 뺀 금액을 관할 세무서에 납부하여야 합니다. 뺀 금액이 초과하는 경우에는 그 초과되는 금액을 환급받을 수 있습니다. (상증법 제41조의2제2항)

정산증여재산가액의 증여세 신고기한은 초과배당금액이 발생한 연도의 다음연도 5.1.~5.31.까지로 합니다. 소득세법 제70조의2(성실신고확인서 제출)제1항에 따른 성실실고확인대상사업자에 대한 증여세 과세표준의 신고기한은 초과배당금액이 발생한 연도의 다음연도 5.1.~6.30.까지입니다. (상증법 제41조의2제3항)

④ 납세의무자

최대주주등의 특수관계인이 납세의무자가 됩니다. (상증법 제41조의2제1항)

⑤ 증여시기

법인이 배당 또는 분배한 금액을 지급한 날로 합니다. (상증법 제41조의2제1항)

☞ 초과배당금액 이익 증여 개정연혁

구분	2016.1.1.-2020.12.31.	2021.1.1.이후
과세방식	Max(증여세, 소득세)	증여세, 소득세
증여재산가액	초과배당금액	초과배당금액 - 소득세상당액
증여세액	증여세액 - 소득세상당액	증여세액
정산여부	부	여

〈1〉 초과배당금액에 대한 증여세액 계산

(일반증여 후 초과배당한 경우) 초과배당액에 대한 증여세액은 초과배당금액을 증여재산가액으로 하여 계산된 증여세액을 말하는 것이며, 해당 증여일 전 10년 이내에 초과배당하는 해당 법인의 최대주주로부터 받은 증여재산 가액을 합한 금액이 1천만원 이상인 경우에는 그 가액을 증여세 과세가액에 가산하여 증여세액을 계산하는 것임(기준-2016-법령해석재산-0157, 2016.08.19., 서울행법2020구합74580, 2021.4.23.)

(초과배당을 매년 하는 경우) 초과배당금액에 대한 증여세액이 초과배당금액에 대한 소득세 상당액보다 적어 상증법 제41조의2제1항이 적용되지 않는 경우에는 해당 초과배당금액에 대하여 증여재산가액의 합산 규정을 적용하지 않는 것임(서면-2016-법령해석재산-4195, 2016.10.25.)

〈2〉 해산에 의한 불균등 의제배당

법인의 해산으로 잔여재산을 주주에게 분배하는 경우로서 최대주주가 본인이 분배받을 금액의 일부를 포기함에 따라 그 최대주주의 자녀가 본인이 보유한 주식에 비하여 높은 금액의 분배를 받는 경우 그 최대주주의 자녀가 본인이 보유한 주식에 비례하여 균등하지 아니한 조건으로 분배받은 금액에 대한 소득세법 제17조제2항제3호에 따른 의제배당 금액은 초과배당금액에 해당하는 것임 (서면-2020-법령해석재산-0219, 2020.9.29.)

〈3〉 증여세 산출세액에서 공제하는 소득세 상당액 산정방법

초과배당금액에 대한 증여일부터 소급하여 1년 이내에 동일한 거래 등이 있어 각각의 거래 등에 따른 이익을 해당 이익별로 합산하여 계산하는 경우에 소득세 상당액은 합산한 초과배당금액에 상증법 시행규칙 제10조의3에서 정하는 율을 곱하여 계산하는 것임(기준-2021-법령해석재산-0131[법령해석과-4690], 2021.12.24.)

주식 등의 상장 등에 따른 이익의 증여

(상증법 제41조의3, 시행령 제31조의3)

기업의 경영 등에 관하여 공개되지 아니한 정보를 이용할 수 있다고 인정되는 최대주주등으로부터 특수관계인이 해당 법인의 주식 등을 증여 받거나 유상으로 취득한 경우로서 증여·취득일로부터 5년 이내에 해당 법인이 상장됨에 따라 그 가액이 증가된 경우 증여·취득 시점과 정산기준일의 주식가액이 일정 금액 이상 차이가 나는 경우 해당 이익을 그 이익을 얻은 자의 증여재산가액으로 합니다. (상증법 제41조의3제1항)

- (과세요건) 증여일·취득일로부터 5년 이내 유가증권시장 또는 코스닥시장에 상장될 것
  - 최대주주 등으로부터 증여 또는 유상취득할 것
  - 최대주주 등으로부터 증여받은 재산으로 최대주주 등이 아닌 자로부터 취득할 것
  - 주식등을 증여받거나 취득한 후 그 법인이 자본금을 증가시키기 위하여 신주를 발행함에 따라 신주를 인수하거나 배정받은 경우를 포함
- (납세의무자) 취득자(수증자, 유상취득자)
- (과세대상) 증어재산가액 ≥ Min(①, ②)
  ① (증여일 1주당 증여세 과세가액 등 + 1주당 기업가치 실질증가액) × 증여·유상 취득주식수 × 30%
  ② 3억원
- (정산시기) 상장일로부터 3개월이 되는 날
- (증여재산가액)
  [정산기준일 현재 1주당 평가액 − (증여일 현재 1주당 증여세과세가액 등 + 1주당 기업가치 실질증가액)] × 증여·유상취득주식수

☞ 기업의 상장 등 기업의 내부정보를 가진 최대주주등이 주식등을 상장 전에 미리 자녀 등 특수관계인에게 증여하거나 매각한 후 가까운 장래에 이를 상장하여 거액의 이익, 이른 바 상장 프리미엄을 그 특수관계인으로 하여금 얻게 할 수 있는데, 이러한 거래는 상장 후에 해당 주식 등의 가치 증가가 현저한 상태에서 증여한 것과 동일한 경제적 효과를 가져 오므로, 그 상장이익을 증여세의 과세대상으로 삼도록 한 것입니다. 이 제도는 위와 같은 상장이익에 대하여 과세하여 최대주주등의 특수관계인에 대한 변칙적인 증여를 차단하고, 수증자 또는 취득자가 이를 양도하지 아니하고, 계속 보유하면서 사실상 세금부담 없이 계열사를 지배하는 것을 규율함으로써 조세정의를 실현하기 위하여 마련한 것입니다. (2012헌가5 2015.9.24.)

1 과세요건

1) 증여 또는 유상취득

(1) 취득유형 (상증법 제41조의3제1항·제2항)

① 최대주주등의 특수관계인이 최대주주등으로부터 증여 또는 유상취득 (상증법 제41조의3 제2항제1호)

② 최대주주등의 특수관계인이 최대주주등으로부터 증여받은 재산으로 최대주주등이 아닌 자로부터 해당 법인의 주식 등을 취득 (상증법 제41조의3제2항제2호)

이 경우, 증여받은 재산은 주식 등을 유상으로 취득한 날부터 소급하여 3년 이내에 최대주주등으로부터 증여받은 재산을 말합니다. (상증법 제41조의3제2항제2호)

(2) 취득의 범위

주식등의 취득에는 주식등을 증여받거나 취득한 후 그 법인이 자본금을 증가시키기 위하여 신주를 발행함에 따라 신주를 인수하거나 배정받은 경우를 포함합니다. (상증법 제41조의3제7항)

증여받은 재산과 다른 재산이 섞여 있어 증여받은 재산으로 주식등을 취득한 것이 불분명한 경우에는 그 증여받은 재산으로 주식등을 취득한 것으로 추정합니다. (상증법 제41조의3제6항)

증여받은 재산을 담보로 한 차입금으로 주식등을 취득한 경우에는 증여받은 재산으로 취득한 것으로 봅니다. (상증법 제41조의3제6항)

(3) 최대주주등이란

기업과 경영 등에 관하여 공개되지 아니한 정보를 이용할 수 있는 아래의 자를 말합니다. (상증법 제41조의3제1항)

① 최대주주 또는 최대출자자 : 주주 1인과 그의 특수관계인의 보유주식을 합하여 그 보유 주식의 합계가 가장 많은 경우의 해당 주주등 1인과 그의 특수관계인 모두를 말합니다. (상증법 제41조의3제1항제1호 ← 상증법 제22조제2항, 시행령 제19조제2항)

② 내국법인의 발행주식총수 또는 출자총액의 특수관계인의 소유주식을 합하여 25% 이상을 보유한 경우의 해당 주주등 (상증법 제41조의3제1항제1호, 시행령 제31조의3제4항)

2) 5년 이내 상장 요건

증여·취득일부터 5년 이내에 유가증권시장과 코스닥시장에 상장되어야 합니다. (상증법 제41조의3제1항)

☞ 2016.12.31. 이전에는 자본시장과 금융투자업에 관한 법률에 따라 거래소허가를 받은 거래소에 상장(증권시장에 상장된 것을 말함)되어야 합니다.

☞ 상장기한 개정연혁

1998.1.1. ~ 2002.12.31.	2003.1.1. 이후
3년	5년

| 관련 질의회신 및 판례 |

〈1〉 취득

(법인 설립 전) 법인 설립 전 발기인이 자금을 증여받아 신설 법인의 주식을 인수한 경우에 대해서까지 규율한 것이라고 볼 수 없음(대법원2015두40941, 2018.12.23.)

(근로 제공) '유상으로 취득한 경우'란 주식의 취득이 대가관계에 있는 반대급부의 이행으로서 이루어진 경우를 의미하므로, 최대주주등과 특수관계에 있는 자가 최대주주등으로부터 근로제공에 대한 대가로 주식을 취득하였다면 이 역시 유상으로 취득한 경우에 해당한다고 봄이 타당함(대법원2016두39726, 2016.10.27.)

2 정산기준일

해당 주식등의 상장일부터 3개월이 되는 날을 기준으로 계산합니다. (상증법 제41조의3제3항)

다만, 그 주식등을 보유한 자가 상장일로부터 3개월 이내에 사망하거나 그 주식등을 증여 또는 양도한 경우에는 그 사망일·증여일 또는 양도일을 기준으로 계산합니다. (상증법 제41조의3제3항)

상장일이란 「자본시장과 금융투자업에 관한 법률」 제8조의2(금융투자상품시장 등)제4항제1호에 따른 증권시장(증권의 매매를 위하여 거래소가 개설하는 시장)에서 최초로 주식의 매매거래를 개시한 날을 말합니다. (상증법 제41조의3제5항, 자본시장과 금융투자업에 관한 법률 제8조의2제4항제1호)

〈1〉 합산배제 증여재산 판정일

합병상장이익이 합산배제증여재산에 해당하는지 여부는 정산기준일을 기준으로 하는 것임(대법원2015두3096, 2017.9.26.)

3 증여재산가액

증여재산가액인 '주식등의 상장 등에 따른 이익'의 계산방법은 다음과 같습니다. (상증법 시행령 제31조의3제1항)

[정산기준일 현재 1주당 평가가액 – (증여일 현재 1주당 증여세 과세가액등 + 1주당 기업가치 실질증가액)] × 증여·유상취득주식수

위 금액이 기준금액 금액 미만인 경우에는 적용하지 않습니다. 기준금액이란 다음 두 가지 계산 금액 중 적은 금액을 말합니다. (상증법 시행령 제31조의3제3항)

① (증여일 현재 1주당 증여세 과세가액 등 + 1주당 기업가치 실질증가액) × 증여·유상 취득 주식수 × 30%

② 3억원

1) 정산기준일 현재 1주당 평가가액

정산기준일 현재 1주당 평가가액은 상증법 제63조(유가증권의 평가)에 따라 평가한 가액을 말합니다. (상증법 시행령 제31조의3제1항제1호)

2) 증여일 현재 1주당 증여세 과세가액 등

주식 등을 증여받은 날 현재의 1주당 증여세 과세가액이며, 취득의 경우에는 취득일 현재의 1주당 취득가액을 말합니다. (상증법 시행령 제31조의3제1항제2호)

3) 1주당 기업가치의 실질증가액 : 아래의 (1) × (2)

납세자가 제시하는 재무제표 등 기업가치의 실질적인 증가로 인한 것으로 확인되는 이익은 증여재산가액에 포함하지 아니합니다.

(1) 1주당 순손익액의 합계액을 해당 기간의 월수로 나눈 금액 (상증법 시행령 제31조의3제5항)

  ① 해당 주식의 증여일 또는 취득일이 속하는 사업연도 개시일부터 상장일 전일까지 사이의 1주당 순손익액의 합계액을 해당 기간의 월수로 나눈 금액(1월 미만의 월수는 1월로 봅니다.)
  ② 순손익액은 상증법 시행령 제56조(1주당 최근 3년간의 순손익액의 계산방법)제4항에 따라 각 사업연도 단위별로 계산한 1주당 순손익액으로 합니다.
  ③ 비상장주식의 상장일 등이 속하는 사업연도 개시일부터 상장일 등의 전일까지의 1주당 순손익을 산정하기 어려운 경우는 다음과 같이 산정할 수 있습니다.

  [(상장일이 속하는 사업연도의 직전사업연도의 1주당 순손익가액) ÷ 12(12월 미만인 경우는 해당 월수)] × 상장일이 속하는 사업연도의 개시일부터 상장일의 전일까지 월수

(2) 당해 주식 등의 증여일 또는 취득일부터 정산기준일까지의 월수

  1월 미만인 경우에는 1월로 봅니다. (상증법 시행령 제31조의3제5항제2호)

(3) 기업가치의 실질적인 증가로 인한 이익임을 확인받기 위하여 납세자는 다음의 서류를 제시하여야 합니다. (상증법 시행규칙 제10조의4)

  ① 대차대조표
  ② 손익계산서
  ③ 그 밖의 기업가치의 실질적인 증가를 확인할 수 있는 서류

(4) 결손금 등이 발생하여 1주당 순손익액으로 계산하는 것이 불합리한 경우에는 상증법 시행령 제55조에 따라 계산한 1주당 순자산가액의 증가분으로 해당 이익을 계산할 수 있습니다. (상증법 시행령 제31조의3제5항)

  '상장일 이전 유상증자가 있는 경우'는 '불합리한 경우'에 해당하지 않습니다. (기준2019 법령해석재산-0311, 2020.6.8.)

4) 무상주가 발생된 경우의 발행주식 총수 계산

증여이익의 계산에 있어 각 사업연도의 주식수는 각 사업연도 종료일 현재의 발행 주식 총수에 의하나, 주식등의 증여일 또는 취득일부터 상장일 전일까지의 사이에 무상주를 발행한 경우에는 각 사업연도 종료일 현재 발행주식 총수를 다음과 같이 환산합니다. (상증법 시행령 제31조의3제7항 → 시행령 제56조제3항 단서)

$$\text{무상증자전 각 사업연도 말 주식수} \times \frac{(\text{무상증자 직전사업연도 말 주식수} + \text{무상증자 주식수})}{\text{무상증자 직전사업연도 말 주식수}}$$

5) 특수관계인이 아닌 자간 거래

거짓이나 그 밖의 부정한 방법으로 증여세를 감소시킨 것으로 인정되는 경우에는 특수관계인이 아닌 자간의 증여에 대해서도 본 규정(상증법 제41조의3제1항 및 제2항)을 적용합니다. 이 경우 기간에 관한 규정(5년 내 상장)은 이를 없는 것으로 봅니다. (상증법 제41조의3제9항, 참조, 상증법 제42조의3제3항)

| 관련 질의회신 및 판례 |

⟨1⟩ 주식수의 계산

(국세청) 상증법 제41조의3에 따른 증여재산가액을 계산하는 때에, 상장일로부터 정산기준일 사이에 상법 제461조에 따른 무상증자가 있는 경우의 상증법 시행령 제31조의6제4항 각 호의 '증여받거나 유상으로 취득한 주식수'는 상증법 시행령 제56조제3항의 단서규정에 따라 산정하는 것임(법규재산2014-154, 2014.7.2.)

(심판원) 문안상 주식 등의 증여일부터 상장일 전일까지 발행한 무상주에 대하여 발행주식총수를 환산하도록 되어 있고, 상장 후에는 재무자료가 모두 공개되고 적법한 절차에 따라 무상증자된 주식을 상장 전 주식과 동일하게 적용하는 것은 해당 규정의 취지에 부합되지 않음(조심2014중5737, 2015.5.18.)

4 증여세액의 정산 등

1) 증여세 정산

상장에 따른 이익은 당초의 증여세 과세가액에 가산하여 증여세 과세표준과 세액을 정산합니다. 정산기준일 현재의 주식등의 가액이 당초의 증여세 과세가액보다 적은 경우로서 그 차액이 기준금액 이상인 경우에는 그 차액에 상당하는 증여세액을 환급받을 수 있습니다. 그 차액에 상당하는 증여세액이란 증여받은 때에 납부한 당초의 증여세액을 말합니다. (상증법 제41조의3제4항)

위의 증여세 과세가액에는 증여받은 재산으로 주식 등을 취득한 경우에는 그 증여받은 재산에 대한 증여세 과세가액을 말합니다. (상증법 제41조의3제4항)

2) 다른 증여재산과 합산과세 배제

주식등의 상장에 따른 이익의 증여이익은 증여자 및 그 원천을 구분하기 어려우므로 개별 건별로 과세하고, 다른 증여재산가액과 합산과세를 하지 아니하며, 과세표준 계산시 3천만원을 공제합니다. (상증법 제47조제2항, 제55조제1항제3호)

5 전환사채 등의 취득에 대한 간주규정

전환사채등을 증여받거나 유상으로 취득(발행 법인으로부터 직접 인수·취득하는 경우 포함)한 경우로서 그 전환사채등의 취득일로부터 5년 이내 주식등으로 전환한 경우에는 해당 전환사채등을 증여받거나 취득한 때에 그 전환된 주식등을 증여받거나 취득한 것으로 보아 이 규정(상증법 제41조의3제1항부터 제6항)을 적용합니다. (상증법 제41조의3제8항)

이 경우 정산기준일까지 주식등으로 전환되지 아니하는 경우에는 정산기준일에 주식등으로 전환된 것으로 보아 이 규정(상증법 제41조의3제1항부터 제6항)을 적용하고, 해당 전환사채등의 만기일까지 주식등으로 전환되지 아니한 경우에는 정산기준일을 기준으로 과세한 증여세액을 환급합니다. (상증법 제41조의3제8항, 후단)

〈1〉 취득의 범위 – 취득 후 유상증자

'신주'에는 당초 최대주주 등으로부터의 증여나 양도로 취득한 주식에 기초한 무상신주는 물론 유상신주도 포함된다고 보아야 함(대법원2012두25187, 2015.10.29.)

〈2〉 취득의 범위 – 무상주

협회등록 전 5년 이내에 법인이 자본을 증가시키기 위하여 무상주를 발행함에 따라 신주를 배정받은 경우 협회등록 전 5년 이내 증여받은 주식수에 당해 무상증자 신주배정 비율을 곱하여 계산한 주식수의 신주는 상증법 제41조의3의 규정이 적용됨(서면4팀-335, 2007.1.24.)

〈3〉 최대주주 등의 범위

(특수관계인 포함 여부) 최대주주의 범위에는 관련법에 최대주주등을 정의하면서 일정한 경우에 '당해 주주등'이라고 규정하고 있는데 특수관계에 있는 자의 보유주식등을 합하여 그 보유주식등의 합계가 가장 많은 경우의 당해주주등 1인을 의미하고 그와 특수관계에 있는 자는 포함되지 아니함(대법원2010두11559, 2012.5.10.)

〈4〉 신설법인 최대주주 예정자의 특수관계인이 증여받은 자금으로 신설법인주식을 인수한 경우

특수관계인이 법인의 주식 등을 증여받거나 유상으로 취득한 경우에 그 주식 등의 상장 등에 따른 이익을 증여재산으로 정하고 있을 뿐이고, 법인설립 전 발기인이 자금을 증여받아 신설 법인의 주식을 인수한 경우에 대해서까지 규율한 것이라고 볼 수는 없음(대법원2015두40941, 2018.12.13.)

〈5〉 우리사주조합원이 취득한 경우

법인의 주주가 아닌 우리사주조합원이 우리사주조합을 통하여 당해 법인으로부터 저가의 신주를 직접 배정받은 경우 '최대주주 등과 특수관계에 있는 자가 최대주주 등으로부터 당해 법인의 주식을 유상으로 취득한 경우'에 해당하지 아니하는 것임(재산세과-894, 2009.12.2.)

〈6〉 상증법 제42조 적용여부

유상증자 신주의 인수대금을 부(父)로부터 증여받은 금전으로 취득한 비상장주식을 취득 후 5년 이내에 상장으로 인한 상장차익은 '그 밖의 이익의 증여'에 해당하는 것이나, 자신의 계산으로 당해 행위를 할 수 없다고 인정되는 자 및 타인의 재산증여로 취득한 재산 또는 특수관계자로부터 내부정보를 받아 유상취득한 재산인지 여부 등은 구체적 사실관계에 따라 판단할 사항임(기획재정부 재산세제과-1044, 2010.10.28.)

⇒ 2015.12.15 상증법 제42조의3으로 개정하면서, 재산가치증가사유에 상장은 제외되었음.

〈7〉 (2016.12.31. 이전) 코넥스 상장 후 코스닥(이전상장)하는 경우

상증법 제41조의3(2016.12.20. 법률 제14388호로 개정되기 전의 것)은 주식을 증여받거나 취득한 날로부터 5년 이내에 유가증권시장 또는 코스닥시장에 상장하는 경우에 적용하는 것임(기획재정부 재산세제과-44, 2017.01.17.)

⇒ 2017.1.1. 이후 개정하여 상장시장 범위를 유가증권시장, 코스닥시장으로 명확히 함

〈8〉 수회에 걸쳐 취득·증여받는 경우

수회에 걸쳐 유상취득 또는 증여받은 경우 주식이 같은 날 상장되어 이익이 발생된 경우, 상장 등에 따른 이익을 합산하여 증여세 과세표준 및 세액을 계산하는 것임(기획재정부 재산세제과-102, 2015.2.10.)

<table>
<tr><td>제 14 절</td><td>금전무상대출 등에 따른 이익의 증여</td></tr>
</table>

(상증법 제41조의4, 시행령 제31조의4)

타인(2012.12.31. 이전에는 특수관계인)으로부터 금전을 무상 또는 적정이자율보다 낮은 이자율로 대출받는 경우 그 금전을 대출받는 날에 적정이자율과의 차액을 그 금전을 대출받는 자의 증여재산가액으로 합니다. (상증법 제41조의4제1항)

☞ 2000.1.1.이후부터 적용합니다. 1999.12.31.이전에 금전을 대부받은 자는 2000.1.1.에 새로이 대부받은 것으로 봅니다. (법률 제6048호, 부칙 제6조)

과세대상은 증여재산가액 1천만원 이상입니다. (상증법 시행령 제31조의4제2항)

☞ 2015.12.31.이전에는 무상(저율)대출금액 1억원이었으나, 2016.1.1.이후부터 1천만원 이상으로 개정하였습니다.

- (과세대상) 타인으로부터 금전을 무상으로 또는 적정이자율보다 낮은 이자율로 대출받은 경우
- (증여재산가액) 1천만원 이상만 적용 (종전에는 무상(저율)대출금액 1억원)
  ① (무상대출) 대출금액 × 적정이자율 (4.6%, 2016.3.20. 이전 8.5%)
  ② (저율대출) 대출금액 × 적정이자율 - 실제 지급한 이자상당액
- (증여시기)
  - 금전을 대출받은 날. 대출기간이 1년 이상인 경우에는 1년이 되는 날의 다음 날에 매년 새로 대출받은 것으로 봄

1 과세요건

(1) 증여재산가액이 1천만원 이상일 것
(상증법 시행령 제31조의4제2항)

과세대상 기준금액은 증여재산가액 1천만원 이상입니다. (상증법 제41조의4제1항, 시행령 제31조의4제2항)

(2) 무상 또는 적정이자율보다 낮게 대출할 것
(상증법 제41조의4제1항)

적정이자율이란 기획재정부령이 정하는 이자율(상증법 시행규칙 제10조의5)을 말하며, 기획재정부

령이 정하는 이자율은 법인세법 시행규칙 제43조제2항에 따른 이자율을 말합니다.

☞ **법인세법 시행규칙 제43조(가중평균차입이자율의 계산방법 등)**
　② 영 제89조제3항 각 호 외의 부분 단서에서 "기획재정부령으로 정하는 당좌대출이자율"이란 연간 1,000분의 46을 말한다.

☞ 2014.2.21.이후 개인이 법인으로부터 대출받는 경우에는 법인세법 시행령 제89조제3항의 이자율(가중평균차입이자율, 당좌대출이자율)을 적정이자율로 보아 상증법상 적정이자율과 법인세법간 시가의 차이를 해소하였습니다.

☞ 적정이자율 적용 기준

구분	2002.1.1.~2010.11.4.	2010.11.5.~2016.3.20.	2016.3.21. 이후
이자율	9%	8.5%	4.6%
근거	국세청 고시 제2001호-31호 제2002-41호, 2009-27호 (2009.7.31.)	기획재정부 고시제2010-18호,(2010.11.5.)	상증법 시행규칙 제10조의5(법인세법 시행규칙 제43조제2항)

(3) 원칙적으로 특수관계인 여부와 관계없이 과세

특수관계인이 아닌 자 간의 거래로서 거래의 관행상 정당한 사유가 있다고, 인정되는 경우에는 증여세를 과세하지 아니합니다. (상증법 제41조의4제3항)

☞ **2012.12.31.이전 특수관계인이 아닌 자로부터 무상 대출받은 경우**
　과세관청은 특수관계 없는 자로부터 거래의 관행상 정당한 사유없이 금전을 무상으로 대부받음으로써 얻은 이자상당액은 상증법 제42조제3항 등에 따라 증여세 과세대상에 해당한다고 보았으나,(서면4팀 1286, 2006.5.2.) 대법원은 비특수관계자 간 금전 무상대출에 따른 이익이 증여세 과세대상이 아니라고 보았습니다. (대법원 14두37924, 2015.10.15., 조심2016서 1374, 2016.8.25. 같은 뜻) ← 대법원의 판결은 2013년 세법 개정(비 특수관계인 간 정당한 사유 없는 금전무상대출 포함) 전의 것입니다.

☞ 과세대상 개정연혁

2000. 1. 1. ~ 2012. 12. 31.	2013. 1. 1. ~ 2015. 12. 31.	2016. 1. 1.이후
특수관계인으로부터 1억원 이상의 금전을 무상 또는 저율로 대출	타인으로부터 1억원 이상의 금전을 무상 또는 저율로 대출(비특수관계인 간 거래로서 정당한 사유가 인정되는 경우 제외)	타인으로부터 금전을 무상 또는 저율로 대출(증여재산가액 1천만원 이상) (비특수관계인 간 거래로서 정당한 사유가 인정되는 경우 제외)

2 증여시기

증여시기는 금전을 대출받은 날입니다. 금전을 대출받은 날을 기준으로 하여 증여가액을 계산합니다.(상증법 제41조의4제1항) 금전을 여러 차례 나누어 대부받은 경우에는 각각의 대출을 받은 날을 말합니다.(상증법 시행령 제31조의4제3항)

대출기간이 1년 이상인 경우에는 1년이 되는 날의 다음 날에 매년 새로 대출받은 것으로 봅니다. (상증법 제41조의4제2항)

3 증여재산가액

대출기간은 계약내용에 따릅니다. 대출기간이 정해지지 않은 경우에는 그 대출기간을 1년으로 보고, 대출기간이 1년 이상인 경우에는 1년이 되는 날의 다음날이 매년 새로 대출받은 것으로 보고, 해당금액을 계산합니다. (상증법 제41조의4제2항)

금전무상대출금을 대출기간이 1년이 되기 전에 대출금액을 상환한 경우에는 상환일까지 계산한 금액을 금전무상 대출이익으로 봅니다. (재산세과-623, 2009.3.25.)

4 경정 등의 특례

(상증법 제79조제2항)

금전무상대출 등에 따른 이익의 증여규정에 따라 증여세를 결정 또는 경정받은 자가 대출기간 중에 대부자로부터 해당 금전을 상속 또는 증여받거나 다음과 같은 사유로 무상대출등이 종료된 경우에는 그 사유가 발생한 날부터 3개월 안에 결정 또는 경정을 청구할 수 있습니다. (상증법 제79조제2항제2호)

① 해당 금전에 대한 채권자의 지위가 이전된 경우

② 금전대출자가 사망한 경우

③ 위 두 항목과 유사한 경우로서 금전을 무상으로 또는 적정이자율보다 낮은 이자율로 대출받은 자가 해당 금전을 무상으로 또는 적정이율보다 낮은 이자율로 대출받지 아니하게 되는 경우

합병에 따른 상장 등 이익의 증여

(상증법 제41조의5, 시행령 제31조의5)

최대주주 등의 특수관계인이 최대주주 등으로부터 해당 법인의 주식 등을 증여받거나 무상으로 취득한 경우 등 증여·취득일로부터 5년 이내에 그 법인 또는 다른 법인이 특수관계에 있는 주권 상장법인 등과 합병됨에 따라 그 가액이 증가된 경우, 증여·취득시점과 정산기준일의 주식가액이 일정금액 이상 차이가 나는 경우에는 해당 이익을 그 이익을 얻은 자의 증여재산가액으로 합니다. (상증법 제41조의5제1항)

- (과세요건) 증여일 취득일로부터 5년 이내에 특수관계 있는 상장법인과 합병될 것
    - 최대주주 등으로부터 증여 또는 유상취득할 것
    - 최대주주 등으로부터 증여받은 재산으로 최대주주 등이 아닌 자로부터 취득할 것
    - 증여받은 재산으로 최대주주등이 주식등을 보유하고 있는 다른 법인의 주식등을 최대주주등이 아닌 자로부터 취득함으로써 최대주주등과 그의 특수관계인이 보유한 주식등을 합하여 그 다른 법인의 최대주주등에 해당할 것
    - 주식등을 증여받거나 취득한 후 그 법인이 자본금을 증가시키기 위하여 신주를 발행함에 따라 신주를 인수하거나 배정받은 경우를 포함
- (납세의무자) 취득자(수증자, 유상 취득자)
- (과세대상) 증여재산가액 ≥ Min(①, ②)
    ① (증여일 1주당 증여세 과세가액 등 + 1주당 기업가치 실질증가액) × 증여 유상 취득주식수 × 30%
    ② 3억원
- (정산시기) 합병등기일로부터 3개월이 되는 날
- (증여재산가액)
    [합병등기일 1주당 평가액 - (증여일 1주당 증여세 과세가액등 + 1주당 기업가치 실질증가액)] × 증여·유상취득 주식수

☞ (유의사항) 합병에 따른 상장등 이익의 증여에 관하여는 주식등의 상장등에 따른 이익의 증여규정을 준용하고 있으며(상증법 제41조의5(합병에 따른 상장 등 이익의 증여)제2항→제41조의3(주식등의 상장 등에 따른 이익의 증여)제3항부터 제9항까지의 규정을 준용) 최대주주등의 범위를 주식등의 상장등에 따른 이익의 증여규정에서 설명하고 있으므로 주의해야 합니다.

☞ **상증법 제41조의5(합병에 따른 상장 등 이익의 증여)**
    ② 제1항에 따른 합병에 따른 상장 등 이익의 증여에 관하여는 제41조의3(주식등의 상장 등에 따른 이익의 증여)제3항부터 제9항까지의 규정을 준용한다. 이 경우 "상장일"은 "합병등기일"로 본다.

1 과세요건

최대주주등의 특수관계인이 그 주식등을 증여받거나 취득한 날부터 5년 이내에 그 주식등을 발행한 법인이 대통령령으로 정하는 특수관계에 있는 주권상장법인과 합병되어 그 주식등의 가액이 증가함으로써 그 주식등을 증여받거나 취득한 자가 당초 증여세 과세가액(증여받은 재산으로 주식등을 취득한 경우는 제외합니다) 또는 취득가액을 초과하여 이익을 얻은 경우에는 그 이익에 상당하는 금액을 그 이익을 얻은 자의 증여재산가액으로 합니다. 다만, 그 이익에 상당하는 금액이 기준금액 미만인 경우는 제외합니다. (상증법 제41조의5제1항)

1) 증여받거나 유상취득

(1) 취득유형 (상증법 제41조의5제1항 각 호)

① 최대주주등으로부터 해당 법인의 주식등을 증여받거나 유상으로 취득한 경우

② 증여받은 재산으로 최대주주등이 아닌 자로부터 해당 법인의 주식등을 취득한 경우

　이 경우, '증여받은 재산'이란 주식 등을 유상으로 취득한 날로부터 소급하여 3년 이내에 최대주주등으로부터 증여받은 재산을 말합니다. (상증법 제41조의3제2항제2호 준용)

③ 증여받은 재산으로 최대주주등이 주식등을 보유하고 있는 다른 법인의 주식등을 최대주주등이 아닌 자로부터 취득함으로써 최대주주등과 그의 특수관계인이 보유한 주식등을 합하여 그 다른 법인의 최대주주등에 해당하게 되는 경우

(2) 취득의 범위

주식등의 취득에는 주식등을 증여받거나 취득한 후 그 법인이 자본금을 증가시키기 위하여 신주를 발행함에 따라 신주를 인수하거나 배정받은 경우를 포함합니다. (상증법 제41조의3제7항 준용)

증여받은 재산과 다른 재산이 섞여 있어 증여받은 재산으로 주식등을 취득한 것이 불분명한 경우에는 그 증여받은 재산으로 주식등을 취득한 것으로 추정합니다.(상증법 제41조의3제6항 준용)

증여받은 재산을 담보로 한 차입금으로 주식등을 취득한 경우에는 증여받은 재산으로 취득한 것으로 봅니다. (상증법 제41조의3제6항 준용)

(3) 최대주주등이란

기업의 경영 등에 관하여 공개되지 아니한 정보를 이용할 수 있는 아래의 자를 말합니다.

① 최대주주 또는 최대 출자자

주주 1인과 그의 특수관계인의 보유주식을 합하여 그 보유 주식의 합계가 가장 많은 경우의 해당 주주 1인과 그의 특수관계인 모두를 말합니다. (상증법 시행령 제19조제2항)

② 내국법인의 발행주식 총수 또는 출자총액의 특수관계인 소유주식을 합하여 25%이상을 소유한 경우의 해당 주주 등 (상증법 제41조의3제1항제1호)

(4) 특수관계에 있는 주권상장법인 등

특수관계에 있는 주권상장법인이란 합병등기일이 속하는 사업연도의 직전사업연도 개시일(그 개시일이 서로 다른 법인이 합병한 경우에는 먼저 개시한 날을 말함)부터 합병등기일까지의 기간 중 다음에 해당하는 법인을 말합니다. (상증법 시행령 제31조의5제3항 각 호)

① 상증법 시행령 제41조의5(합병에 따른 상장 등 이익의 증여)제1항에 해당 법인 또는 다른 법인의 주식 등을 취득한 자와 그의 특수관계인이 주권상장법인 또는 코스닥시장상장법인의 최대주주 등에 해당하는 경우의 해당 법인

② 상증법 시행령 제28조(합병에 따른 이익의 계산방법 등)제1항제2호에 따른 법인

상증법 시행령 제2조의2(특수관계인의 범위)제1항제3호나목에 따른 법인을 말합니다.

본인이 법인인 경우: 본인이 속한 기획재정부령으로 정하는 기업집단의 소속 기업(해당 기업의 임원과 퇴직임원을 포함합니다)과 해당 기업의 임원에 대한 임면권의 행사 및 사업방침의 결정 등을 통하여 그 경영에 관하여 사실상의 영향력을 행사하고 있는 자 및 그와 상증법 시행령 제2조의2제1항제1호에 해당하는 관계에 있는 자를 말합니다. (상증법 시행령 제2조의2제1항제3호나목)

☞ 상증법 시행령 제2조의2(특수관계인의 범위) ① 법 제2조제10호에서 "본인과 친족관계, 경제적 연관관계 또는 경영지배관계 등 대통령령으로 정하는 관계에 있는 자"란 본인과 다음 각 호의 어느 하나에 해당하는 관계에 있는 자를 말한다.
1. 「국세기본법 시행령」 제1조의2제1항제1호부터 제5호까지의 어느 하나에 해당하는 자(이하 "친족"이라 한다) 및 직계비속의 배우자의 2촌 이내의 혈족과 그 배우자

☞ 국세기본법 시행령 제1조의2(특수관계인의 범위) ① 법 제2조제20호가목에서 "혈족ㆍ인척 등 대통령령으로 정하는 친족관계"란 다음 각 호의 어느 하나에 해당하는 관계(이하 "친족관계"라 한다)를 말한다. 〈개정 2023. 2. 28.〉
1. 4촌 이내의 혈족
2. 3촌 이내의 인척
3. 배우자(사실상의 혼인관계에 있는 자를 포함한다)
4. 친생자로서 다른 사람에게 친양자 입양된 자 및 그 배우자ㆍ직계비속
5. 본인이 「민법」에 따라 인지한 혼인 외 출생자의 생부나 생모(본인의 금전이나 그 밖의 재산으로 생계를 유지하는 사람 또는 생계를 함께하는 사람으로 한정한다) 〈상증법 시행령 제2조의2 2023. 2. 28개정.으로 제5호가 포함됨〉

③ 상증법 시행령 제28조(합병에 따른 이익의 계산방법 등)제1항제3호에 따른 법인

동일인이 임원의 임면권의 행사 또는 사업장의 결정등을 통하여 합병당사법인(합병으로 인하여 소멸·흡수되는 법인 또는 신설·존속하는 법인을 말합니다. 이하 같습니다.)의 경영에 대하여 영향력을 행사하고 있다고 인정되는 관계에 있는 법인을 말합니다. (상증법 시행령 제28조제1항제3호)

| 관련 질의회신 및 판례 |

〈1〉 취득

(법인설립 전) 법인설립 전 발기인이 자금을 증여받아 신설 법인의 주식을 인수한 경우에 대해서까지 규율한 것이라 볼 수 없음(대법원2015두40941, 2018.12.23.)

(근로제공) '유상으로 취득한 경우'란 주식의 취득이 대가관계에 있는 반대급부의 이행으로서 이루어진 경우를 의미하므로, 최대주주등과 특수관계에 있는 자가 최대주주등으로부터 근로제공에 대한 대가로 주식을 취득하였다면, 이 역시 '유상으로 취득한 경우'에 해당한다고 봄이 타당함(대법원2016두39726, 2016.10.27.)

2) 증여·취득시점과 상장 후 주식가액의 차액 요건

그 주식등을 증여받거나 취득한 날부터 5년 이내에 그 주식등을 발행한 법인이 특수관계에 있는 주권상장법인과 합병되어 그 주식등의 가액이 증가함으로써 그 주식등을 증여받거나 취득한 자가 당초 증여세 과세가액(증여받은 재산으로 주식등을 취득한 경우는 제외) 또는 취득가액을 초과하여 이익을 얻은 경우 (상증법 제41조의5제1항)

3) 5년 이내에 상장 등 요건

증여·취득일부터 5년 이내에 합병하여야 합니다. (상증법 제41조의5제1항)

❷ 정산기준일

해당 주식등의 합병등기일부터 3개월이 되는 날을 기준으로 계산합니다. (상증법 제41조의3제3항 준용)

〈1〉 합산배제 증여재산 판정일

합병상장이익이 합산배제증여재산에 해당하는지 여부는 정산기준일을 기준으로 하는 것임(대법원2015두3096, 2017.9.26.)

〈2〉 특수관계 있는 주권상장법인

(2013.12.31.이전) 비상장법인의 주식등을 취득한 자와 그와 특수관계인이 주권상장법인의 최대주주등에는 해당되지 않았으나, 비상장법인과 주권상장법인이 합병함에 따라 합병법인인 주권상장법인의 최대주주등에 해당하게 된 경우. 비상장법인과 주권상장법인간의 합병은 특수관계에 있는 주권상장법인과의 합병에 해당하지 아니함 (기준-2017-법령해석재산-0106, 2018.8.17.)

3 증여재산가액

(상증법 시행령 제31조의3(주식등의 상장 등에 따른 이익의 계산방법 등)제1항 준용)

증여재산가액인 '주식등의 합병 등에 따른 이익'의 계산방법은 다음과 같습니다. (상증법 시행령 제31조의3제1항 준용)

[합병등기일 1주당 평가액 - (증여일 1주당 증여세 과세가액등주*) + 1주당 기업가치 실질증가액)] × 증여·유상취득 주식수

위의 금액이 아래 금액 중 적은 금액 미만인 경우에는 적용하지 않습니다.

① (증여일 현재 1주당 증여세 과세가액 등 + 1주당 기업가치 실질증가액) × 증여·유상취득주식수 ×
30%

② 3억원

1) 합병등기일 현재 1주당 평가가액

합병등기일 현재 1주당 평가가액은 상증법 제63조에 따라 평가한 가액을 말합니다. (상증법 시행령 제31조의3제1항제1호 준용)

2) 증여일 현재 1주당 증여세 과세가액 등

주식 등을 증여받은 날 현재의 1주당 증여세 과세가액이며, 취득의 경우에는 취득일 현재의 1주당 취득가액을 말합니다. (상증법 시행령 제31조의3제1항제2호 준용)

3) 1주당 기업가치의 실질증가액 : 아래의 (1) × (2)

납세자가 제시하는 재무제표 등 기업가치의 실질적인 증가로 인한 것으로 확인되는 이익은 증여재산가액에 포함하지 아니합니다.

(1) 1주당 순손익액의 합계액을 해당 기간의 월수로 나눈 금액

    (상증법 시행령 제31조의3제5항 준용)

    ① 해당 주식의 증여일 또는 취득일이 속하는 사업연도 개시일부터 상장일 전일까지 사이의 1주당 순손익액의 합계액을 해당 기간의 월수로 나눈 금액 (1월 미만의 월수는 1월로 봅니다.)

    ② 순손익액은 상증법 시행령 제56조제4항에 따라 각 사업연도 단위별로 계산한 1주당 순손익액으로 합니다.

    ③ 비상장주식의 상장일 등이 속하는 사업연도 개시일부터 상장일 등의 전일까지의 1주당 순손익을 산정하기 어려운 경우는 아래와 같이 산정할 수 있습니다.

    [(합병등기일이 속하는 사업연도의 직전사업연도의 1주당 순손익가액) ÷ 12(12월 미만인 경우는 해당 월수)] × 합병등기일이 속하는 사업연도의 개시일부터 상장일의 전일까지 월수

(2) 당해 주식 등의 증여일 또는 취득일부터 정산기준일까지의 월수

    1월 미만인 경우에는 1월로 봅니다. (상증법 시행령 제31조의3제5항제2호)

(3) 기업가치의 실질적인 증가로 인한 이익임을 확인받기 위하여 납세자는 다음의 서류를 제시하여야 합니다. (상증법 시행규칙 제10조의4)

    ① 대차대조표

    ② 손익계산서

    ③ 그 밖의 기업가치의 실질적인 증가를 확인할 수 있는 서류

(4) 결손금 등이 발생하여 1주당 순손익액으로 계산하는 것이 불합리한 경우에는 상증법 시행령 제55조(순자산가액의 계산방법)에 따라 계산한 1주당 순자산가액의 증가분으로 해당 이익을 계산할 수 있습니다. (상증법 시행령 제31조의3제5항)

4) 무상주가 발생된 경우의 발행주식 총수 계산

증여이익의 계산에 있어 각 사업연도의 주식수는 각 사업연도 종료일 현재의 발행 주식 총수에 의하나, 주식등의 증여일 또는 취득일부터 상장일 전일까지의 사이에 무상주를 발행한 경우에는 각 사업연도 종료일 현재 발행주식 총수를 다음과 같이 환산합니다. (상증법 시행령 제31조의3제7항 → 시행령 제56조제3항 단서)

$$\text{무상증자전 각 사업연도 말 주식수} \times \frac{(\text{무상증자 직전사업연도 말 주식수} + \text{무상증자 주식수})}{\text{무상증자 직전사업연도 말 주식수}}$$

5) 특수관계인이 아닌 자간 거래

거짓이나 그 밖의 부정한 방법으로 증여세를 감소시킨 것으로 인정되는 경우에는 특수관계인이 아닌 자간의 증여에 대해서도 본 규정(상증법 제41조의3제1항 및 제2항)을 적용합니다. 이 경우 기간에 관한 규정(5년 내 합병)은 이를 없는 것으로 봅니다. (상증법 제41조의3제9항 준용, 참조, 상증법 제42조의3제3항)

4 증여세액의 정산 등

1) 증여세 정산

합병에 따른 이익은 당초의 증여세 과세가액에 가산하여 증여세 과세표준과 세액을 정산합니다. 정산기준일 현재의 주식등의 가액이 당초의 증여세 과세가액보다 적은 경우로서 그 차액이 기준금액 이상인 경우에는 그 차액에 상당하는 증여세액을 환급받을 수 있습니다. 그 차액에 상당하는 증여세액이란 증여받은 때에 납부한 당초의 증여세액을 말합니다. (상증법 제41조의3제4항)

위의 증여세 과세가액에는 증여받은 재산으로 주식 등을 취득한 경우에는 그 증여받은 재산에 대한 증여세 과세가액을 말합니다. (상증법 제41조의3제4항)

2) 다른 증여재산과 합산과세 배제

합병에 따른 상장 등 이익의 증여이익은 증여자 및 그 원천을 구분하기 어려우므로 개별 건별로 과세하고, 다른 증여재산가액과 합산과세를 하지 아니하며, 과세표준 계산시 3천만원을 공제합니다. (상증법 제47조제2항, 제55조제1항제3호)

5 전환사채 등의 취득에 대한 간주규정

전환사채등을 증여받거나 유상으로 취득(발행 법인으로부터 직접 인수·취득하는 경우 포함)한 경우로서 그 전환사채등의 취득일로부터 5년 이내 주식등으로 전환한 경우에는 해당 전환사채등을 증여받거나 취득한 때에 그 전환된 주식등을 증여받거나 취득한 것으로 보아 이 규정(상증법 제41조의3 제1항부터 제6항)을 적용합니다. (상증법 제41조의3제8항)

이 경우 정산기준일까지 주식등으로 전환되지 아니하는 경우에는 정산기준일에 주식등으로 전환된 것으로 보아 이 규정(상증법 제41조의3제1항부터 제6항)을 적용하고, 해당 전환사채등의 만기일까지 주식등으로 전환되지 아니한 경우에는 정산기준일을 기준으로 과세한 증여세액을 환급합니다. (상증법 제41조의3제8항, 후단)

| 제 16 절 | 재산사용 및 용역제공 등에 따른 이익의 증여 |

(상증법 제42조, 시행령 제31조)

재산의 사용 또는 용역의 제공에 의하여 이익을 얻은 경우에는 그 이익에 상당하는 금액(시가와 대가의 차액을 말합니다)을 그 이익을 얻은 자의 증여재산가액으로 과세합니다. (상증법 제42조제1항)

- (과세요건) 재산사용 및 용역제공 등에 의하여 이익을 얻은 경우 비특수관계자간 거래인 경우에는 정당한 사유가 없는 경우에만 적용
  - 타인에게 시가보다 낮은 대가를 지급하거나 무상으로 타인의 재산(부동산과 금전은 제외)을 사용함으로써 얻은 이익
  - 타인으로부터 시가보다 높은 대가를 받고 재산을 사용하게 함으로써 얻은 이익
  - 타인에게 시가보다 낮은 대가를 지급하거나 무상으로 용역을 제공받음으로써 얻은 이익
- (증여시기) 재산사용일 또는 용역제공일 (1년 이상인 경우에는 1년이 되는 날의 다음 날)
- (증여재산가액) (① ≥ 1천만원, ②·③ ≥ (시가 × 30%))
  ① 무상으로 재산을 사용, 용역 제공
    - 무상으로 담보를 제공하고 금전 등 차입한 경우 : 차입금 × 적정이자율 - 실제로 지급하였거나 지급할 이자
    - 그 외 지급하여야 할 시가 상당액
  ② 시가보다 낮은 대가를 지급하고 재산사용 용역제공 : 시가 - 대가
  ③ 시가보다 높은 대가를 받고 재산사용·용역제공 : 대가 - 시가

☞ 2004.1.1.이후 증여예시규정과 증여추정규정을 제외한 재산·용역의 무상이전 등에 대한 증여예시규정인 상증법 제42조(그 밖의 이익의 증여 등)를 신설하였고, 2016.1.1.이후 상증법 제42조를 '재산사용 및 용역제공 등에 따른 이익의 증여', '법인의 조직변경 등에 따른 이익의 증여', '재산 취득후 재산가치 증가에 따른 이익의 증여'로 조문을 세분화하였습니다.

1 과세대상 거래유형

재산의 사용 또는 용역의 제공 등에 의하여 다음의 어느 하나에 해당하는 이익을 얻을 경우에는 그 이익에 상당하는 금액(시가와 대가의 차액)을 그 이익을 얻은 자의 증여재산가액으로 합니다. 다만, 그 이익에 상당하는 금액이 기준금액 미만인 경우는 제외합니다. (상증법 제42조제1항 각 호)

재산에는 부동산과 금전은 제외하며, 특수관계인이 아닌 자간의 거래인 경우에는 아래의 관행상 정당한 사유가 없는 경우에만 적용합니다. (상증법 제42조제3항)

① 타인에게 시가보다 낮은 대가를 지급하거나 무상으로 타인의 재산(부동산과 금전은 제외)을 사용함으로써 얻은 이익

② 타인으로부터 시가보다 높은 대가를 받고 재산을 사용하게 함으로써 얻은 이익

③ 타인에게 시가보다 낮은 대가를 지급하거나 무상으로 용역을 제공받음으로써 얻은 이익

④ 타인으로부터 시가보다 높은 대가를 받고 용역을 제공함으로써 얻은 이익

2 증여시기

재산의 사용기간 또는 용역의 제공기간이 정해지지 아니한 경우에는 그 기간을 1년으로 하고, 그 기간이 1년 이상인 경우에는 1년이 되는 날의 다음 날에 매년 새로 재산을 사용 또는 사용하게 하거나 용역을 제공 또는 제공받은 것으로 봅니다. (상증법 제42조제2항)

3 증여재산가액

1) 기준금액

기준금액 금액 미만의 경우에는 적용하지 않으며, 다음 구분에 따른 금액을 말합니다. (상증법 시행령 제32조제2항 각 호)

(1) 무상으로 재산을 사용하거나 용역을 제공받은 경우 : 1천만원

　　(증여재산가액 계산의 (1)에 해당)

(2) 다음의 경우: 시가의 100분의 30에 상당하는 가액

　　① 타인에게 시가보다 낮은 대가를 지급하고 재산을 사용하거나 용역을 제공받음으로써 얻은 이익 (증여재산가액 계산의 (2)에 해당)

　　② 타인으로부터 시가보다 높은 대가를 받고 재산을 사용하게 하거나, 용역을 제공함으로써 얻은 이익 (증여재산가액 계산의 (3)에 해당)

2) 증여재산가액의 계산

무상으로 재산을 사용하거나 용역을 제공받은 경우 다음의 구분에 따라 계산한 금액을 말합니다. (상증법 시행령 제32조제1항 각 호)

(1) 무상으로 재산을 사용하거나 용역을 제공받은 경우

타인의 재산을 무상으로 담보로 제공하고 금전 등을 차입한 경우: 차입금에 제31조의4제1항 본문에 따른 적정 이자율을 곱하여 계산한 금액에서 금전 등을 차입할 때 실제로 지급하였거나 지급할 이자를 뺀 금액. (상증법 시행령 제32조제1항제1호)

기준금액은 1천만원 미만입니다.

  ㉮ 타인의 재산을 무상으로 담보로 제공하고 금전 등을 차입한 경우

   증여재산가액 = [(차입금 × 적정이자율(4.6%)) − 지급이자

  ㉯ 앞의 ㉮를 제외한 경우

   무상으로 재산을 사용하거나 용역을 제공받음에 따라 지급하여야 할 시가 상당액

   증여재산가액 = 지급하거나 지급받아야 할 시가 상당액 전체

(2) 시가보다 낮은 대가를 지급하고 재산을 사용하거나 용역을 제공받은 경우

시가보다 낮은 대가를 지급하고 재산을 사용하거나 용역을 제공받은 경우, 시가와 대가와의 차액 상당액.(상증법 시행령 제32조제1항제2호) 기준금액은 시가의 100분의 30에 상당하는 가액입니다.

  증여재산가액 = 시가 − 대가

(3) 시가보다 높은 대가를 받고 재산을 사용하게 하거나, 용역을 제공한 경우

시가보다 높은 대가를 받고 재산을 사용하게 하거나 용역을 제공한 경우, 대가와 시가와의 차액 상당액.(상증법 시행령 제32조제1항제3호) 기준금액은 시가의 100분의 30에 상당하는 가액입니다.

  증여재산가액 = 대가 − 시가

☞ **(적용시기)** 타인재산을 무상으로 사용한 경우의 증여이익계산에 대한 개정규정(종전 상증법 시행령 제31조의9제1항제1호가목)은 2015.2.3.이후 새로 타인의 재산을 무상으로 사용하는 경우부터 적용하며, 2015.2.3. 당시 타인의 재산을 무상으로 사용하고 있는 경우로서 그 기간이 1년 이상이 되는 경우에는 2015.2.3.이후 종전 상증법 제42조의2에 따라 새로 사용하는 것으로 보는 경우부터 적용합니다.(상증법 시행령 부칙 제26069호, 부칙 제4조)

☞ 담보제공 개정연혁

2015.2.2.이전	2015.2.3.이후

○ 타인의 재산을 무상으로 제공받아 금전 등 차입 시 담보로 제공한 경우
  - 증여재산가액 계산방법 없음(대법원2011두18458, 2013.11.14., 국패)
	○ 담보제공 시 증여재산가액 계산방법 명확화
	  - (무상사용재산가액 × 적정이자율) − 지급이자

4 용역의 시가

용역의 시가는 해당 거래와 유사한 상황에서 불특정다수인 간 통상적인 지급대가로 합니다. 다만, 용역의 시가가 불분명한 경우에는 다음 각 호의 어느 하나에 따라 계산한 금액으로 합니다. (상증법 시행령 제32조제3항)

1) 부동산 임대용역의 경우 (상증법 시행령 제32조제3항제1호)

부동산가액(상증법에 의한 평가 가액) × 1년간 부동산 사용료를 고려하여 기획재정부령으로 정하는 율(2%)

2) 부동산 임대용역 외의 경우 (상증법 시행령 제32조제3항제2호)

법인세법 시행령 제89조(시가의 범위 등)제4항제2호에 따라 계산한 금액. 즉, 건설 기타 용역을 제공하거나 제공받는 경우에는 당해 용역의 제공에 소요된 금액(직접비 및 간접비를 포함하며, 이하 '원가'라 합니다)과 원가에 해당 사업연도 중 특수관계인 외의 자에게 제공한 유사한 용역제공거래 또는 특수관계인이 아닌 제3자간의 일반적인 용역제공거래를 할 때의 수익률(기업회계기준에 따라 계산한 매출액에서 원가를 차감한 금액을 원가로 나눈 율을 말합니다)을 곱하여 계산한 금액을 합한 금액을 말합니다. (법인세법 시행령 제89조제4항제2호)

$$용역제공의 원가 + (원가 \times 수익률), \quad * 수익률 = \frac{매출액 - 원가}{원가}$$

5 경정 등의 청구 특례

타인의 재산을 무상으로 담보로 제공하고 금전 등을 차입함에 따라 상증법 제42조(재산사용 및 용역제공 등에 따른 이익의 증여)에 따라 증여세를 결정 또는 경정받은 자가 재산의 사용기간 중에 재산제공자로부터 해당 재산을 상속 또는 증여받거나 담보제공자가 사망한 경우 또는 해당재산을 담보로 사용하지 아니하게 된 경우, 그 사유가 발생한 날로부터 3개월 이내에 결정 또는 경정 청구를 할 수 있습니다. (상증법 제79조제2항제3호, 시행령 제81조제8항)

〈1〉 타인의 재산을 담보로 제공하고 자금을 차입한 경우 증여세 과세 여부

타인의 재산을 담보로 제공하고 자금을 차입한 경우 타인으로부터 담보를 제공받음으로써 얻은 이익 상당액(불특정 다수인 사이에 통상적인 지급대가가 1천만원 이상인 것에 한함)에 대하여는 상증법 제42조제1항제2호의 규정에 의하여 증여세가 과세됨(서면4팀-2222, 2007.7.20.) ⇒ 2015.2.3.이후 증여이익 계산방법 (상증법 시행령 제32조제1항제1호가목)에 따라 과세가능

〈2〉 용역의 제공

부(父)가 자신의 정기예금을 담보로 제공하여 자(子)가 금융기관으로부터 대출을 받을 수 있게 한 것은 자(子)에게 정기예금의 담보가치를 일정 기간 사용하게 함으로써 금전대출에 관한 신용을 무상으로 공여한 것으로서 일종의 용역 제공으로 인한 이익의 증여에 해당함(대법원2011두18458, 2013.11.14.)

〈3〉 타인으로부터 부동산 임대용역을 무상 또는 저가로 제공받은 경우

특수관계인이 아닌 자간의 거래로서 거래의 관행상 정당한 사유 없이 무상 또는 시가보다 낮은 대가를 지급하고 부동산 임대용역(불특정 다수인 간에 통상적인 지급 대가가 1천만원 이상인 것만 해당함)을 제공받음으로써 이익을 얻은 경우에는 상증법 제42조제1항제2호·제3항에 따라 증여세가 과세되는 것임(재산세과-259, 2012.07.13.)

〈4〉 임대보증금의 대가

임대보증금의 대가는 임대보증금에 법인세법 시행령 제89조제4항제1호의 규정에 의한 정기예금이자율을 곱하여 산출한 가액으로 하는 것임 (참조, 재산세과-110, 2011.03.02. 부가가치세과-1209, 2012.12.12.)

법인의 조직 변경 등에 따른 이익의 증여

(상증법 제42조의2, 시행령 제32조의2)

주식의 포괄적 교환 및 이전, 사업의 양수·양도, 사업 교환 및 법인의 조직 변경 등에 의하여 소유지분이나 그 가액이 변동됨에 따라 이익을 얻은 경우에는 그 이익에 상당하는 금액(소유지분이나 그 가액의 변동 전·후 재산의 평가차액을 말합니다)을 그 이익을 얻은 자의 증여재산가액으로 합니다. 다만, 그 이익에 상당하는 금액이 기준금액 미만인 경우는 제외합니다. (상증법 제42조의2제1항)

- (과세요건) 주식의 포괄적교환 및 이전, 사업의 양수·양도, 사업교환 및 법인의 조직변경 등에 의하여 소유지분이나 그 가액이 변동됨에 따라 이익을 얻은 경우, 비특수관계자간 거래인 경우에는 정당한 사유가 없는 경우만 적용
- (증여재산가액) (증여재산가액 ≥ Min(변동 전 재산가액 × 30%, 3억원 이상인 경우만 적용)
  ① 소유지분이 변동된 경우
     (변동 후 지분 – 변동 전 지분) × 지분변동 후 1주당 가액
  ② 평가액이 변동된 경우
     변동 후 가액 – 변동 전 가액

  ☞ 2004.1.1.이후 증여예시규정과 증여추정규정을 제외한 재산·용역의 무상이전 등에 대한 증여예시규정인 상증법 제42조 (그 밖의 이익의 증여 등)를 신설하였고, 2016.1.1.이후 상증법 제42조를 '재산사용 및 용역제공 등에 따른 이익의 증여', '법인의 조직변경 등에 따른 이익의 증여', '재산 취득후 재산가치 증가에 따른 이익의 증여'로 조문을 세분화하였습니다.

1 과세대상 거래유형

주식의 포괄적 교환 및 이전, 사업의 양수·양도, 사업 교환 및 법인의 조직 변경 등에 의하여 소유지분이나 그 가액이 변동됨에 따라 이익을 얻은 경우에는 그 이익에 상당하는 금액(소유지분이나 그 가액의 변동 전·후 재산의 평가차액을 말합니다.)을 그 이익을 얻은 자의 증여재산가액으로 합니다. (상증법 제42조의2제1항)

이 경우 특수관계인이 아닌 자간의 거래인 경우에는 거래의 관행상 정당한 사유가 없는 경우에만 적용합니다. (상증법 제42조의2제2항)

☞ 신주인수권의 양도인이 자신의 이익을 극대화하려는 노력도 전혀 하지 아니한 채 자신이 쉽게 이익을 얻을 수 있는 기회를 포기하고 특정한 거래상방으로 하여금 신주인수권의 취득과 행사로 인한 이익을 얻게 하는 등 합리적인 경제인이라면 거래 당시의 상황에서 그와 같은 거래조건으로는 거래하지 않았을 것이라는 객관적인 사유가 있는 경우에는, 특별한 사정이 없는

한 구 상증법 제42조(현재 제42조의2)에서 정한 '거래의 관행상 정당한 사유가 있는 경우'가 있다고 보기 어렵습니다. (대법원2013두24495, 2015.2.12.)

2 증여재산가액

이익은 다음의 구분에 따라 계산한 금액으로 합니다.

1) 기준금액

기준금액 금액 미만의 경우에는 적용하지 않으며, 기준금액은 다음 금액 중 적은 금액입니다. (상증법 시행령 제32조의2제2항)

기준금액 = Min(①, ②)

　　① 변동 전 해당 재산가액의 100분의 30에 상당하는 가액

　　② 3억원

2) 증여재산가액의 계산

증여재산가액은 다음 구분에 따라 계산한 금액으로 합니다. (상증법 시행령 제32조의2제1항 각 호)

(1) 소유지분이 변동된 경우

　　(변동 후 지분 − 변동 전 지분) × 지분 변동 후 1주당 가액

지분 변동 후 1주당 가액은 상증법 제28조(합병에 따른 이익의 계산방법 등), 상증법 시행령 제29조(증자에 따른 이익의 계산방법 등), 상증법 시행령 제29조의2(감자에 따른 이익의 계산방법 등) 및 상증법 시행령 제29조의3(현물출자에 따른 이익의 계산방법 등)을 준용하여 계산한 가액을 말합니다. (상증법 시행령 제32조의2제1항제1호)

(2) 평가액이 변동된 경우

　　증여재산가액 = 변동 후 가액 − 변동 전 가액

| 관련 질의회신 및 판례 |

〈1〉 조직변경 등 해당여부

(100% 주식 증여) 이 사건 주식 증여가 상증법 제42조제1항제3호의 '사업양수도 또는 법인의 조직변경 등'에 해당하지 아니함(대법원2016두285, 2016.6.23.)

(100%미만 주식 증여) 자산수증이익에 대한 법인세를 부담하였으므로 그로 인하여 법인의 주주들이 얻은 이익에 대해 상증법 제2조제3항에 의하여 증여세를 부과할 수 없고, 법인에 대한 부동산, 주식 등의 증여는 단순한 자산거래에 불과할 뿐, 상증법 제42조에서 정한 '사업양수도, 조직변경 등'에 해당한다고 볼 수 없음(대법원2014두1864, 2015.10.29.)

(주식회사 ⇒ 유한회사) 주식회사에서 유한회사로 조직을 변경함에 따라 소유지분 또는 그 가액이 변동됨으로써 이익을 얻은 경우에는 증여세가 과세됨(서면4팀-1778, 2007.5.30.)

〈2〉 입증책임

구 상증법 제42조제1항제3호, 제3항의 '거래의 관행상 정당한 사유'의 입증책임은 피고가 아니라 원고에게 있으며, 향후 신주인수권 취득으로 인한 이익이 발생하리라는 점을 예측하였던 것으로 보이는 점 등의 사정을 종합하면 신주인수권 취득 및 행사를 통해 주식을 취득함에 있어 거래관행상 정당한 사유가 있었다고 보기 어려움(부산고법 2013누1761, 2014.8.21.)

〈3〉 제3자배정 등으로 취득한 경우 증여세 과세대상

(기재부) 비상장법인의 최대주주 등으로부터 증여받거나 유상취득하지 않고, 재배정 실권주 및 제3자 배정 유상신주 방식으로 주식을 취득하고 5년 이내에 상장되는 경우 구 상증법상 포괄주의(제2조, 제42조)에 따라 증여세를 과세할 수 없는 것임(기획재정부 재산세제과-931, 2018.10.31.)

〈4〉 주식의 포괄적 교환

상법상의 주식의 포괄적 교환에 의하여 완전자회사가 되는 회사의 주주가 얻은 이익에 대하여는 '재산의 고가양도에 따른 이익의 증여'에 관한 상증법 제35조제1항제2호, 제2항이나 '신주의 저가발행에 따른 이익의 증여'에 관한 상증법 제39조제1항제1호다목을 적용하여 증여세를 과세할 수는 없고, '법인의 자본을 증가시키는 거래에 따른 이익의 증여'에 관한 상증법 제42조제1항제3호를 적용하여 증여세를 과세하여야 할 것임(대법원2011두23047, 2014.4.24.)

〈5〉 (2015.12.31.이전) 특수관계인 여부 판단 시기(취득 당시 기준)

구 상증세법 제40조제1항의 과세요건을 충족하지 않더라도 구 상증세법 제42조제1항제3호의 과세요건을 충족하면 구 상증세법 제42조제1항제3호에 의하여 증여재산가액을 산정하여 증여세를 과세할 수 있고(생략) 전환사채를 주식으로 전환할 당시 특수관계가 있는 경우 '특수관계인이 아닌 자간의 거래'에 해당하지 않으므로 구 상증세법 제42조제3항의 적용대상이 아님(대법원2018두65538, 2020.11.12.)

(상증법 제42조의3, 시행령 제32조의3)

직업, 연령, 소득 및 재산상태로 보아 자력으로 해당 행위를 할 수 없다고 인정되는 자가 재산을 취득하고 그 재산을 취득한 날부터 5년 이내에 개발사업의 시행, 형질변경, 공유물분할, 사업의 인가ㆍ허가 등 '재산가치증가사유'로 인하여 이익을 얻은 경우에는 그 이익에 상당하는 금액을 그 이익을 얻은 자의 증여재산가액으로 합니다. 다만, 그 이익에 상당하는 금액이 기준금액 미만인 경우는 제외합니다. (상증법 제42조의3제1항)

- (과세요건)
  ① 직업, 연령, 소득 및 재산상태로 보아 자력으로 해당행위를 할 수 없다고 인정되는 자가
  ② 재산 취득 유형에 따라 재산을 취득하고
  ③ 5년 이내에 재산가치증가사유로 인하여 이익을 얻는 경우
- (재산취득유형)
  ① 특수관계인으로부터 재산을 증여받은 경우
  ② 특수관계인으로부터 기업의 경영 등에 관하여 공포되지 아니한 내부 정보를 제공받아 그 정보와 관련된 재산을 유상으로 취득한 경우
  ③ 특수관계인으로부터 증여받거나 차입한 자금 또는 특수관계인의 재산을 담보로 차입한 자금으로 재산을 취득한 경우
     - (재산가치 증가사유) 개발사업의 시행 등
     - (기간규정 적용 제외의 경우) 거짓이나 그 밖의 부정한 방법으로 증여세를 감소시킨 것으로 인정되는 경우에는 비특수관계자간의 증여에 대해서도 적용하며, 이 경우 기간 규정은 적용하지 않음
- (증여재산가액)
  - 증여재산가액 = 해당재산가액 - (해당 재산의 취득가액 + 통상적인 가치상승분 + 가치상승기여분)
  - 적용 제외 : 증여재산가액〈 Min (①, ②)
     ① (해당재산의 취득가액 + 통상적인 가치상승분 + 가치상승 기여분) × 30%
     ② 3억원

☞ 2004.1.1.이후 증여예시규정과 증여추정규정을 제외한 재산ㆍ용역의 무상이전 등에 대한 증여예시규정인 상증법 제42조(그 밖의 이익의 증여 등)를 신설하였고, 2016.1.1.이후 상증법 제42조를 '재산사용 및 용역제공 등에 따른 이익의 증여', '법인의 조직변경 등에 따른 이익의 증여', '재산 취득후 재산가치 증가에 따른 이익의 증여'로 조문을 세분화하였습니다.

1 과세요건

직업, 연령, 소득 및 재산상태로 보아 자력으로 해당 행위를 할 수 없다고 인정되는 자가 재산을 취득하고 그 재산을 취득한 날부터 5년 이내에 개발사업의 시행, 형질변경, 공유물분할, 사업의 인가·허가 등 재산가치증가사유로 인하여 이익을 얻은 경우에는 그 이익에 상당하는 금액을 그 이익을 얻은 자의 증여재산가액으로 합니다. (상증법 제42조의3제1항)

거짓 그 밖의 부정한 방법으로 증여세를 감소시킨 것으로 인정되는 경우에는 특수관계인이 아닌 자 간의 증여에 대하여 적용합니다. 이 경우 5년에 관한 규정은 이를 없는 것으로 봅니다. (상증법 제42조의3제3항)

1) 자력으로 해당 행위를 할 수 없다고 인정되는 자 〈주체요건〉

직업·연령·소득 및 재산 상태로 보아 자력으로 해당 행위를 할 수 없다고 인정되는 자를 말합니다. (상증법 제42조의3제1항)

2) 재산취득유형 〈재산취득요건〉

다음과 같은 사유로 재산을 취득한 경우를 말합니다.(상증법 제42조의3제1항 각 호)
　① 특수관계인으로부터 재산을 증여받은 경우
　② 특수관계인으로부터 기업의 경영 등에 관하여 공포되지 아니한 내부정보를 제공받아 그 정보와 관련된 재산을 유상으로 취득한 경우
　③ 특수관계인으로부터 증여받거나 차입한 자금 또는 특수관계인의 재산을 담보로 차입한 자금으로 재산을 취득한 경우

　☞ 2024.1.1.부터 특수관계인으로부터 '증여받은 자금으로 재산을 취득하는 경우'를 추가하였습니다.

3) 재산가치 증가사유 〈재산가치 증가사유 요건〉

재산을 취득한 날부터 5년 이내에 개발사업의 시행, 형질변경, 공유물 분할, 사업의 인가·허가 등 재산가치 증가사유는 다음과 같은 사유를 말합니다. (상증법 제42조의3제1항, 상증법 시행령 제32조의3제1항 각 호)

재산가치 증가사유의 발생일 전에 당해 재산을 양도한 경우에는 그 양도한 날을 재산가치 증가

사유의 발생일로 봅니다. (상증법 제42조의3제2항)

① 개발사업의 시행, 형질변경, 공유물 분할, 지하수개발·이용권 등의 인가·허가 및 그 밖에 사업의 인가·허가 (상증법 제42조의3제1항, 시행령 제32조의3제1항제1호)

② 비상장주식의 「자본시장과 금융투자업에 관한 법률」 제283조(설립)에 따라 설립된 한국금융투자협회에의 등록 (상증법 시행령 제32조의3제1항제2호)

③ 그 밖에 ① 및 ②의 사유와 유사한 것으로서 재산가치를 증가시키는 사유 (상증법 시행령 제32조의3제1항제3호)

☞ 한국금융투자협회는 증권시장에서 상장되지 아니한 주권의 장외매매거래를 운영합니다. 협회가 운영하는 금융투자상품시장을 K-OTC시장이라고 말합니다.

☞ K-OTC 운영규정, 자본시장과 금융투자업에 관한 법률 제286조(업무)

① 협회는 정관이 정하는 바에 따라 다음 각 호의 업무를 행한다.

5. 증권시장에 상장되지 아니한 주권의 장외매매거래에 관한 업무

2 증여재산가액의 계산

자력으로 해당 행위를 할 수 없다고 인정되는 자가 재산을 취득하고 그 재산을 취득한 날부터 5년 이내에 개발사업의 시행, 형질변경, 공유물분할, 사업의 인가 · 허가 등 재산가치증가사유로 인하여 이익을 얻은 경우, 그 이익에 상당하는 금액을 그 이익을 얻은 자의 증여재산가액으로 합니다. (상증법 제42조의3제1항)

1) 기준금액

기준금액 금액 미만의 경우는 적용하지 않으며, 기준금액은 다음의 금액 중 적은 금액을 말합니다. (상증법 시행령 제32조의3제2항)

기준금액 = Min(①, ②)

① (해당 재산의 취득가액 + 통상적인 가치상승분 + 가치상승기여분) × 30%

② 3억원

2) 증여재산가액 산정

재산가치증가사유에 의하여 이익을 얻은 자의 증여재산가액의 산정은 아래 ①의 가액에서 ②부터 ④까지의 규정에 따른 가액을 뺀 금액으로 계산합니다. (상증법 시행령 제32조의3제3항)

즉, 다음의 계산식에 의하여 계산한 금액을 말합니다.

① 해당 재산가액 − (② 해당 재산의 취득가액 + ③ 통상적인 가치상승분 + ④ 가치상승기여분)

① (해당 재산가액) 재산가치증가사유가 발생한 날 현재의 가액

상증법 제4장에 따라 평가한 가액을 말합니다. 다만, 해당 가액에 재산가치증가사유에 따른 증가분이 반영되지 아니한 것으로 인정되는 경우에는 개별공시지가 · 개별주택가격 또는 공동주택가격이 없는 경우로 보아 표준지나 표준주택을 이용하여 평가하거나, 둘 이상의 감정기관에 의뢰하여 해당 감정기관의 감정가액을 참작하여 평가한 가액을 말합니다. (상증법 시행령 제50조(부동산의 평가)제1항 또는제4항에 따라 평가한 가액) (상증법 시행령 제32조의3제3항제1호)

② (해당 재산의 취득가액) 실제 취득하기 위하여 지급한 금액. 증여받은 재산의 경우에는 증여세 과세가액을 말합니다. (상증법 시행령 제32조의3제3항제2호)

③ (통상적인 가치 상승분) 상증법 제31조의3(주식등의 상장 등에 따른 이익의 계산방법 등)제5항에 따른 기업가치의 실질적인 증가로 인한 이익과 연평균지가상승률 · 연평균주택가격상승률 및 전국소비자물가상승률 등을 고려하여 해당 재산의 보유기간 중 정상적인 가치상승분에 상당하다고 인정되는 금액을 말합니다. (상증법 시행령 제32조의3제3항제3호)

☞ **상증법 시행령 제31조의3(주식등의 상장 등에 따른 이익의 계산방법 등)**
⑤ 제1항제3호에 따른 1주당 기업가치의 실질적인 증가로 인한 이익은 납세자가 제시하는 재무제표 등 기획재정부령으로 정하는 서류에 의하여 확인되는 것으로서 제1호에 따른 금액에 제2호에 따른 월수를 곱하여 계산한다. 이 경우 결손금등이 발생하여 1주당 순손익액으로 당해이익을 계산하는 것이 불합리한 경우에는 제55조에 따라 계산한 1주당 순자산가액의 증가분으로 당해이익을 계산할 수 있다.
   1. 해당 주식등의 증여일 또는 취득일이 속하는 사업연도개시일부터 상장일 전일까지의 사이의 1주당 순손익액의 합계액(기획재정부령으로 정하는 바에 따라 사업연도 단위로 계산한 순손익액의 합계액을 말한다)을 해당 기간의 월수(1월미만의 월수는 1월로 본다)로 나눈 금액
   2. 해당 주식등의 증여일 또는 취득일부터 정산기준일까지의 월수(1월미만의 월수는 1월로 본다)

④ (가치상승기여분) 개발사업의 시행, 형질변경, 사업의 인가ㆍ허가 등에 따른 자본적지출액 등 해당 재산가치를 증가시키기 위하여 지출한 금액을 말합니다. (상증법 시행령 제32조의3제3항제4호)

| 관련 질의회신 및 판례 |

〈1〉 과세요건 충족여부

상증법 제42조제4항에서 규정하는 재산가치증가사유가 발생하지 않았고 증여인의 기여행위도 인정되지 않고, 양수자가 자신의 특별한 사업여건에 의하여 고가로 양수한 것이므로 쟁점주식 양도가액은 실질거래에 해당할 뿐 증여재산가액 산정에 적용되는 '시가'로 볼 수 없음(서울고법2012누28010, 2013.12.27., 3심, 심리불속행)

〈2〉 개발사업의 의미

(심판원) '개발사업'이란 같은 항에서 열거하고 있는 형질변경, 공유물 분할, 사업의 인가ㆍ허가 등과 유사한 정도로 장래의 재산가치 증가발생이 개관적으로 예상되는 개발사업을 의미하는 것으로 보아야 할 것이고, 「개발이익환수에 관한 법률」 제2조제1호에 따른 개발사업 등과 같이 장래의 재산가치 증가발생이 객관적으로 예상되는 개발사업을 그 대상으로 봄이 타당함(조심2014서1982, 2015.12.3., 조심2020중1104, 2020.12.02.)

(법원) '개발사업'이란 구 개발이익환수에 관한 법률의 개발사업을 의미하는 것으로 해석됨(서울고법2017누86721, 2018.12.12.)

〈3〉 주주가 해당 행위를 할 수 없다고 인정되는 자인지

(기재부- 2016년 이후) 상증법 제42조의3을 적용할 때 취득한 재산이 주식 또는 출자지분인 경우에도 재산가치증가사유는 상증법 시행령 제32조의3제1항 각 호의 어느 하나에 해당하는 사유를 말하는 것임(기획재정부 재산세제과-759, 2019.11.7.)

(법원- 2015년 이전) 이 사건 사업이 개발사업의 시행이나 이와 유사한 것에 해당한다고 하더라도 이로 인하여 재산가치가 직접적으로 증가하는 이익을 얻은 것은 이 사건 사업을 시행한 이 사건 법인이고, 이에 따라 원고가 이 사건 사업과 관련한 미공표 정보를 제공받아 취득한 이 사건 법인의 주식 가치가 증가하였다고 하더라도, 이는 법인의 주주로서 재산가치 증가에 따른 간접적 이익을 얻은 것에 불과하다고 할 것이므로, 이 사건 사업의 시행이 원고가 보유한 주식가치 증가와 직접적인 관련성이 있다고 볼 수 없음(부산고법2017누23841, 2018.4.6.)

〈4〉 재산가치 증가사유 발생일

(개발사업) 재산가치증가사유가 발생한 날은 재산가치증가사유를 고려하여 재산가치증가사유에 따른 기대이익이 상당부분 재산의 시세에 반영될 수 있는 날을 말함. 재산가치 증가사유로서의 개발사업과 유사한 사유가 있었는지 여부는 당해 재산의 증여, 융자취득, 사업승인, 분양, 준공 등 분양사업의 시행 단계별로 부의 기여로 인하여 법인

의 재산가치가 증가하였는지 여부 등 구체적인 사실관계에 따라 판단할 사항임(기준-2016-법령해석재산-0300, 2017.2.2.)

(합병) 재산가치 증가사유가 합병인 경우에는 재산가치 증가사유가 발생한 날이라 함은 합병등기를 한 날임(서면4팀-1411, 2008.6.12.)

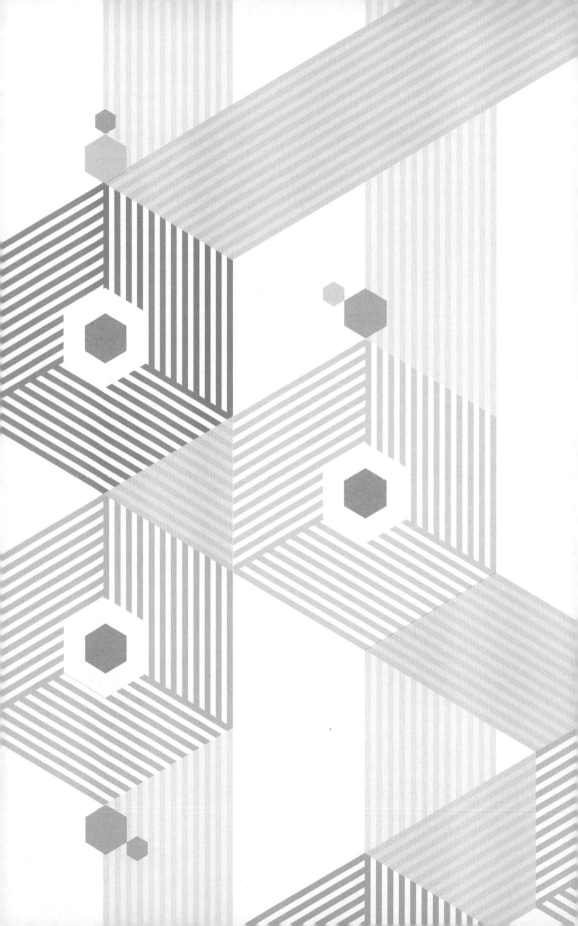

제3장

증여추정 및 증여의제

증여추정은 납세자의 반증이 없는 한 증여로 추정하는 것으로 현행 상속세 및 증여세법에서는 '배우자 등에게 양도한 재산의 증여 추정'과 '재산 취득자금 등의 증여추정' 두 가지가 있습니다.

증여의제란 증여에는 해당되지 아니하지만, 조세정책의 목적을 달성하기 위하여 법에 의하여 증여로 간주한 것을 말하며, 납세자의 반증이 있다 하더라도 증여로 봅니다.

상증법상 증여의제 규정으로는 '명의신탁재산의 증여의제', 2011.12.31. 신설된 '특수관계법인과의 거래를 통한 이익의 증여의제', 2016.12.15. 신설된 '특수관계법인으로부터 제공받은 사업기회로 발생한 이익의 증여의제'와 증여예시규정에서 의제규정으로 전환된 '특정법인과의 거래를 통한 이익의 증여의제' 네 가지가 있습니다.

- 증여추정
  ① 배우자 등에게 양도한 재산의 증여 추정
  ② 재산 취득자금 등의 증여추정

- 증여의제
  ① 명의신탁재산 증여의제
  ② 특수관계법인과의 거래를 통한 이익의 증여의제
  ③ 특수관계법인으로부터 제공받은 사업기회로 발생한 이익의 증여의제
  ④ 특정법인과의 거래를 통한 이익의 증여의제

☞ 의제는 법률상 요건을 충족하면 사실의 본질에 관계없이 정해진 법적효과를 부여하는 것으로 납세자가 반대사실에 대한 증명을 하더라도 법률효과가 번복되지 않습니다. 추정은 분명하지 않은 사실에 대하여 일단 있는 것으로 정하고, 법률효과를 발생시키는 것으로 납세자가 반대 사실을 입증하면 법률효과가 번복됩니다.

배우자 등에게 양도한 재산의 증여 추정

(상증법 제44조, 시행령 제33조)

배우자 또는 직계존비속(이하 '배우자등')에게 양도하거나 특수관계인에게 양도한 재산을 그 특수관계인이 3년 이내에 당초 양도자의 배우자등에게 양도한 경우에는 그 재산가액을 배우자등이 증여받은 것으로 추정합니다. (상증법 제44조제1항·제2항)

☞ 외형상 양도에 해당하나 증여혐의가 있는 거래에 대하여는 증여로 추정합니다.

정상적인 상거래에 따라 배우자에게 판매하는 상품에 대하여 「소득세법」에 따라서 소득세가 부과되는 때에는 당해 상품을 배우자등에게 증여한 것으로 추정하지 아니합니다. (상증법 집행기준 44-33-3)

외형상 양도에 해당하나 증여혐의가 있는 거래에 대하여는 증여로 추정합니다.

- (대상) ① 배우자 또는 직계비속에게 양도한 경우
  ② 특수관계인에게 양도한 재산을 그 특수관계인이 당초 양도자의 배우자 또는 직계존비속에게 양도한 경우
  · (적용배제) (양도자 + 양수자의 소득세 결정세액) 〉 증여세 결정세액
- (증여시기) 해당재산을 양도한 때(등기접수일)
- (재산평가) 상증법 제60조에서 제66조에 따라 평가

☞ **추정제도의 비교**

구분	배우자 등에게 양도한 재산의 증여추정 (상증법 제44조)	재산 취득자금 등의 증여추정 (상증법 제45조)	상속개시일 전 처분재산 등의 상속 추정 등 (상증법 제15조)
입증 금액	양도 금액 전체	취득금액 등 - Min (취득재산 20%, 2억원)	처분금액 - Min (처분재산 20%, 2억원)
추정 금액	미입증 금액 (차감 없음)	미입증 금액 (차감없음)	미입증 금액 - Min (처분재산 20%, 2억원) * 변제의무 없는 채무액 전체 (차감없음)

1 배우자 또는 직계비속에게 양도 시 증여추정

배우자 또는 직계존비속(이하 "배우자등")에게 양도한 재산은 양도자가 해당 재산을 양도한 때에 재산의 가액을 배우자 또는 직계존비속이 증여받은 것으로 추정합니다. 다만, 양도한 사실이 명백한 경우에는 제외합니다. (상증법 제44조제1항)

배우자는 혼인관계에 의한 배우자(사실혼 배우자는 제외)를 말합니다.(상증법 집행기준 44-0-2, 대법원 90누6897, 1991.3.26) 직계존비속의 경우에는 법정혈족(양자)을 포함합니다.

1) 증여추정의 배제 (양도된 사실이 명백한 경우)

배우자 등에게 대가를 지급받고, 양도한 사실이 명백히 인정되는 경우 등 다음의 경우에는 증여추정을 적용하지 않습니다. (상증법 제44조제4항 각 호)

(1) 법원의 결정으로 경매절차에 따라 처분된 경우

(2) 파산선고로 인하여 처분된 경우

(3) 국세징수법에 따라 공매된 경우

(4) 「자본시장과 금융투자업에 관한 법률」제8조의2(금융투자상품시장 등)제4항제1호에 따른 증권시장을 통하여 유가증권이 처분된 경우. 다만, '불특정 다수인 간의 거래에 의하여 처분된 것으로 볼 수 없는 경우'는 제외합니다. (상증법 제44조제4항제4호)

'불특정 다수인 간의 거래에 의하여 처분된 것으로 볼 수 없는 경우'는 증권시장에서 이루어지는 유가증권의 매매 중 「자본시장과 금융투자업에 관한 법률」 제393조(업무규정)제1항에 따른 한국거래소의 증권시장업무규정에 따라 시간외 대량매매 방법으로 매매된 것(당일 종가로 매매된 것은 제외합니다)을 말합니다. (상증법 시행령 제33조제2항, 시행규칙 제10조의6)

(5) 배우자 등에게 아래와 같이 대가를 지급받고 양도한 사실이 명백히 인정되는 경우
(상증법 제44조제3항제5호, 시행령 제33조제3항 각 호)

① 권리의 이전이나 행사에 등기 또는 등록을 요하는 재산을 서로 교환한 경우

② 당해 재산의 취득을 위하여 이미 과세(비과세 또는 감면받은 경우를 포함합니다) 받았거나 신고한 소득금액 또는 상속 및 수증재산의 가액으로 그 대가를 지급한 사실이 입증되는 경우

③ 당해 재산의 취득을 위하여 소유재산을 처분한 금액으로 그 대가를 지급한 사실이 입증되는 경우

2) 증여시기 (해당재산을 양도한 때입니다.)

배우자 또는 직계존비속에게 양도한 재산은 양도자가 그 재산을 양도한 때에 그 재산의 가액을 배우자등이 증여받은 것으로 추정합니다. (상증법 제44조제1항)

부동산의 경우 증여시기는 등기접수일입니다.(재일46014-1813, 1997.7.24.) 대금 청산일이 아님을 주의해야 합니다.

3) 증여추정가액

배우자 또는 직계존비속에게 양도한 재산은 양도자가 그 재산을 양도한 때에 그 재산의 가액을 추정하여 증여재산가액으로 합니다. (상증법 제44조제1항)

증여시기를 평가기준일로 하여 상증법 제60조부터 제69조까지에 따라 평가한 가액입니다.

2 배우자 등에게 우회양도한 재산의 증여추정

특수관계인에게 양도한 재산을 그 특수관계인(이하 "양수자")이 양수일부터 3년 이내에 당초 양도자의 배우자 또는 직계존비속에게 다시 양도한 경우에는 양수자가 그 재산을 양도한 당시의 재산가액을 그 배우자등이 증여받은 것으로 추정하여 이를 배우자등의 증여재산가액으로 합니다. 다만, 당초 양도자 및 양수자가 부담한 「소득세법」에 따른 결정세액을 합친 금액이 양수자가 그 재산을 양도한 당시의 재산가액을 당초 그 배우자등이 증여받은 것으로 추정할 경우의 증여세액보다 큰 경우에는 그러하지 아니합니다. (상증법 제44조제2항)

해당 배우자 또는 직계존비속에게 증여세가 부과된 경우에는 「소득세법」의 규정에도 불구하고 당초 양도자 및 양수자에게 그 재산 양도에 따른 소득세를 부과하지 아니합니다. (상증법 제44조제4항)

| 관련 질의회신 및 판례 |

〈1〉 직계존비속간 양도시

직계존비속에게 양도한 재산은 그 재산을 양도한 때에 증여한 것으로 추정하는 것이나, 직계존비속에게 대가를 지급받고 양도한 사실이 상증법 시행령 제33조제3항 각 호에 의하여 명백히 인정되는 경우에는 그러하지 아니하는 것임. 증여추정규정이 적용되지 아니하는 재산은 양도소득세 과세대상이 되는 것이며, 해당 재산의 시가 보다 높거나 낮은 대가를 지급하는 경우에는 상증법 제35조(저가·고가 양도에 따른 이익의 증여)의 규정이 적용되는 것임(재산세과-441, 2011.9.27.)

〈2〉 거래의 입증책임

거래실질이 '양도'에 해당하는지 '증여'에 해당되는지 여부는 계약내용 및 대금지급관계 등 구체적인 사실을 확인하여 판단할 사항으로 거래실질이 사실상 양도에 해당하는 경우에는 이를 주장하는 자가 이를 입증하여야 하는 것임(서면4팀-4068, 2006.12.14.)

재산취득자금 등의 증여 추정

(상증법 제45조, 시행령 제34조)

직업·연령·소득 및 재산상태 등으로 볼 때 재산을 자력으로 취득하였다고 인정하기 어려운 경우 또는 채무를 자력으로 상환하였다고 인정하기 어려운 경우에는 그 가액을 증여받은 것으로 추정합니다. (상증법 제45조제1항·제2항) 이 경우 일정금액 이하에 해당하는 경우와 출처에 관한 충분한 소명이 있는 경우에는 적용하지 않습니다. (상증법 제45조제3항)

- (증여추정 배제)
  미입증 금액 ≤ Min(취득재산 등 × 20%, 2억원),
  미입증금액 = 취득재산의 가액 등 − 입증된 금액
- (증여추정 과세)
  미입증 금액 〉 Min(취득재산 등 × 20%, 2억원)
  증여재산가액 = 미입증 금액
  미입증금액 = 취득재산의 가액 등 − 입증된 금액

1 재산을 자력으로 취득하였다고 인정하기 어려운 경우

재산 취득자의 직업, 연령, 소득 및 재산 상태 등으로 볼 때 재산을 자력으로 취득하였다고 인정하기 어려운 경우에는 그 재산을 취득한 때에 그 재산의 취득자금을 그 재산 취득자가 증여받은 것으로 추정하여 이를 그 재산 취득자의 증여재산가액으로 합니다. (상증법 제45조제1항)

1) 재산의 자력 취득을 인정하기 어려운 경우

(취득재산의 가액 − 입증된 금액) 〉 Min (취득재산 × 20%, 2억원)

채무자의 직업, 연령, 소득, 재산 상태 등으로 볼 때 채무를 자력으로 상환(일부 상환을 포함합니다) 하였다고 인정하기 어려운 경우는 입증된 금액의 합계액이 취득재산의 가액에 미달하는 경우를 말합니다.(상증법 제45조1항) 이 경우 입증되지 아니하는 금액이 취득재산 가액의 100분의 20에 상당하는 금액과 2억원 중 적은 금액에 미달하는 경우에는 제외합니다. (상증법 시행령 제34조제1항)

취득재산의 가액이란 그 재산의 취득에 실제로 소요된 자금을 말하는 것으로 부동산 취득의 경우, 거래가액에 취득세, 등기비용, 중개수수료 등 부대비용을 합한 금액을 말합니다.

- (증여추정 배제의 경우) 미입증 금액 ≤ Min(취득재산 등 × 20%, 2억원)
- (증여추정 과세의 경우) 미입증 금액 〉 Min(취득재산 등 × 20%, 2억원)

  미입증 금액 = 취득재산의 가액 등 − 입증된 금액

  증여재산가액 = 미입증 금액

자금의 출처가 입증된 경우는 다음의 경우를 말합니다. (상증법 시행령 제34조제1항 각 호)

① 신고하였거나 과세(비과세 또는 감면받은 경우를 포함)받은 소득금액

② 신고하였거나 과세(비과세 또는 감면받은 경우를 포함)받은 상속 또는 수증재산의 가액

③ 재산을 처분한 대가로 받은 금전이나 부채를 부담하고 받은 금전으로 당해 재산의 취득 또는 당해 채무의 상환에 직접 사용한 금액

☞ 재산취득일이 속하는 사업연도의 소득금액 중 자금출처로 인정되는 금액은 비치·기장한 장부 등에 의하여 재산취득일까지 발생한 사실이 확인되는 금액으로 하되, 그 금액을 산정하기 어려운 경우에는 당해 연도의 소득금액을 재산취득일까지의 기간에 대하여 안분한 금액으로 합니다. (서일46014-11461, 2003.10.16.)

2) 자금출처로 인정되는 경우

상증법 시행령 제34조(재산 취득자금 등의 증여추정)제1항 각 호에 따라 입증된 금액은 다음의 구분에 따릅니다. (상증법 기본통칙 45-34-1 제1항 각 호)

① 본인 소유재산의 처분사실이 증빙에 의하여 확인되는 경우 그 처분금액(그 금액이 불분명한 경우에는 상증법 제60조부터 66조까지에 따라 평가한 가액)에서 양도소득세 등 공과금 상당액을 뺀 금액

② 기타 신고하였거나 과세받은 소득금액은 그 소득에 대한 소득세 등 공과금 상당액을 뺀 금액

③ 농지경작소득

④ 재산취득일 이전에 차용한 부채로서 상증법 시행령 제10조(채무의 입증방법등)에 따라 입증된 금액. 다만 원칙적으로 배우자 및 직계존비속 간의 소비대차는 인정하지 아니합니다.

☞ **상속세 및 증여세법 시행령 제10조(채무의 입증방법등)**

① 법 제14조제4항에서 "대통령령으로 정하는 방법에 따라 증명된 것"이란 상속개시 당시 피상속인의 채무로서 상속인이 실제로 부담하는 사실이 다음 각 호의 어느 하나에 따라 증명되는 것을 말한다.

1. 국가 · 지방자치단체 및 금융회사등에 대한 채무는 해당 기관에 대한 채무임을 확인할 수 있는 서류

2. 제1호외의 자에 대한 채무는 채무부담계약서, 채권자확인서, 담보설정 및 이자지급에 관한 증빙등에 의하여 그 사실을 확인할 수 있는 서류

② 법 제15조제2항 및 이 조 제1항제1호에 따른 금융회사등은 「금융실명거래 및 비밀보장에 관한 법률」 제2조제1호에 따른 금융회사등(이하 "금융회사등"이라 한다)으로 한다.

⑤ 재산취득일 이전에 자기재산의 대여로서 받은 전세금 및 보증금

⑥ ①부터 ⑤까지 외의 경우로서 자금출처가 명백하게 확인되는 금액

3) 자금출처를 입증하는 경우

해당재산의 취득자금을 증여받은 재산으로 하여 자금출처를 입증하는 경우에는 상증법 시행령 제34조제1항의 단서의 규정을 적용하지 아니합니다. (상증법 기본통칙 45-34-1 제2항)

☞ **상증법 시행령 제34조(재산 취득자금 등의 증여추정)**
 ① 다만, 입증되지 아니하는 금액이 취득재산의 가액 또는 채무의 상환금액의 100분의 20에 상당하는 금액과 2억원중 적은 금액에 미달하는 경우를 제외한다.

4) 차명계좌에 대한 증여추정 적용 명확화

「금융실명거래 및 비밀보장에 관한 법률」 제3조(금융실명거래)에 따라 실명이 확인된 계좌 또는 외국의 관계 법령에 따라 이와 유사한 방법으로 실명이 확인된 계좌에 보유하고 있는 재산은 명의자가 그 재산을 취득한 것으로 추정하여 '재산취득자금의 증여추정' 조항(상증법 제45조제1항)을 적용합니다.(상증법 제45조제4항) 이 경우 명의자가 차명재산임을 입증하는 경우에는 그러하지 아니합니다.

종전에는 차명계좌를 개설하여 현금을 입금하여도 계좌명의자가 당해 금전을 인출하여 실제 사용하지 않는 한, 계좌명의자가 차명재산임을 주장하는 경우 증여세 과세가 곤란한 점이 있었습니다. 그러나 2013.1.1.이후 신고·결정·경정분 부터는 해당계좌가 차명계좌라는 사실은 명의자가 명백히 입증하여야 하도록 하였으며, 이를 입증하지 못하는 경우에는 입금시점에서 명의자가 취득한 것으로 보아 과세할 수 있습니다.

☞ **상증법 제45조(재산 취득자금 등의 증여 추정)**
 ④ 「금융실명거래 및 비밀보장에 관한 법률」 제3조에 따라 실명이 확인된 계좌 또는 외국의 관계 법령에 따라 이와 유사한 방법으로 실명이 확인된 계좌에 보유하고 있는 재산은 명의자가 그 재산을 취득한 것으로 추정하여 제1항을 적용한다. 〈신설 2013. 1. 1.〉

(1) 차명계좌의 연장

수증자의 명의로 되어 있는 증여자의 금융자산(이 금융자산을 포함 차명재산이 50억원 초과한 경우에 한함)을 수증자가 보유하고 있거나, 사용·수익한 경우에는 해당 재산의 증여가 있음을 안 날로부터 1년 이내에 증여세를 부과하는 것이 가능하도록 하여 차명계좌를 통한 증여세를 포탈하는 행위를

방지토록 하였습니다. (국세기본법 제26조의2제5항)

☞ **국세기본법 제26조의2(국세의 부과제척기간)**
　⑤ 납세자가 부정행위로 상속세·증여세(제7호의 경우에는 해당 명의신탁과 관련한 국세를 포함한다)를 포탈하는 경우로서 다음 각 호의 어느 하나에 해당하는 경우 과세관청은 제4항에도 불구하고 해당 재산의 상속 또는 증여가 있음을 안 날부터 1년 이내에 상속세 및 증여세를 부과할 수 있다. 다만, 상속인이나 증여자 및 수증자가 사망한 경우와 포탈세액 산출의 기준이 되는 재산가액(다음 각 호의 어느 하나에 해당하는 재산의 가액을 합친 것을 말한다)이 50억원 이하인 경우에는 그러하지 아니하다.
　　1. 제3자의 명의로 되어 있는 피상속인 또는 증여자의 재산을 상속인이나 수증자가 취득한 경우
　　2. 계약에 따라 피상속인이 취득할 재산이 계약이행기간에 상속이 개시됨으로써 등기·등록 또는 명의개서가 이루어지지 아니하고 상속인이 취득한 경우
　　3. 국외에 있는 상속재산이나 증여재산을 상속인이나 수증자가 취득한 경우

(2) 금융실명거래 및 보장에 관한 법률(법률 제12711호, 2014.5.28. 개정, 2014.11.29. 시행)의 개정

금융자산의 실소유자와 예금 명의자가 다른 경우 범죄수익 은닉, 자금세탁, 조세포탈 등 불법행위나 범죄의 수단으로 악용될 소지가 있기 때문에 이러한 차명거래를 방지하기 위해 법령이 개정되었으며, 주요 개정내용은 다음과 같습니다.

① 불법행위 목적의 차명 금융거래 금지(다만, 선의의 차명계좌는 허용)

위반 시 차명계좌 실소유자·명의자 및 알선·중개한 금융회사 종사자 형사처벌(5년 이하 징역 또는 5천만원 이하의 벌금)

☞ **금융실명거래 및 비밀보장에 관한 법률제3조(금융실명거래)**
　③ 누구든지 「특정 금융거래정보의 보고 및 이용 등에 관한 법률」 제2조제4호에 따른 불법재산의 은닉, 같은 조 제5호에 따른 자금세탁행위 또는 같은 조 제6호에 따른 공중협박자금조달행위 및 강제집행의 면탈, 그 밖에 탈법행위를 목적으로 타인의 실명으로 금융거래를 하여서는 아니 된다.

☞ **금융실명거래 및 비밀보장에 관한 법률제6조(벌칙)**
　① 제3조제3항 또는 제4항, 제4조제1항 또는 제3항부터 제5항까지의 규정을 위반한 자는 5년 이하의 징역 또는 5천만원 이하의 벌금에 처한다. 〈개정 2014. 5. 28.〉
　② 제1항의 징역형과 벌금형은 병과(倂科)할 수 있다.

② 실명이 확인된 계좌에 보유하고 있는 금융자산은 '명의자 소유'로 추정

☞ **금융실명거래 및 비밀보장에 관한 법률제3조(금융실명거래)**
　⑤ 제1항에 따라 실명이 확인된 계좌 또는 외국의 관계 법령에 따라 이와 유사한 방법으로 실명이 확인된 계좌에 보유하고 있는 금융자산은 명의자의 소유로 추정한다.

③ 금융회사 종사자에게 불법 차명거래 금지에 대한 설명의무 부여(위반시 3천만원 이하의 과태료 부과)

☞ **금융실명거래 및 비밀보장에 관한 법률제3조(금융실명거래)**

⑥ 금융회사등은 금융위원회가 정하는 방법에 따라 제3항의 주요 내용을 거래자에게 설명하여야 한다.

☞ **금융실명거래 및 비밀보장에 관한 법률제7조(과태료)**

① 제3조·제4조의2제1항 및 제5항(제4조의2제1항을 적용하는 경우로 한정한다)·제4조의3를 위반한 금융회사등의 임원 또는 직원에게는 3천만원 이하의 과태료를 부과한다.

☞ **특정 금융거래정보의 보고 및 이용 등에 관한 법률(특정금융정보법, FIU법)제4조의2(금융회사등의 고액 현금거래 보고)**

① 금융회사등은 5천만원의 범위에서 대통령령으로 정하는 금액 이상의 현금(외국통화는 제외한다)이나 현금과 비슷한 기능의 지급수단으로서 대통령령으로 정하는 것(이하 "현금등"이라 한다)을 금융거래등의 상대방에게 지급하거나 그로부터 영수(領收)한 경우에는 그 사실을 30일 이내에 금융정보분석원장에게 보고하여야 한다. 다만, 다음 각 호의 어느 하나에 해당하는 경우에는 그러하지 아니하다.

☞ **특정 금융거래정보의 보고 및 이용 등에 관한 법률 시행령 제8조의2(고액현금거래 보고의 기준금액)**

① 법 제4조의2제1항 각 호 외의 부분 본문에서 "대통령령으로 정하는 금액"이란 1천만원을 말한다.

② 제1항의 금액을 산정할 때에는 금융회사등이 동일인 명의로 이루어지는 1거래일 동안의 금융거래등에 따라 지급한 금액을 합산하거나 영수한 금액을 합산한다. 다만, 법 제2조제1호파목에 따른 카지노사업자(이하 "카지노사업자"라 한다)가 같은 조 제2호다목에 해당하는 금융거래등을 하는 경우에는 거래 1건당 지급하거나 영수하는 금액을 기준으로 산정한다.

③ 제2항에서 동일인 명의란 「금융실명거래 및 비밀보장에 관한 법률」에 따른 실지명의(이하 "실지명의"라 한다)가 동일한 것을 말한다.

④ 제2항의 규정에 따라 금액을 합산함에 있어서 다음 각 호의 금액을 제외한다.

1. 100만원 이하의 원화 송금(무통장입금을 포함한다) 금액
2. 100만원 이하에 상당하는 외국통화의 매입·매각 금액
3. 금융정보분석원장이 정하는 공과금 등을 수납하거나 지출한 금액

2 채무를 자력으로 상환하였다고 인정하기 어려운 경우

채무자의 직업, 연령, 소득, 재산 상태 등으로 볼 때 채무를 자력으로 상환(일부 상환을 포함)하였다고 인정하기 어려운 경우로서 대통령령으로 정하는 경우에는 그 채무를 상환한 때에 그 상환자금을 그 채무자가 증여받은 것으로 추정하여 이를 그 채무자의 증여재산가액으로 합니다. (상증법 제45조제2항)

1) 채무를 자력으로 상환하였다고 보기 어려운 경우

입증된 금액의 합계액이 채무상환금액에 미달하는 경우를 말합니다. 다만 입증되지 아니하는 금액이 채무 상환금액의 100분의 20에 상당하는 금액과 2억원 중 작은 금액에 미달하는 경우를 제외합니다. (상증법 시행령 제34조제1항)

(채무상환금액 − 입증된 금액) ≥ Min(채무상환금액 × 20%, 2억원)

자금의 출처가 '입증된 경우'는 다음의 경우를 말합니다.
(상증법 시행령 제34조제1항 각 호)

① 신고하였거나 과세(비과세 또는 감면받은 경우를 포함)받은 소득금액

② 신고하였거나 과세(비과세 또는 감면받은 경우를 포함)받은 상속 또는 수증재산의 가액

③ 재산을 처분한 대가로 받은 금전이나 부채를 부담하고 받은 금전으로 당해 재산의 취득 또는 당해 채무의 상환에 직접 사용한 금액

2) 자금출처로 인정되는 경우 (상증법 기본통칙 45-34-1 제1항)

앞의 경우와 같습니다.

3) 자금출처를 입증하는 경우

해당 재산의 취득자금을 증여받은 재산으로 하여 자금출처를 입증하는 경우에는 상증법 시행령 제34조(재산 취득자금 등의 증여추정)제1항 단서의 규정을 적용하지 아니합니다. (상증법 기본통칙 45-34-1 제2항)

☞ 적용대상 개정연혁

1998.12.31.이전	1999.1.1.이후
재산취득	재산취득 채무상환

3 증여추정의 배제기준

(상속세 및 증여세 사무처리규정 제42조, 재산취득자금 등의 증여추정 배제기준)

재산취득일 전 또는 채무상환일 전 10년 이내에 주택과 기타재산의 취득가액 및 채무상환금액이 각각 아래 기준에 미달하고, 주택취득자금, 기타재산 취득자금 및 채무상환자금의 합계액이 총액한도 기준에 미달하는 경우에는 상증법 제45조(재산 취득자금 등의 증여 추정)제1항과 제2항을 적용하지 않습니다. (상속세 및 증여세 사무처리규정 제42조제1항)

☞ 2020.2.11.결정부터 세대주를 삭제하였습니다.

상속세 및 증여세 사무처리규정 제42조의 증여추정 배제기준은 다음과 같습니다.

☞ 증여추정 배제기준 (상속세 및 증여세 사무처리규정 제42조제1항)

구분	취득재산		채무상환	총액한도
	주택	기타재산		
1. 30세 미만인 자	5천만원	5천만원	5천만원	1억원
2. 30세 이상인 자	1억 5천만원	5천만원	5천만원	2억원
3. 40세 이상인 자	3억원	1억원	5천만원	4억원

　　기준금액에 관계없이 취득가액 또는 채무상환금액이 타인으로부터 증여받은 사실이 확인될 경우에는 증여세 과대상이 됩니다. 이 경우 입증책임은 과세관청에 있습니다. (상속세 및 증여세 사무처리규정 제42조제2항)

4 증여시기

　　재산을 자력으로 취득하였다고 인정하기 어려운 경우에는 당해재산을 취득한 때, 채무를 자력으로 상환하였다고 인정하기 어려운 경우에는 그 채무를 상환한 때가 증여시기가 됩니다.

　　취득자금 등이 직업 연령 소득 재산상태 등을 감안하여 국세청장이 정하는 금액 이하여서 증여추정규정을 적용하지 아니하는 경우, 취득자금 등은 10년 이내의 재산취득자금 등의 합계액에 의하는 것이며, 재산취득자금의 80% 상당액 이상을 소명함으로써 증여추정규정을 적용하지 아니하도록 규정한 상증법 시행령 제34조제1항 단서의 규정은 재산취득 또는 채무상환이 있을 때마다 그 해당여부를 판단합니다. (서일46014-10766. 2003.6.12.)

☞ 증여시기 비교

2012.12.31.이전	2013.1.1.이후
명의자가 자금을 인출하여 사용한 경우 적용	금융계좌에 자산이 입금되는 시점에 계좌의 명의자가 재산을 취득한 것으로 추정

| 관련 질의회신 및 판례 |

〈1〉 입증책임

과세관청에 의하여 증여자로 인정된 자 명의의 예금이 인출되어 납세자명의의 정기예금으로 예치되거나 기명식수익증권의 매입에 사용된 사실이 밝혀진 이상 그 예금은 납세자에게 증여된 것으로 추정되므로, 그와 같은 예금의 인출과 납세명의로의 예금 등이 증여가 아닌 다른 목적으로 행하여진 것이라는 등 특별한 사정이 있다면 이에 대한 입증의 필요는 납세자가에 있음(대법원96누3272, 1997.2.11.)

〈2〉 차명계좌의 이자소득 배당소득에 대한 차등과세 적용여부

금융위원회 유권해석(은행과-1515, 2017.11.15.)에 따라 검찰의 수사, 국세청의 조사 또는 금감원의 감사결과에 의해 명의인이 실소유자가 아닌 것으로 밝혀진 '금융실명거래 및 비밀보장에 관한 법률'에 의한 금융자산이 동법 제5조의 '실명에 의하지 아니하고 거래한 금융자산'에 해당하는 경우 등 자산에서 발생한 이자 및 배당소득에 대하여는 100분의 90의 원천징수비율이 적용되는 것임. 원천징수의무자에게 부과되는 국세는 국세기본법 제26조의2제1항에 따라 원천징수의무자가 사기나 그 밖의 부정한 행위로 국세를 포탈할 경우 같은 법 시행령 제12조의3제2항제1호에 규정한 날부터 10년간 그 국세를 부과할 수 있으며, 사기나 기타 그 밖의 부정한 행위로 국세를 포탈하였는지 여부는 구체적인 사실 관계에 따라 판단할 사항임(금융세제과-266, 2017.11.21.)

* 실소유자 합산과세 → 완납적 분리과세

〈3〉 증여자 추정

(2003.12.31. 이전) 재산취득자금에 대해서 증여주청으로 과세하는 경우에도 증여해 줄 만한 친분관계와 재력을 가진 사람을 증여자로 추정하여 과세해야 할 것임(대법원2003두10732, 2004.4.16.)

(2004.1.1.이후) 원고의 직계존속이나 배우자 등에게 증여할 만한 재력이 있는지를 증명하였는지 여부에 관하여 나아가 살펴보지 아니한 채 이 사건 처분이 적법하다고 판단하고 말았으니, 이러한 원심판단에는 재산취득자금의 증여추정에 있어서 증명책임의 소재나 범위에 관한 법리를 오해하여 필요한 심리를 다하지 아니함으로써 판결에 영향을 미친 위법이 있음(대법원2008두20598, 2010.7.22.)

⇒ '당해재산의 취득자가 다른 자로부터 취득자금을 증여받은 것으로 추정한다'를 '당해 재산의 취득자금을 그 재산의 취득자가 증여받은 것으로 추정하여 이를 그 재산취득자의 증여재산가액으로 한다'로 2003.12.30. 상증법 제45조를 개정하여 다른 자를 삭제함으로써 증여자를 특정하지 않은 경우에도 과세할 수 있도록 개정하였으나, 법원에서는 인정하지 않았습니다.

〈4〉 배우자간 증여추정

(과세요건) 부부 사이에서 일방 배우자 명의의 예금이 인출되어 타방 배우자 명의의 예금계좌로 입금되는 경우에는 증여 외에도 단순한 공동생활의 편의, 일방 배우자 자금의 위탁 관리, 가족을 위한 생활비 지급 등 여러 원인이 있을 수 있으므로, 그와 같은 예금의 인출 및 입금사실이 밝혀졌다는 사정만으로는 경험칙에 비추어 해당 예금이 타방

배우자에게 증여되었다는 과세요건사실이 추정된다고 할 수 없음(대법원 2015두41937, 2015.9.10.)

(입증책임) 과세관청이 입증(대법원2016두41590, 2016.8.24. 심불)

피상속인의 예금이 상속인의 계좌로 이체된 이상 그 예금은 상속인에게 증여된 것으로 추정되므로, 사전 증여가 아니라는 입증책임은 상속인에게 있음(조심2011서2086, 2011.10.31.)

(명의신탁) 단순히 다른 일방 배우자가 그 매수자금의 출처라는 사정만으로는 무조건 특유재산의 추정이 번복되어 당해 부동산에 관하여 명의신탁이 있었다고 볼 것은 아니고, 관련 증거들을 통하여 나타난 모든 사정을 종합하여 다른 일방 배우자가 당해 부동산을 실질적으로 소유하기 위하여 그 대가를 부담하였느냐 여부를 개별적·구체적으로 가려 명의신탁 여부를 판단하여야 함(대법원2006두8068, 2008.9.25.)

명의신탁재산의 증여의제

(상증법 제45조의2, 시행령 제34조의2)

명의신탁재산 증여의제란 권리의 이전이나 행사에 등기등을 요하는 재산에 있어서 실제소유자와 명의자가 다른 경우에는 실질과세의 규정(국세기본법 제14조)에도 불구하고, 그 명의자로 등기등을 한 날에 실제소유자가 그 명의자에게 재산가액을 증여한 것으로 봅니다. 이 경우 조세 회피의 목적이 없는 경우 등은 제외합니다. (상증법 제45조의2)

- (과세대상) 권리의 이전이나 행사에 등기, 등록, 명의개서 등이 필요한 재산
- (과세요건) ① 실제 소유자와 명의자가 다름
            ② 조세 회피 목적이 있어야 함
            ③ 당사자 간의 협의가 있어야 함
- (증여시기) ① 명의개서를 한 날
            ② 장기미명의개서 – 취득일이 속하는 해의 다음 해 말일의 다음 날
              · 장기미명의개서의 경우 소유권 취득일을 기준으로 재산 평가
- (과세표준 계산) 증여재산공제 적용하지 않음

  ☞ 상증법 집행기준 45의2-0-1(명의신탁)
    명의신탁은 실정법상의 근거없이 판례에 의하여 형성된 신탁행위의 일종으로 수탁자에게 재산의 명의가 이전되지만 수탁자는 외관상 소유자로 표시될 뿐이고 적극적으로 그 재산을 관리·처분할 권리의무를 가지지 아니하는 신탁입니다.

(과세경과)

1995.7.1.부터 「부동산 실권리자명의 등기에 관한 법률」이 시행되어 토지 건물의 명의신탁에 대해서는 과징금이 부과되며,

1997.1.1.이후 토지, 건물의 명의신탁에 대해서는 증여의제로 과세하지 않습니다.

2003.1.1.이후 소유권 취득분부터는 소유자가 바뀌었음에도 명의개서하지 않은 경우에 대해서도 명의신탁으로 보아 증여세를 과세합니다.

2016.1.1.이후 상속으로 소유권을 취득한 경우로서 상속인이 상속세 신고기한 내 신고·수정신고·기한후신고와 함께 명의신탁 재산을 상속세 과세가액에 포함하여 신고한 경우에는, 실제소유 명의로 명의개서를 하지 아니한 경우로서 조세 회피 목적이 있는 것으로 추정하지 아니한 사유로 보도록 추가하였습니다. 이 경우, 상속세 과세표준과 세액을 결정 또는 경정할 것을 미리 알고 수정신고를 하거나, 기한 후 신고를 하는 경우는 제외합니다.

2016.1.1.이후 증여로 의제하는 경우부터는 장기미명의개서재산은 소유권취득일을 기준으로 평가합니다.

2019.1.1.이후 증여로 의제하는 경우부터는 조세 회피 목적으로 명의신탁을 활용하는 주체는 실소유자라는 점을 감안하여 납세의무자를 실제소유자로 변경하였습니다.(상증법 제4조의2제2항) 이에 실제소유자의 다른 재산으로 증여세·가산금 또는 강제징수비를 모두 징수하지 못할 경우 명의자에게 증여한 것으로 보는 재산으로도 증여세·가산금 또는 강제징수비를 징수할 수 있도록 하였으며, 합산하는 재산에서 제외하였습니다. 다만, 이 법 시행 전에 실제 소유자가 소유권을 취득하였으나, 명의개서를 하지 아니하여 이 법 시행 이후 증여로 의제되는 분에 대해서는 종전의 규정을 따릅니다. (부칙 제86조, 2018.12.31.)

❶ 증여의제 대상

권리의 이전이나 행사에 등기등을 요하는 재산에 있어서 실제소유자와 명의자가 다른 경우에는 실질과세의 규정(국세기본법 제14조)에도 불구하고, 그 명의자로 등기등을 한 날에 실제소유자가 그 명의자에게 재산가액을 증여한 것으로 보아(증여의제) 증여세를 과세합니다. '명의신탁재산 증여의제'로서 증여세를 과세하는 경우, 조세 회피의 목적이 없는 경우 등은 제외합니다. (상증법 제45조의2)

'등기등'이란 등기, 등록 명의개서 등을 말하며, 등기등이 효력발생 요건 내지 대항요건으로서 법률상 요구되는 경우만을 말합니다. (대법원 84누431, 1987.3.24.)

1) 등기

등기부상에 소유권이 등기되어야 할 물건을 말합니다. 예를 들면 공장재단, 광업재단, 선박등기법에 따른 선박 등입니다. (상증법 제45조의2제1항)

☞ 1995.7.1.부터 '부동산 실권리자 명의등기에 관한 법률'의 시행으로, 1997.1.1.이후 토지와 건물 등을 명의신탁재산에서 제외하였습니다.

☞ **부동산 명의신탁 행위시의 제재 (부동산 실권리자 명의등기에 관한 법률, 약칭 부동산실명법)**
   ① (과징금) 부동산가액의 10%~30%이며, 부동산가액은 과징금 부과일 현재기준시가 등으로 계산합니다. (부동산 실명법 제5조)
   ② (이행강제금) 과징금 부과일을 기준으로 1년을 넘은 경우와 2년이 넘은 경우로 구분하여 부동산 평가액의 10%, 20%를 부과합니다. (부동산실명법 제6조)
   ③ (장기미등기자에 대한 벌칙) 명의신탁자 등은 5년 이하의 징역 또는 2억원 이하의 벌금, 명의수탁자 등은 3년 이하의 징역 또는 1억원 이하의 벌금에 처합니다. (부동산실명법 제10조제5항, 제7조제2항)

2) 등록

행정관청의 등록원부에 등록하는 재산을 말합니다. 예를 들면 특허란 실용신안권, 의장권, 상표권, 저작권, 수산업법에 따른 어업권, 광업법에 따른 광업권 등입니다.

3) 명의개서 등

명부 등에 명의인의 표시를 고쳐 쓰는 것을 말합니다. 주권과 사채권 등이 있습니다. (상증법 제45조의2제1항)

4) 명의개서를 하여야 하는 재산 ('장기미명의개서')

매매 등에 의하여 주식등의 소유권을 취득하였음에도 명의개서를 하지 아니하는 경우에는 그 실질이 명의를 신탁한 경우와 같으므로 이를 명의신탁으로 보는 경우를 말합니다.

타인의 명의로 재산의 등기등을 한 경우 및 실제소유자 명의로 명의개서를 하지 아니한 경우에는 조세 회피 목적이 있는 것으로 추정합니다. (상증법 제45조의2제3항)

2 증여의제 제외

타인의 명의로 재산의 등기 등을 하거나 소유권을 취득한 실제소유자 명의로 명의개서를 하지 아니한 경우에도 조세 회피 목적이 없는 것으로 인정되는 경우, 실명전환 유예기간 중에 주식 등을 실명전환한 경우 등은 과세제외 됩니다.

실제소유자와 명의자가 다른 경우임에도 다음의 경우에는 실제소유자가 명의자에게 증여한 것으로 보지 않습니다. (상증법 제45조의2제1항)

① 조세 회피 목적 없이 타인의 명의로 재산의 등기등을 하거나 소유권을 취득한 실제소유자 명의로 명의개서를 하지 아니한 경우 (상증법 제45조의2제1항제1호)

② 자본시장과 금융투자업에 관한 법률(구, 신탁업법 또는 간접투자자산 운용업법)에 따른 신탁자산인 사실의 등기 등을 하는 경우 (상증법 제45조의2제1항제3호)

③ 비거주자가 법정대리인 또는 재산관리인의 명의로 등기 등을 하는 경우 (상증법 제45조의2제1항제4호)

> ☞ **실명전환 유예기간 중에 주식등을 실명 전환한 경우**
> 주식등 중 1999.12.31. 이전에 신탁 또는 약정에 따라 타인 명의로 주주명부 또는 사원명부에 기재되어 있거나 명의개서 되어 있는 주식 등에 대하여 1997.1.1.부터 1998.12.31.까지의 기간(유예기간) 중 실제소유자 명의로 전환한 경우에는 증여세를 부과하지 않습니다. 이 경우, 해당 주식 등을 발행한 법인의 주주와 특수관계인 및 1997.1.1.현재 미성년자의 명의로 전환하는 경우에는 그러하지 아니합니다.
> 2015.12.15. 상증법 개정 시 본문에서 삭제되었으나, 부칙에 따라 종전규정을 적용합니다. 부칙 제11조(명의신탁재산의 증여의제 예외 사유에 관한 경과조치) 이 법 시행 전에 종전의 제45조의2제1항제2호에 해당한 경우의 명의신탁재산에 대해서는 제45조의2 개정규정에도 불구하고 종전의 규정에 따릅니다.

> ☞ **장기미명의개서재산으로 2004.12.31. 이전에 양도한 경우**
> 2002.12.31. 이전에 소유권을 취득하고 2003.1.1현재 명의개서를 하지 아니한 경우에는 2015.1.1.을 명의신탁 증여의제 시기로 보아 증여세를 과세하는 것이나, 2004.12.31. 이전에 제3자에게 양도한 경우에는 증여세를 과세하지 않습니다.

3 증여의제 요건

☞ 증여의제 요건

과세 요건	입증 책임
① 권리의 이전 및 행사에 등기 등이 필요한 재산의 실제 소유자와 명의자가 다를 것	명의신탁 여부는 과세관청 입증
② 조세 회피 목적이 있을 것	조세 회피 목적이 없음은 명의자가 입증
③ 당사자간의 합의 또는 의사소통이 있을 것	명의도용은 명의자가 입증

1) 실제소유자와 명의자가 달라야 합니다.

실제소유자와 명의자가 다른 경우에는 국세기본법 제14조(실질과세)에도 불구하고 그 명의자로 등기등을 한 날에 그 재산의 가액을 실제소유자가 명의자에게 증여한 것으로 봅니다. (상증법 제45조의2제1항)

실제소유자란 애초 주식의 명의신탁 당시 나이·직업·소득 및 재산상태 등으로 보아 해당주식의 실제 소유자임이 사실 조사에 따라 객관적으로 입증되는 자를 말합니다. (재경부 재산 46014-145, 1997.5.1.)

2) 조세 회피 목적이 있어야 합니다.

타인의 명의로 재산의 등기등을 한 경우 및 실제소유자 명의로 명의개서를 하지 아니한 경우에는 조세 회피 목적이 있는 것으로 추정합니다. (상증법 제45조의2제3항)

☞ 조세 회피 유형에 대한 헌법재판소 판례(헌재2004헌바40, 2005.6.30.)
① 명의신탁에 의하여 재산이 없는 상태를 허위로 작출하고 결손처분을 받아 조세의 납부를 면탈할 수 있습니다.
② 명의신탁을 이용하여 주식을 미리 상속인에게 이전하여 상속세를 회피할 수 있습니다.
③ 명의신탁을 이용하여 주식의 소유를 분산함으로써 주식배당소득에 대한 합산과세를 회피하여 누진적 소득세 부담을 회피할 수 있습니다.
④ 명의신탁을 통하여 과점주주의 지위를 벗어나면 누진적 소득세부담을 경감, 회피할 수 있습니다.
⑤ 명의신탁을 통하여 과점주주가 되는 것을 방지하면, 과점주주로서 주식 취득에 대하여 부담할 취득세를 회피할 수 있습니다.
⑥ 명의신탁을 이용하여 특수관계인이 되는 범위를 벗어나게 되면, 상속세 및 증여세법상 특수관계인에게 적용되는 각종 조세 회피방지규정들을 회피하여 상속세 및 증여세를 회피할 수 있으며, 소득세법, 법인세법, 부가가치세법 등에 존재하는 특수관계자에게 적용되는 각종 조세 회피 방지규정을 회피하여 소득세, 법인세, 부가가치세 등을 회피할 수 있습니다.
⑦ 명의신탁을 통하여 제2차 납세의무자가 되지 않도록 하거나 지분율을 줄여 조세를 회피 또는 경감할 수 있습니다.

(1) 조세의 범위

조세란 상속세 또는 증여세에 한정하지 않고, 국세기본법 제2조(정의)제1호 및 제7호에 규정된 국세, 지방세, 관세법에 따른 관세를 말합니다. (상증법 제45조의2제6항)

(2) 입증책임

차명주식에 대해 조세 회피 목적이 있는 것으로 추정되는 경우, 명의자가 이러한 추정을 벗어나기 위해서는 그가 조세 회피 목적이 없었다는 점에 대해 주장하거나 입증할 책임을 지며,(대법원 2005두3992, 2005.7.22.) 실질적으로 조세를 회피한 사실이 있는 경우뿐만 아니라, 조세 회피의 개연성이 있는 경우까지를 포함하여 판단하여야 합니다. (대법원 2002두5351, 2002.9.10.)

(3) 판단시기 등

명의신탁이 조세 회피 목적이 아닌 다른 이유에서 이루어졌음이 인정되고, 그 명의 신탁에 부수하여 사소한 조세경감이 생기는 것에 불과하다면 '조세 회피 목적'이 있었다고는 볼 수 없습니다.(대법원 2004두7733, 2006.5.12.) 조세 회피 목적 유무는 명의신탁 당시를 기준으로 판단합니다.(대법원2012두546, 2013.11.28.)

(4) 조세 회피 추정

타인의 명의로 재산의 등기등을 한 경우 및 실제소유자 명의로 명의개서를 하지 아니한 경우에는 조세 회피 목적이 있는 것으로 추정합니다. (상증법 제45조의2제3항)

다만, 실제소유자의 명의로 명의개서를 하지 아니한 경우로서 다음에 해당하는 경우에는 조세 회피 목적이 있는 것으로 추정하지 아니합니다. (상증법 제45조의2제3항 단서)

① 매매로 소유권을 취득한 경우로서 종전 소유자가 소득세법 제105조(양도소득과세표준 예정신고) 및 제110조(양도소득과세표준 확정신고)에 따른 양도소득 과세표준신고 또는 증권거래세법 제10조(신고·납부 및 환급)에 따른 신고와 함께 소유권 변경 내용을 신고하는 경우입니다. (상증법 제45조의2제3항제1호)

☞ 주식 양도자가 기한 후 과세표준신고서를 소유권양도일이 속하는 연도의 다음 연도 말일까지 제출한 경우에는 명의자에 대하여 명의신탁 증여의제로 과세하지 않습니다.(재산세과-1308, 2009.7.10.)

② 상속으로 소유권을 취득한 경우로서 상속인이 신고(상증법 제67조에 따른 과세표준신고, 국기법 제45조에 따른 수정신고, 국기법 제34조의3에 따른 기한후신고)와 함께 해당 재산을 상속세 과세가액에 포함하여 신고한 경우. 다만, 상속세 과세표준과 세액을 결정 또는 경정할 것을 미리

알고 수정신고하거나 기한후 신고를 하는 경우는 제외합니다. (상증법 제45조의2제3항제2호)

☞ 2016.1.1.이후부터 적용합니다.

㉮ 「상속세 및 증여세법」 제67조에 따른 상속세 과세표준신고

㉯ 「국세기본법」 제45조에 따른 수정신고

㉰ 「국세기본법」 제45조의3에 따른 기한 후 신고

3) 당사자간의 합의가 있어야 합니다.

명의신탁이란 실제소유자와 공부상 명의자 사이의 계약에 의하여 성립되는 것으로 당사자간의 합의없이 명의를 도용한 경우에는 증여세를 부과할 수 없습니다. 이 경우 합의가 없었다는 사실을 납세자가 입증하여야 합니다.

이 경우 과세관청이 그 실질소유자가 명의자와 다르다는 점만을 입증하면, 그 명의자로의 등기 등이 명의자의 의사와는 관계없이 실질소유자의 일방적인 행위로 이루어졌다는 입증은 이를 주장하는 명의자가 하여야 합니다. (대법원 90누5023, 1990.10.10.)

또한, 명의신탁관계는 반드시 신탁자와 수탁자 간의 명시적 계약에 의해서만 성립하는 것이 아니라 묵시적 합의에 의해서도 성립될 수 있는 것이므로, 당사자들 사이에 차명계좌의 개설과 관련한 명시적인 합의가 없었다고 하여 달리 볼 것도 아닙니다. (대법원2000다49091. 2001.1.5)

4 증여의제 시기

- 소유권을 취득한 자가 타인 명의로 명의개서 한 경우 → 그 명의개서일
  (갑이 을로부터 취득하여 병 명의로 개서)
- 소유권을 취득했으나, 종전소유자 명의를 그대로 유지한 경우
  → 취득일이 속하는 해의 다음 해 말일의 다음 날
    (갑이 을로부터 취득한 주식을 을 명의 그대로 둔 경우)

등기·등록 또는 명의개서를 한 날에 실제소유자가 그 명의자에게 증여한 것으로 의제합니다.

그러나 주식 등 명의개서를 필요로 하는 재산의 소유권을 취득한 자가 본인의 명의로 명의개서를 하지 않고 종전 소유자의 명의로 두고 있는 경우에는 그 소유권 취득일이 속하는 연도의 다음 연도 말 일의 다음날에 종전 소유자에게 명의신탁한 것으로 보아 증여세를 과세합니다. (상증법 제45조의2제1항)

☞ 주식을 취득한 자가 장기간 본인명의로 주식을 명의개서하지 않은 경우 실질상 명의신탁임에도 과세관청에서는 이를 인지하기 어려우므로 이를 방지하기 위하여 별도의 증여시기를 2012.12.18.개정하여 명문화하였습니다. 구체적으로 2002.12.31. 이전에 소유권을 취득하고, 2003.1.1.현재 명의개서를 하지 아니한 경우에는 2003.1.1.(의제취득일)에 소유권을 취득한 것으로 보아, 다음 연도 말일의 다음날인 2005.1.1.에 명의신탁 증여한 것으로 봅니다. (상증법 법률 제6780호, 2002.12.18. 부칙 제9조 명의신탁에 관한 경과조치)

☞ 또한 2003.1.1.이후에 소유권을 취득(예, 2006.4.3.)하고 실소유자 명의로 명의개서를 하지 않은 경우에는 소유권을 취득한 날이 속하는 연도의 다음연도 말일의 다음 날(예, 2008.1.1.)에 명의자에게 명의신탁 한 것으로 보아 증여세를 과세하게 됩니다.

1) 명의신탁 주식의 증여시기

제3자 명의로 명의개서를 한 날이며, 이는 상법 제337조(주식의 이전의 대항요건)에 따라 취득자의 주소와 성명을 주주명부(자본시장과 금융투자업에 관한 법률 제316조에 따른 실질주주 명부를 포함)에 기재한 때를 말합니다. (상증법 기본통칙 45의2-0-3)

☞ (실질주주명부) 실질주주명부는 발행법인등이 배당등을 위하여 주주명부를 폐쇄하는 경우 폐쇄기준일 현재 주주의 성명·주소·주식의 종류와 수량을 증권예탁원으로부터 받아 작성하는 주주명부를 말합니다. (자본시장과 금융투자업에 관한 법률 제315조·316조)

☞ **상법 제337조(주식의 이전의 대항요건)**
　① 주식의 이전은 취득자의 성명과 주소를 주주명부에 기재하지 아니하면 회사에 대항하지 못한다.
　② 회사는 정관이 정하는 바에 의하여 명의개서대리인을 둘 수 있다. 이 경우 명의개서대리인이 취득자의 성명과 주소를 주주명부의 복본에 기재한 때에는 제1항의 명의개서가 있는 것으로 본다

상장주식의 명의신탁(타인 명의의 증권예탁계좌를 통하여 거래하는 경우) 증여의제 시기는 실질주주명부를 작성한 날입니다. (상장주식 취득일 또는 예탁계좌에 입고한 날이 아닙니다.)(재재산-1721, 2004.12.30)

2) 명의신탁 주식에 대한 유상증자를 한 경우 증여시기

명의신탁재산의 증여의제 규정을 적용할 때, 유상증자로 인하여 교부받은 신주를 실제 소유자가 아닌 제3자 명의로 명의개서한 경우 명의신탁재산의 증여시기는 그 제3자 명의로 명의개서한 날이 되는 것이며, 주식의 가액은 그 명의개서한 날을 기준으로 상증법 제60조 및 제63조에 따라 평가한 가액입니다. (서면4팀-109, 2008.1.14., 대법원2014두2331, 2020.4.29.)

3) 주주명부가 작성되지 않은 경우

주주명부 또는 사원명부가 작성되지 아니한 경우에는 법인세법 제109조(법인의 설립 또는 설치신고)제1항 및 제119조(주식등변동상황명세서의 제출)에 따라 납세지 관할 세무서장에게 제출한 주주 등에 관한 서류 및 주식등변동상황명세서에 의하여 명의개서 여부를 판정합니다. (상증법 제45조의2제

4항) ☞ 2004.1.1.이후 제출하는 분부터 적용합니다.

☞ 이는 주주명부 또는 사원명부 자체가 없는 경우가 있어 주식등변동상황명세서 등에 의하여 타인 명의로 등재된 사실이 확인됨에도 주주명부 또는 사원명부상 명의개서가 아니어서 증여세 과세에 대한 논란이 있어 법인설립시 제출하는 주주 등의 명세 또는 법인세 과세표준신고시 제출하는 주식등변동상황명세서에 의하여 명의개서 여부를 판정하는 것으로 명확히 규정한 것입니다.

증여시기는 다음 순서에 따라 정한 날입니다. (상증법 45조의2제4항, 시행령 제34조의2)

① 양도소득세 증여세 등 과세표준신고서에 기재된 소유권 이전일

② 주식등변동상황명세서에 기재된 거래일

☞ 2020.1.1 이후부터 적용합니다.

5 증여재산 재산가액

증여의제 당시의 시가를 따릅니다.

1) 증여의제 당시의 시가

증여의제일 현재를 기준으로 상증법 제60조부터 제66조까지에 따라 평가한 가액을 따릅니다. 장기미명의개서 재산은 소유권취득일을 기준으로 평가합니다. (상증법 제45조의2제1항)

☞ 2016.1.1.이후 증여로 의제하는 경우부터 적용합니다.

2) 과세표준계산 특례

명의신탁재산의 증여의제에 있어서는 당해 명의신탁재산의 금액에서 감정평가수수료를 뺀 금액을 증여세 과세표준으로 합니다. 즉 증여재산공제 및 재해손실공제를 적용하지 않습니다.

명의신탁재산은 증여세 합산과세 대상에서 제외됩니다. (상증법 제47조제1항)

☞ 2019.1.1.이후 증여받은 것으로 보는 분부터 적용합니다.

3) 명의신탁 주식의 최대주주 할증평가

명의신탁 주식의 경우 최대주주 할증평가 규정을 적용하지 않습니다. (상증법 시행령 제53조제8항 제8호 ← 상증법 제43조(유가증권의 평가)제3항 단서 규정)

☞ 2016.2.5. 이후 평가하는 분부터 적용합니다.

6 명의신탁 해지

1) 의의 및 과세여부

명의신탁의 해지란 권리의 이전이나 그 행사에 등기 등을 요하는 재산에 있어서 명의수탁자 명의로 되어있는 공부상의 소유명의를 명의신탁재산 실제소유자 명의로 환원하는 것을 말합니다.

명의신탁재산을 신탁해지하여 환원하는 경우, 즉 상증법 제45조의2에 따른 증여에 해당하는 재산의 신탁을 해지하여 그 재산의 실제소유자인 위탁자 명의로 환원하는 경우 그 환원하는 것은 증여에 해당하지 아니하나, 실제소유자 외의 자에게 무상으로 명의이전하는 경우에는 그 명의를 이전한 날에 실제소유자가 그 명의를 이전받은 자에게 증여한 것으로 봅니다. (상증법 기본통칙 제45의2-0-2)

명의신탁의 해지는 당초 명의신탁된 재산의 소유권이 실제소유자 앞으로 환원되는 것이므로 당 환원행위에 대해 증여세나 양도소득세를 과세하지 않습니다. 다만 실제소유자가 아닌 제3자(배우자 및 자녀 등)에게 무상으로 명의를 이전하는 경우에는 그 명의를 이전한 날에 실제소유자가 그 명의를 이전 받은 자에게 증여한 것으로 봅니다.

명의신탁된 재산을 유상으로 이전하는 경우에는 양도소득세 과세대상이 되며,(상증법 제45조의2 제3항제1호) 해당 재산의 취득시기는 당초 재산의 취득일이 됩니다.

2) 명의신탁 주식을 처분하여 3개월 내에 주식매각대금으로 변환한 경우

증여의제 재산은 금전(매각대금)이 아닌 명의신탁 주식 자체이므로 명의신탁 주식 매도대금의 반환을 증여받은 재산의 반환으로는 볼 수 없습니다. (대법원2005두10200, 2007.2.8.)

증여의제 대상 관련

〈1〉 합병신주

(기재부 – 증여의제대상) 흡수합병에 따라 교부받은 합병법인의 주식을 실제소유자가 아닌 타인 명의로 다시 명의개서를 하는 경우 새로운 명의신탁에 해당함(기획재정부 재산세제과-722, 2013.10.23.외)

(법원 – 증여의제 대상 아님) 명의신탁 증여의제로 이미 과세되었던 구주식에 대하여 합병에 따라 신주식이 배정된 경우, 이 합병신주에 대해 다시 명의신탁 증여의제를 적용하여 과세할 수 없음(대법원2016두30644, 2019.1.31.)

〈2〉 잉여금 자본전입(증여의제 대상 아님)

(이익잉여금) 이익잉여금의 자본전입에 따라 기존의 명의수탁자에게 그 보유주식에 비례하여 배정된 무상주는 명의신탁 증여의제 규정의 적용대상이 아님(대법원2009두21352, 2011.7.14.)

(자본잉여금) 의제배당 과세대상인 자본잉여금 또는 이익이여금의 자본전입으로 기존 명의신탁 주식에 배정된 무상주에 대해서는 명의신탁 증여의제 규정이 적용되지 아니하는 것임 (기획재정부 재산세제과-739, 2014.11.14.)

〈3〉 주식의 포괄적 교환

(증여의제 대상) 명의수탁자가 주식의 포괄적 교환으로 인하여 그의 명의로 완전 모회사의 신주를 교부받아 명의개서를 마친 경우 그 신주는 종전주식의 대체물이나 변형물이라고 할 수 없고, 새로운 조세회피의 목적이 없다는 등의 특별한 사정이 없는 한 명의신탁재산 증여의제의 적용대상임(대법원2013두6791, 2013.8.23.)

(증여의제 대상 아님) 주식의 포괄적 교환의 경우에도 최초의 명의신탁 주식과 명의수탁자가 완전모회사가 되는 회사로부터 배정받은 신주에 대하여 각각 별도의 증여의제 규정을 적용하게 되면, 증여세의 부과와 관련하여 최초의 명의신탁 주식에 대한 증여의제의 효과를 부정하는 모순을 초래하고 형평에 어긋나는 부당한 결과가 발생함(대법원2012두27787, 2018.3.29.)

〈4〉 인적분할

(기재부) 인적분할로 신설된 분할신설법인의 주식이 실제소유자와 명의수탁자간에 새로운 명의신탁의 약정이 없이 당초 명의수탁자인 주주에게 분할전법인의 주식 보유 비율에 따라 무상으로 배정되는 경우에는 명의신탁재산의 증여의제에 해당되지 않음 (기획재정부 재산세제과-376, 2010.4.22.)

(국세청) 명의수탁자들이 분할 당시 분할전법인의 대표이사 등 임원으로 재직하고 분할계획을 수립하여 실제소유자에게 보고하였으며, 주주총회에서 실제소유자 의사에 따라 회사분할에 찬성하는 것으로 의결권을 행사하는 등 묵시적으로 새로운 명의신탁의 약정이 있었다고 볼 수 있는 경우에는 해당 명의수탁자에게 배정된 분할신설법인의 주식에 대해서 명의신탁재산의 증여의제에 해당(기준-2015-법령해석재산-0157, 2015.8.26.)

〈5〉 국외주식을 명의신탁한 경우

○ 거주자가 국외주식을 '거주자'에게 명의신탁한 경우

(국세청) 명의신탁 증여의제 적용대상(기준-2015-법령해석재산-0121, 2015.09.01.)

(심판원) 명의신탁 증여의제 적용대상(조심2015중1443, 2015.12.22.)

○ 거주자가 국외주식을 '비거주자 또는 외국법인'에게 명의신탁한 경우

(국세청) 명의신탁 증여의제 적용대상 (기준2015법령해석국조-0012, 2015.3.12.)

(법원) 명의신탁 증여의제 적용대산 아님. 국조법 재21조에서 상증법 명의신탁재산 증여의제 규정을 준용하지 않음(대법원2018두35025, 2018.6.28.)

〈6〉 내국법인의 주식을 외국법인에 신탁한 경우

거주자가 내국법인이 발행한 주식을 외국법인명의로 명의신탁한 재산에 대하여 조세회피 의도가 없었다는 입장이 없는 한 명의신탁 증여세 과세예고는 정당함(국세청적부2013-0555, 2013.10.29.)

〈7〉 ELS와 ELW

(ELS) 「자본시장과 금융투자업에 관한 법률」(2013.5.28. 법률 제11845호로 개정되기 전의 것) 제4조제7항에 따른 파생결합증권인 주가연계증권(ELS)은 권리의 이전이나 그 행사에 있어 등기·등록·명의개서를 필요로 하는 재산에 해당하지 않음 (서면-2015-법령해석재산-1631, 2015.11.18.)

(ELW) 타인 명의로 개설한 계좌를 통해 차익실현 목적으로 만기 이전에 단기매매한 주식워런트증권(ELW)은 권리이전이나 행사에 있어 등기·등록·명의개서를 필요로 하는 재산에 해당하지 않음 (법규과-1281, 2013.11.27.)

〈8〉 기타 명의신탁 증여의제 대상이 아닌 재산

(보험금, 예금) 권리의 이전이나 행사에 등기 등을 요한 재산에 보험금, 예금은 포함이 안 됨(재삼46014-166, 1997.1.29.)

(지명채권) 권리행사에 명의개서를 요하지 않는 지명채권은 증여의제 대상이 아님 (국심83서1177, 1983.8.6.)

(보통예금청구권) 은행의 보통예금청구권은 권리이전이나 행사에 등기 등을 요하는 재산이 아님 (대법원84누613, 1984.12.26.)

(아파트당첨권) 아파트당첨권은 권리의 이전이나 행사에 등기 등을 요하는 재산에 해당되지 않음 (대법원누118, 1987.10.13.)

(담보권) '명의'란 소유권 명의를 의미하므로 소유권이 아닌 담보권 명의는 증여의제 대상이 아님 (대법원85누934, 1986.9.9.)

(무효) 명의신탁재산 증여의제 의하여 증여세를 과세한 후 원인무효에 의하여 취득무효판결이 나면 그 재산상의 권리가 소멸되므로 이미 부과한 증여세는 취소함 (상증법 집행기준 45의2-0-7)

⟨9⟩ 명의신탁 주식의 매도대금으로 취득한 주식을 재신탁하는 경우

(기재부) 명의신탁 증여의제 과세대상이 되는 주식의 매도대금으로 취득하여 다시 동일인 명의로 명의개서된 주식은 그것이 최초의 명의신탁 주식과 시기상 또는 성질상 단절되어 별개의 새로운 명의신탁으로 인정되지 않으면, 명의신탁재산에 대한 증여의제 과세대상에 해당하지 아니함(기획재정부 재산세제과-538, 2017.8.25.)

(법원) 최초로 증여의제 대상이 되어 과세되었거나 과세될 수 있는 명의신탁 주식의 매도대금으로 취득하여 다시 동일인 명의로 명의개서된 주식은 그것이 최초의 명의신탁 주식과 시기상 또는 성질상 단절되어 별개의 새로운 명의신탁 주식으로 인정되는 등의 특별한 사정이 없는 한 다시 증여세가 과세될 수 없음 (대법원2011두10232, 2017.2.21.)

⟨10⟩ 할증평가

최대주주 할증평가 관련 규정의 입법취지의 체계 및 개정 연혁 등을 종합적으로 고려하면, 명의신탁 재산 증여의제의 경우 그 제재로서의 성격을 감안하더라도 2016.2.5.개정된 구 상증법 시행령의 시행 전에 해당 주식의 가액을 평가하였다면, 그전의 법령에 따라 최대주주 할증가액이 가산된다고 보아야 함 (대법원2017두48451, 2018.2.8.)

⟨11⟩ 유상증자

그 명의신탁 당시에나 장래에 회피될 조세가 없었다는 점에 관하여 증명이 부족하다는 이유로 당초 명의신탁에 따른 주식 지분율에 비례하여 그 유상증자 과정에서 이루어진 이 사건 명의신탁은 추가적인 조세 회피 목적이 없으므로 명의신탁 증여 의제 과세대상이 아니라는 취지의 원고들의 주장을 배척한 원심 판단은 정당하다. (대법원 2015두38238, 2018.2.8.)

증여의제 시기 관련

⟨1⟩ (2019.12.31.이전) 주주명부가 작성되지 않은 경우의 증여시기

(기재부) 주주명부 확인이 불가능하여 주식변동상황명세서 등에 의하여 명의개서 여부를 판단하는 경우에는 실제 소유권 이전 처리일 등 (소유권 이전 처리일이 확인되지 않는 경우 주식등변동상황명세서 등의 거래일)을 기준으로 하는 것임 (기획재정부 재산세제과-489, 2018.6.11.)

(법원) 주식등변동상황명세서 등이 제출되면 주식 등의 변동상황이 회사를 비롯한 외부에 명백하게 공표되어 명의신탁으로 인한 증여의제 여부가 판정될 수 있는 것이므로, 위 명세서 등의 제출일을 증여의제일로 보아야 함 (대법원 2017두32395, 2017.5.11, 대법원2018두36172, 2018.6.28.)

⟨2⟩ 증여시기

(명의개서를 한 날) '명의개서를 한 날'이라 함은 취득자의 주소, 성명을 주주명부에 등재한 때를 말함 (재산46014-166, 1997.1.29.)

(장기미명의개서) 명의개서가 필요한 주식의 소유권을 취득하고도 실제소유자 명의로 명의개서를 하지 아니한 경

우 상증법 제45조의2에 따라 소유권 취득일이 속하는 해의 다음 해 말일의 다음날에 그 주식의 가액을 명의자 실제 소유자로부터 증여받은 것으로 봄 (기획재정부 재산세제과-306, 2012.4.20.)

〈3〉 신주를 명의신탁한 경우 증여시기

(국세청) 증여시기는 실제소유자가 명의자로 등기·등록 또는 명의개서를 한 날(질의의 경우, A와 B의 명의로 각각 명의개서를 한 날 및 유상증자 주식을 명의개서한 날)을 말하는 것임(재산세과-86, 2103.3.19.)

(법원)

① (주금납입밀) 신주의 인수에 있어서는 신주인수인이 납입기일에 인수가액을 납입하면 납입기일의 다음날부터 주주의 권리의무가 생기는 것이므로(상법 제423조제1항) 주식회사가 상법상의 주주명부를 작성, 비치하지 아니하였다고 하여도 권리의 이전 등에 명의개서 등을 요하는 재산에 있어서 실질 소유자와 명의자가 다른 경우에 해당한다고 할 것임 (대법원 99두3843, 1999.9.3. 서울고법 2009누33289, 2010.10.7.)

② (명의개서일) 유상증자에 기한 신주인수에 있어서도 그 증여의제과세의 과세표준시기는 그 주식의 명의개서일 이라고 할 것임(부산지법2011구합3303, 2012.8.17.)

〈4〉 명의신탁자 사망시 장기미명의 사유가 상속에 포함되는지 여부

(법원) 명의신탁 주식이 상속된 경우에는 명의개서해태 증여의제 규정(괄호부분)의 적용대상에 해당하지 않고, 명의신탁 증여의제 규정(괄호밖 부분)의 과세요건인 상속인과 명의수탁자들 사이에 새로운 명의신탁 협의가 있었던 것으로 추정할 수 없어 과세는 위법함 (대법원2014두43653, 2017.1.12.)

〈5〉 명의수탁자가 사망한 경우

피상속인이 명의수탁한 주식을 상속개시 후 상속인(명의수탁자의 상속인) 명의로 명의개서한 경우에는 당초 피상속인 명의로 명의개서한 때와 그 상속인 명의로 명의개서한 때에 각각 그 명의자가 실제소유자로부터 증여받은 것으로 보아 명의신탁 증여의제 규정을 적용함. 이 경우, 실제 소유자와 상속인간에 새로운 명의신탁의 약정이 없었다고 인정되는 경우에는 그러하지 아니하는 것임 (서면4팀-1384, 2008.6.10.)

* 관련 판례 : 부산고법2012누2702, 2013.1.30.

그외 명의신탁 관련

〈1〉 재산평가

주식의 가액은 실제 소유자가 아닌 제3자 명의로 명의개서한 날 현재 상증법 제60조 및 제63조의 규정에 의하여 평가한 가액임(서면4팀-2171, 2007.7.13.)

〈2〉 신탁자가 대납한 경우 증여세 과세여부

명의신탁한 재산에 대하여 명의수탁자에게 부과된 증여세를 그 실질소유자(증여자)가 납부한 경우에는 대신 납부한 증여세액에 대하여 다시 증여세를 과세하지 않음 (재삼46014-1128, 1997.5.8.)

〈3〉 (2018.12.31. 이전) 다른 증여재산과 합산여부

(법원-합산대상) 10년 이내 재차증여 가산규정의 입법취지와 체계 및 개정 연혁 등을 종합적으로 고려하면, 10년 이내 재차 동일인의 명의신탁이 있어 증여로 의제되는 경우에도 재차증여 가산규정이 적용됨 (대법원2016두50792, 2019.6.13.)

〈4〉 명의신탁 증여의제 과세시 부당무신고가산세 적용여부

(국세청) 부정행위 여부는 사실판단 할 사항임(징세과-469, 2011.5.16.)

(심판원) 부당무신고가산세 대상임(조심2013중4791, 2014.3.25. 조심2016전3654, 2016.11.28.)

(법원) 명의신탁의 결과 명의수탁자가 부담할 증여세의 부과와 징수를 불가능하게 하거나 현저히 곤란하게 하는 정도에 이르렀다는 등의 특별한 사정이 없는 한, 증여세 부당무신고가산세의 요건인 '사기나 그밖의 부정한 행위' 또는 '부정행위'에 해당한다고 볼 수 없음 (대법원2017두69977, 2021.7.8.)

〈5〉 명의신탁자가 아닌 명의수탁자를 증여자로 하여 증여세 신고를 한 경우

명의신탁된 주식을 명의수탁자로부터 형식상 증여받은 후 명의신탁자가 아닌 명의수탁자를 증여자로 하여 증여세 신고를 한 경우, 동 행위가 부당한 방법에 따른 것인지 여부는 사실관계를 종합적으로 고려하여 판단할 사항임 (조세법령운용과-122, 2016.03.14.)

〈6〉 명의신탁된 비상장주식을 수증받은 자가 증여자를 명의상 소유자로 기재하여 증여세를 신고한 것에 대하여 증여자를 실제소유자로 결정·경정하는 경우

(국세청) 신고세액공제 적용되지 아니하며, 이 경우 과소신고한 과세표준에 대하여는 부당과소신고 가산세, 무납부·미달납부세액에는 납부불성실가산세를 부과하는 것임 (법규과1575, 2017.11.29.)

〈7〉 명의신탁 매도대금으로 다시 동일인 명의개서하는 경우

최초의 명의신탁 주식 매도 후 그 매도대금으로 취득하여 다시 동일인 명의로 명의개서 된 경우 각각 별도의 증여의제를 적용하면, 매입자금이 수탁자에게 증여된 경우에 비하여 지나치게 많은 증여세가 부과될 수 있어 형평에 어긋나고, 다시 동일인 명의로 명의개서 된 주식은 최초의 명의신탁 주식과 별개의 새로운 명의신탁 주식으로 인정되는 등의 특별한 사정이 없는 한 증여세 과세될 수 없음 (대법원2011두10232, 2017.2.21.)

특수관계법인과의 거래를 통한 이익의 증여의제

(상증법 제45조의3, 시행령 제34조의3, 일명: 일감몰아주기)

| 과세요건 판단 및 증여의제이익 계산 순서 |

1. 지배주주의 확정
① 본인과 그 친족의 보유주식이 가장 많은 그룹(최대주주 등) 확정
② 그 중 직·간접 주식보유비율이 가장 높은 개인 주주 선정.
  다만, 수혜법인의 최대주주등 중에서 본인과 본인의 친족등 주식보유비율이 사용인의 주식보유비율보다 많은 경우 본인과 본인의 친족 중에서 지배주주 선정

2. 특수관계법인과의 매출액 정상거래비율 초과여부 확인
① 수혜법인의 일반·중소·중견기업 해당 여부 확인
② 지배주주와 특수관계에 있는 법인 선정
③ 특수관계법인과의 매출액 중 과세제외매출액 포함 여부 확인
④ 그 법인들에 대한 매출액 합계액이 총 매출액에서 차지하는 비율이 30%(중소기업 50%, 중견기업 40%)를 초과하는지 여부 확인 ⇒ 비율계산시 과세제외매출액은 분자, 분모에서 모두 제외

3. 수증자가 한계보유비율 초과여부 확인
① 지배주주와 그 친족 선정
② 그들 중 직·간접주식보유비율이 3%(중소·중견기업 10%)를 초과하는 개인주주 확정

4. 증여의제이익의 산정

> · 일반법인 : 세후영업이익 × (특수관계법인거래비율 − 5%) × (주식보유비율 − 0%)
> · 중견법인 : 세후영업이익 × (특수관계법인거래비율 − 20%) × (주식보유비율 − 5%)
> · 중소기업 : 세후영업이익 × (특수관계법인거래비율 − 50%) × (주식보유비율 − 10%)

• 증여의제이익 : ①×②×③
  ① 세후영업이익
  ② 특수관계법인들과의 거래 비율 − 5%(중소기업50%, 중견기업20%)
  ③ 수증자의 직·간접보유비율 − 0%(중소기업 10%, 중견기업 5%)
• 주식 직·간접보유 구분에 따라 계산(㉠+㉡)
  ㉠ 주식 직접보유분 관련 이익
  ㉡ 주식 간접보유분 관련 이익
• 신고기한내 배당소득에 대한 공제액 차감
  − 수혜법인 배당 : ㉠에서 차감
  − 간접출자법인 배당 : ㉡에서 차감

수혜법인의 지배주주와 특수관계에 있는 법인이 수혜법인에 일감을 몰아주어 발생한 영업이익을 기준으로 과세하는 것으로, 그 법인의 영업이익은 주가 상승을 통하여 주주의 이익으로 전환되므로 수혜법인의 영업이익과 주주의 이익은 장기적으로 높은 상관관계에 있다고 보고 있습니다. 따라서 수혜법인의 영업이익 중 일감몰아주기와 관련된 부분을 수혜법인의 지배주주 등이 증여받은 것으로 의제하여 과세합니다.

> ☞ 이른 바 일감몰아주기로 수혜법인의 지배주주 등에게 발생한 이익에 대하여 증여세를 부과함으로써 적정한 소득의 재분배를 촉진하고, 시장의 지배와 경제력의 남용 우려가 있는 일감몰아주기를 억제하려는 것입니다. (헌재2016헌바3147, 2018.6.28.)

- (과세요건) 다음 세 가지 모두를 충족
    - ① 수혜법인의 세후영업이익이 있을 것
    - ② 특수관계법인 거래비율이 정상거래비율(30%, 중소기업은 50%, 중견기업은 40%) 초과
    - ③ 지배주주와 그 친족의 주식보유비율이 한계보유비율(3%, 중소·중견기업은 10%) 초과
- (증여의제이익의 산정)
    - – 증여의제이익 ①×②×③
        - ① 세후영업이익
        - ② 특수관계법인들과의 거래비율 – 5% (중소기업 50%, 중견기업 20%)
        - ③ 수증자의 직·간접 주식보유비율 – 0% (중소기업 10%, 중견기업 5%)
    - – 주식 직·간접 보유 구분에 따라 계산 (㉠ + ㉡)
        - ㉠ 주식 직접보유분 관련 이익
        - ㉡ 주식 간접보유분 관련 이익
    - – 신고기한 내 배당소득에 대한 공제 : 수혜법인 배당 ㉠에서 차감, 간접출자법인 배당 ㉡에서 차감

(과세경과)

특수관계법인을 이용하여 부를 이전하는 사례에 대한 증여세 과세를 위해 특수관계법인간의 일감몰아주기로 발생한 이익을 증여로 의제하는 규정으로, 2011.12.31 신설하여 2012.1.1.이후 최초로 개시하는 사업연도 거래분부터 적용하여 왔습니다. (상증법 제45조의3)

2014.1.1. 상증법 개정시 중소기업인 수혜법인과 중소기업인 특수관계법인 간의 거래에서 발생하는 매출액을 제외하는 등 중소·중견기업에 대한 과세를 완화하였습니다.

한편, 2017.12.19. 상증법 개정시 공시대상기업집단 간의 담합에 의하여 제3자를 통한 간접적인 둘 이상의 거래를 거치는 방법에 의해 발생된 수혜법인의 매출액 등을 과세대상에 포함하여 과세대상을 확대하였으며, 대기업과 중소기업의 정상거래 비율과 한계보유비율을 축소하여 과세를 강화하였습니다.

☞ **중소기업**(상증법 시행령 제34조의3제6항)

구분	증여재산가액
근거법령	조세특례제한법 제6조제1항 및 같은 법 시행령 제2조
업종	소비성서비스업 이외 모든 업종
업종별 규모기준	당해 과세연도 종료일 매출액이 중소기업기본법 시행령 별표1에 따른 규모기준 이내일 것
자산규모	당해 과세연도 종료일 자산총액이 5천억원 미만일 것
독립성기준	1. 공시대상기업집단에 속하는 회사와 상호출자제한기업집단의 소속회사로 편입·통지된 것으로 보는 회사 제외 2. 자산총액이 5천억원 이상인 법인이 직·간접 30%이상 소유하면서 최다출자자인 기업 제외 3. 관계기업 합산 매출액이 중소기업기본법 시행령 별표1에 따른 규모기준 이내일 것

유예	규모 증가로 중소기업에 해당하지 아니하게 된 사업연도와 그 다음 3년(최초 1회에 한함)
	※ 유예제외
	  1. 중소기업 이외 기업과의 합병
	  2. 유예기간 중인 기업과의 합병
	  3. 독립성 기준 미충속(관계기업 합산 매출액 규모기준 제외)
	  4. 창업일 속한 과세연도 종료일부터 2년 이내 중소기업기준 초과

☞ **중견기업**(상증법 시행령 제34조의3제6항)

구분	증여재산가액
근거법령	조세특례제한법 제10조제1항제1호가목2 및 같은 법 시행령 제9조제4항
업종	소비성서비스업, 금융업, 보험 및 연금업, 금융 및 보험 관련 서비스업 이외 모든 업종
독립성기준	1. 공시대상기업집단에 속하는 기업 제외 2. 자산총액이 10조원 이상인 법인이 직·간접 30%이상 소유하면서 최다출자자인 기업 제외

1 과세요건 [1) 2) 3) 모두 충족]

다음의 세 가지 요건을 모두 충족해야 합니다.

① 수혜법인의 세후영업이익이 있을 것

② 특수관계법인 거래비율이 정상거래비율(30%, 중소기업은 50%, 중견기업은 40%) 초과

③ 지배주주와 그 친족의 주식보유비율이 한계보유비율(3%, 중소·중견기업은 10%) 초과

☞ (중소기업) 조세특례제한법 제6조제1항(조세특례제한법 시행령 제2조)에 따른 중소기업. 단 공시대상기업집단(자산 5조원) 소속 기업은 제외 (상증법 시행령 제34조의3제6항),

  (중견기업) 조세특례제한법 시행령 제9조제4항에 따른 중견기업, 단, 공시대상기업집단(자산 5조원) 소속 기업은 제외 (상증법 시행령 제34조의3제6항),

☞ (지배주주) 지배주주는 상증법 시행령 제34조의3(특수관계법인과의 거래를 통한 이익의 증여의제)제1항에 따라 판단합니다. (상증법 시행령 제34조의3제1항 ← 상증법 제45조의3부터 제45조의5까지 적용합니다)

2020.1.1.이후에는 특정법인의 범위를 증여세 과세의 지분율 요건 및 과세대상 주주범위 등을 법인의 결손여부 등과 관계 없이 일원화하여 지배주주와 그 친족이 직접 또는 간접으로 보유하는 주식보유비율이 30%이상 법인으로 개정하고 직접 증여한 경우보다 증여세액이 커지지 아니하도록 한도를 신설하였습니다. (2019.12.31이전에는 주식보유비율을 50%를 적용하였습니다)

☞ 상증법 시행령 제34조의3(특수관계법인과의 거래를 통한 이익의 증여 의제) ① 상증법 제45조의3부터 제45조의5까지 의 규정에서 "지배주주"란 다음 각 호의 어느 하나에 해당하는 자(이하 이 조 및 제34조의4에서 "지배주주"라 한다)로 하 되, 이에 해당하는 자가 두 명 이상일 때에는 해당 법인「법인세법」제2조제1호에 따른 내국법인(「외국인투자 촉진법」제2 조제1항제6호에 따른 외국인투자기업으로서 같은 항 제1호에 따른 외국인이 해당 외국인투자기업의 의결권 있는 발행주 식총수 또는 출자총액의 100분의 50 이상을 소유하는 법인은 제외한다. 이 경우 거주자 및 내국법인이 의결권 있는 발행 주식총수 또는 출자총액의 100분의 30 이상을 소유(「조세특례제한법 시행령」제116조의2제12항에 따라 계산한 간접으 로 소유하는 부분을 포함한다)하는 외국법인은 외국인으로 보지 않는다)에 한정한다]의 임원에 대한 임면권의 행사와 사업 방침의 결정 등을 통하여 그 경영에 관하여 사실상의 영향력이 더 큰 자로서 기획재정부령으로 정하는 자를 지배주주로 한 다. 다만, 해당 법인의 최대주주등 중에서 본인과 그의 특수관계인(사용인은 제외하며, 이하 이 항에서 "본인의 친족등"이 라 한다)의 주식등 보유비율의 합계가 사용인의 주식등 보유비율보다 많은 경우에는 본인과 본인의 친족등 중에서 지배주 주를 판정한다. 〈개정 2013. 2. 15., 2013. 6. 11., 2014. 2. 21., 2015. 2. 3., 2016. 2. 5., 2019. 2. 12., 2020. 2. 11.〉

1. 해당 법인의 최대주주등 중에서 그 법인에 대한 직접보유비율[보유하고 있는 법인의 주식등을 그 법인의 발행주식총수등 (자기주식과 자기출자지분은 제외한다)으로 나눈 비율을 말한다. 이하 같다]이 가장 높은 자가 개인인 경우에는 그 개인
2. 해당 법인의 최대주주등 중에서 그 법인에 대한 직접보유비율이 가장 높은 자가 법인인 경우에는 그 법인에 대한 직접 보유비율과 간접보유비율을 모두 합하여 계산한 비율이 가장 높은 개인. 다만, 다음 각 목에 해당하는 자는 제외한다.
   가. 해당 법인의 주주등이면서 그 법인의 최대주주등에 해당하지 아니한 자
   나. 해당 법인의 최대주주등 중에서 그 법인에 대한 직접보유비율이 가장 높은 자에 해당하는 법인의 주주등이면서 최 대주주등에 해당하지 아니한 자

수혜법인에서 제외되는 법인은 다음의 법인을 말합니다. (상증법 시행령 제34조의3제1항)

① 외국법인

② 외국투자기업(외국인이 의결권 있는 주식총수 등의 50% 이상 소유하는 법인)

수혜법인이 사업부문별로 회계구분 관리 등 요건을 충족하는 경우 사업부문별로 과세여부 판단 및 증여의제이익을 계산할 수 있으며, 사업부문별로 회계를 구분하여 기록하는 등 대통령령으로 정하는 요건을 갖춘 경우란 다음의 요건(①과 ②)을 모두 갖춘 경우를 말합니다. (상증법 제45조의3제1 항, 시행령 제34의3제3항 각 호) ☞ 2023.1.10이후부터 적용합니다.

① 사업부문별로 자산·부채 및 손익을 기획재정부령으로 정하는 바에 따라 각각 독립된 계정과 목으로 구분하여 정리하여야 합니다.

☞ 상증법 시행규칙 제10조의8(수혜법인의 사업부문별 회계의 구분경리) 「상속세 및 증여세법」제45조의3제1항 각 호 외의 부분 후단을 적용받으려는 수혜법인은 영 제34조의3제3항제1호에 따라 사업부문별로 자산·부채 및 손익을 「법인세법 시 행규칙」제77조제1항을 준용하여 계산하고, 이를 각각 독립된 계정과목으로 구분기장해야 한다. [본조신설 2023. 3. 20.]

② 한국표준산업분류에 따라 세세분류 이상으로 사업부문을 구분하여야 합니다.

위의 요건(①과 ②)을 모두 갖춘 법인의 특수관계법인거래비율 및 세후영업이익은 사업부문별로 계산할 수 있습니다. 이 경우 사업부문이 둘 이상인 경우에는 그 둘 이상의 사업부문을 하나의 사업부문으로 보아 특수관계법인거래비율 및 세후영업이익을 계산합니다. (상증법 시행령 제34의2제4항)

☞ **상증법 제45조의3(특수관계법인과의 거래를 통한 이익의 증여 의제) 본문 후단**
이 경우 수혜법인이 사업부문별로 회계를 구분하여 기록하는 등 대통령령으로 정하는 요건을 갖춘 경우에는 제1호 및 제2호를 적용할 때 대통령령으로 정하는 바에 따라 사업부문별로 특수관계법인거래비율 및 세후영업이익 등을 계산할 수 있다.

☞ **상증법 제45조의3(특수관계법인과의 거래를 통한 이익의 증여 의제) 제1항**
1. 법인이 다음 각 목의 어느 하나에 해당하는 경우
  가. 법인이 대통령령으로 정하는 중소기업(이하 이 조에서 "중소기업"이라 한다) 또는 대통령령으로 정하는 중견기업(이하 이 조에서 "중견기업"이라 한다)에 해당하는 경우: 법인의 사업연도 매출액(「법인세법」 제43조의 기업회계기준에 따라 계산한 매출액을 말한다. 이하 이 조에서 같다) 중에서 그 법인의 지배주주와 대통령령으로 정하는 특수관계에 있는 법인(이하 이 조에서 "특수관계법인"이라 한다)에 대한 매출액(「독점규제 및 공정거래에 관한 법률」 제31조에 따른 공시대상기업집단 간의 교차거래 등으로서 대통령령으로 정하는 거래에서 발생한 매출액을 포함한다. 이하 이 조에서 같다)이 차지하는 비율(이하 이 조에서 "특수관계법인거래비율"이라 한다)이 그 법인의 규모 등을 고려하여 대통령령으로 정하는 비율(이하 이 조에서 "정상거래비율"이라 한다)을 초과하는 경우
  나. 법인이 중소기업 및 중견기업에 해당하지 아니하는 경우: 다음의 어느 하나에 해당하는 경우
    1) 가목에 따른 사유에 해당하는 경우
    2) 특수관계법인거래비율이 정상거래비율의 3분의 2를 초과하는 경우로서 특수관계법인에 대한 매출액이 법인의 규모 등을 고려하여 대통령령으로 정하는 금액을 초과하는 경우

1) 수혜법인의 세후영업이익이 있어야 합니다.

수혜법인의 세후영업이익은 영업손익(기업회계기준에 따라 계산한 매출액에서 매출원가 및 판매비와 관리를 차감한 영업손익)에 법인세법에 따른 세무조정사항을 반영한 후 가액(이하 '세무조정 후 영업손익'이라 함)을 구하고, 이에 대한 법인세 상당액을 뺀 금액에 과세매출비율을 곱하여 계산합니다. (상증법 45조의3제1항가목, 법인세법 제43조)

세후영업이익

= (세무조정 후 영업손익 − 세무조정 후 영업손익에 대한 법인세 상당액) × 과세매출비율

세무조정 후 영업손익에 대한 법인세 상당액

$$= 산출세액 − 토지 등 양도소득세에 대한 법인세액 − 공제·감면세액 × \frac{세무조정 후 영업손익}{각 사업연도 소득금액}$$

* [세무조정후 영업손익 / 각 사업연도 소득금액의 비율] 이 1을 초과하는 경우에는 1로 합니다.

2) 수혜법인의 지배주주와 특수관계에 있는 법인과의 거래비율이 정상거래비율인 30%(중소기업은 50%, 중견기업은 40%)를 초과해야 합니다.

수혜법인의 사업연도 매출액 중에서 그 법인의 지배주주와 특수관계에 있는 법인 등에 대한 매출액이 차지하는 비율(특수관계법인거래비율)이 정상거래비율을 초과하는 경우에 해당되어야 합니다. (상증법 제45조의3제1항)

$$특수관계법인 \ 거래비율 = \frac{특수관계법인에 \ 대한 \ 매출액 - 과세제외 \ 매출액}{수혜법인의 \ 사업연도 \ 매출액 - 과세제외 \ 매출액} \times 100$$

정상거래비율 : 30%(중소기업은 50%, 중견기업은 40%) (상증법 시행령 제34조의2 제5항)

수혜법인이 중소기업 및 중견기업에 해당하지 아니하는 경우에는 특수관계법인과 거래비율이 20%를 초과하면서 특수관계법인과의 거래금액이 1천억원을 초과하는 경우도 과세대상에 포함됩니다. (상증법 45조의3제1항제1호나목2 , 시행령 제34조의3제17항)

☞ 2018년도에 시행령이 개정되었습니다.

독점규제 및 공정거래에 관한 법률 제14조에 따른 공시대상기업집단 간의 교차거래 등으로 발생한 매출액도 수혜법인의 지배주주와 특수관계에 있는 법인들에 대한 매출액에 포함됩니다. (상증법 45조의3제1항제1호가목)

☞ 정상거래비율 및 한계보유비율 개정연혁

구분	정상거래비율(시행령 제34조의2제5항)			한계보유비율 (시행령 재34조의2제7항)	
	'12.1.1.이후개시 사업연도분	'14.1.1.이후신고 기한도래분	'17.2.7.이후개시 사업연도분	'12.1.1.이후개시 사업연도분	'14.1.1.이후신고 기한도래분
대기업	30%	30%	30%	3%	3%
중견기업	30%	50%	40%	3%	103%
중소기업	30%	50%	50%	3%	103%

(1) 수혜법인의 사업연도 매출액 중 특수관계법인과의 거래비율 계산

특수관계법인거래비율을 계산할 때 특수관계법인이 둘 이상인 경우 각각의 매출액을 모두 합하여 계산하여(상증법 시행령 제34조의3제11항) 제3자를 통한 간접적인 방법이나 둘 이상의 행위 또는 거래를 거치는 방법으로 증여세를 부당하게 감소시킨 것으로 인정되는 경우에는 그 경제적 실질 내용에 따라 직접 거래한 것으로 보거나 연속된 하나의 거래로 보아 거래비율을 계산합니다.

특수관계법인거래비율 계산시 과세제외매출액은 특수관계법인에 대한 매출액과 수혜법인의 사업연도 매출액에서 각각 제외하여 비율을 계산합니다. (상증법 시행령 제34조의3제10항)

☞ 2014.2.21.개정되어 적용됩니다.

(개) 지배주주의 특수관계법인 해당 여부 판단 기준일

특수관계법인거래비율 계산시 지배주주와 특수관계에 있는 법인에 해당하는지 여부는 수혜법인의 사업연도 종료일을 기준으로 판단합니다. (상증법 시행령 제34조의3제8항)

(내) 수혜법인의 사업연도 중에 지배주주와 특수관계법인에 해당하게 된 경우로서 사업연도 종료일 현재 특수관계법인에 해당하는 경우

'특수관계법인거래비율'은 그 법인과의 사업연도 전체 매출액을 기준으로 산정합니다. (서면법규과 -1487 2012.12.14.)

(2) 특수관계법인거래비율 계산시 '과세제외매출액' 해당 여부 판단

(상증법 시행령 제34조의3제10항)

매출액비율 계산시 제외하는 '과세제외매출액'은 다음의 어느 하나에 해당하는 금액을 말하며, 이 중 두 개 이상이 동시에 해당하는 경우에는 더 큰 금액을 적용합니다. (상증법 시행령 제34조의3제10항)

☞ **매출액비율 계산시 제외되는 과세제외매출액 〈요약〉**

① 중소기업이 수혜법인이 중소기업인 특수관계법인과의 거래한 매출액

② 수혜법인이 본인의 주식비율이 100분의 50 이상인 특수관계법인과의 거래한 매출액

③ 수혜법인이 본인의 주식보유비율이 100분의 50 미만인 특수관계법인과 거래한 매출액에 그 특수관계법인에 대한 수혜법인의 주식보유비율을 곱한 금액

④ 수혜법인이 「독점규제 및 공정거래에 관한 법률」 제2조제7호에 따른 지주회사('지주회사'인 경우로서 수혜법인의 같은 법 제2조제8호에 따른 자회사('자회사') 및 같은 법 제2조제1호의4에 따른 손자회사(같은 법 제18조제5항에 따른 증손회사를 포함하며, '손자회사')의 거래한 매출액

⑤-1 수혜법인이 제품·상품의 수출(부가가치세법 제21조제2항에 따른 수출을 말합니다)을 목적으로 특수관계법인과 거래한 매출액

⑤-2 수혜법인이 용역을 국외에서 공급(부가가치세법 제22조에 따라 영세율이 적용되는 용역의 공급을 말합니다.)할 목적으로 특수관계법인과 거래한 매출액

⑤-3 수혜법인이 부가가치세법 제24조제1항에 따라 영세율이 적용되는 용역의 공급으로서 부가가치세법시행령 제33조제2항제1호 다목 또는 바목에 따른 용역의 공급(해당 용역을 공급받은 비거주자 또는 외국법인이 공급받은 용역과 동일한 용역을 다시 거주자 또는 내국법인에 공급하는 경우는 제외합니다)목적으로 특수관계인과 거래한 매출액

⑥ 수혜법인이 다른 법률에 따라 의무적으로 특수관계법인과 거래한 매출액

⑦ 한국표준산업분류에 따른 스포츠 클럽 운영업 중 프로스포츠구단 운영을 주된 사업으로 하는 수혜법인이 특수관계법인과 거래한 광고 매출액

⑧ 수혜법인이 국가, 지방자치단체, 「공공기관의 운영에 관한 법률」에 따른 공공기관 또는 「지방공기업법」에 따른 지방공기업(이하 이 호에서 '국가등'이라 합니다.)이 운영하는 사업에 참여함에 따라 국가등이나 「국가재정법」 별표 2에서 규정하는 법률에 따라 설립된 기금 또는 공공기금이 발행주식총수 또는 출자총액의 100분의 100을 출자하고 있는 법인이 발행주식총수 또는 출자총액의 100분의 50 이상을 출자한 경우 해당 법인과 거래한 매출액

① 중소기업인 수혜법인이 중소기업인 특수관계법인과 거래한 매출액

　　수혜법인이 중소기업인 경우로서 지배주주와 특수관계에 있는 중소기업 법인과 거래한 경우 해당 매출액을 분모, 분자에서 제외합니다.

② 수혜법인이 본인의 주식보유비율이 100분의 50 이상인 특수관계법인과 거래한 매출액

　　수혜법인이 50% 이상 직·간접 출자한 특수관계법인과 거래한 경우 해당 매출액 전액을 제외합니다.

③ 수혜법인이 본인의 주식보유비율이 100분의 50 미만인 특수관계법인과 거래한 매출액에 그 특수관계법인에 대한 수혜법인의 주식보유비율을 곱한 금액

④ 수혜법인이 「독점규제 및 공정거래에 관한 법률」 제2조제7호에 따른 지주회사('지주회사'라 합니다)인 경우로서 수혜법인의 같은 법 제2조제8호에 따른 자회사('자회사'라 합니다) 및 같은 법 제2조제1호의4에 따른 손자회사(같은 법 제18조제5항에 따른 증손회사를 포함하며, 이하 이 조에서 '손자회사'라 합니다.)와 거래한 매출액

⑤ 수혜법인이 제품·상품의 수출(부가가치세법 제21조제2항에 따른 수출을 말합니다)을 목적으로 특수관계법인과 거래한 매출액

⑤의2 수혜법인이 용역을 국외에서 공급(부가가치세법 제22조에 따라 영세율이 적용되는 용역의 공급을 말합니다)할 목적으로 특수관계법인과 거래한 매출액

⑤의3. 수혜법인이 부가가치세법 제24조제1항에 따라 영세율이 적용되는 용역의 공급으로서 같은 법 시행령 제33조제2항제1호다목 또는 바목에 따른 용역의 공급(해당 용역을 공급받은 비거주자 또는 외국법인이 공급받은 용역과 동일한 용역을 다시 거주자 또는 내국법인에 공급하는 경우는 제외합니다)을 목적으로 특수관계법인과 거래한 매출액

⑥ 수혜법인이 다른 법률에 따라 의무적으로 특수관계법인과 거래한 매출액

⑦ 한국표준산업분류에 따른 스포츠 클럽 운영업 중 프로스포츠구단 운영을 주된 사업으로 하는 수혜법인이 특수관계법인과 거래한 광고 매출액

위의 7가지 유형 중 2개 이상 유형이 동시에 해당하는 경우에는 가장 큰 금액을 적용하여 해당 매출액을 제외합니다.

⑧ 수혜법인이 국가, 지방자치단체, 「공공기관의 운영에 관한 법률」에 따른 공공기관 또는 「지방공기업법」에 따른 지방공기업('국가등'이라 합니다)이 운영하는 사업에 참여함에 따라 국가등이나 「국가재정법」 별표 2에서 규정하는 법률에 따라 설립된 기금('공공기금'이라 합니다) 또는 공공기금이 발행주식총수 또는 출자총액의 100분의 100을 출자하고 있는 법인이 발행주식총수 또는 출자총액의 100분의 50 이상을 출자하고 있는 법인에 출자한 경우 해당 법인과 거래한 매출액 ☞ 2020.2.11.이후 신고분부터 적용합니다.

(3) 지배주주의 판정

지배주주는 수혜법인의 최대주주 또는 최대출자자(최대주주) 중에서 수혜법인에 대한 주식보유비율이 가장 높은 개인을 말합니다. 이때 수혜법인의 최대주주등 중에서 주식보유비율이 가장 높은 개인인 경우와 법인인 경우에 따라 지배주주의 판정이 달라지게 됩니다.

☞ **상증법 시행령 제19조(금융재산 상속공제)**
  ② 법 제22조제2항에서 "대통령령으로 정하는 최대주주 또는 최대출자자"란 주주등 1인과 그의 특수관계인의 보유주식등을 합하여 그 보유주식등의 합계가 가장 많은 경우의 해당 주주등 1인과 그의 특수관계인 모두를 말한다.

☞ 상증법 시행령 제2조의2(특수관계인의 범위) ① 법 제2조제10호에서 "본인과 친족관계, 경제적 연관관계 또는 경영지배관계 등 대통령령으로 정하는 관계에 있는 자"란 본인과 다음 각 호의 어느 하나에 해당하는 관계에 있는 자를 말한다. (1~7호 생략) → p.170 참조

판단기준일은 사업연도 종료일이며, 주식보유비율(직접보유비율 + 간접보유비율) 산정시 자기주식은 발행주식총수에서 제외합니다. (상속증여세과–383, 2013.07.22.)

㉮ **지배주주 : 아래 ① 또는 ②의 자** (상증법 시행령 제34조의3제1항)

① 수혜법인의 최대주주등 중에서 그 법인에 대한 직접보유비율이 가장 높은 자가 개인인 경우에는 → 해당 개인 (상증법 시행령 제34조의3제1항제1호)

직접보유비율 = 보유하고 있는 법인의 주식등 ÷ 그 법인의 발행주식총수등

※ 자기주식과 자기출자지분은 제외

수혜법인의 최대주주등 중에서 본인과 그의 특수관계인(사용인은 제외하며, 이하 이 항에서 '본인의 친족등'이라 합니다)의 주식등 보유비율의 합계가 사용인의 주식등 보유비율보다 많은 경우에는 본인과 본인의 친족등 중에서 지배주주를 판정합니다. (상증법 시행령 제34조의3제1항)

☞ (최대주주등) 특수관계인(친족, 사용인 등 포함)의 보유주식을 합하여 가장 많은 경우 그 주주 1인과 그의 특수관계인 모두(상증법 시행령 제19조제2항)

② 수혜법인의 최대주주등 중에서 그 법인에 대한 직접보유비율이 가장 높은 자가 법인인 경우 → 그 법인에 대한 직접보유비율과 간접보유비율을 모두 합하여 계산한 비율이 가장 높은 개인 (상증법 시행령 제34조의3제1항제2호)

직접보유비율 = 보유하고 있는 법인의 주식등 ÷ 그 법인의 발행주식총수등

※ 자기주식과 자기출자지분은 제외

간접보유비율 = 간접출자법인에 대한 출자비율 × 간접출자법인이 수혜법인에 출자비율

다만, 다음에 해당하는 자는 지배주주로 보지 않습니다. (상증법 시행령 제34조의3제1항2호 각 목)

㉮ 수혜법인의 주주등이면서 최대주주등에 해당하지 아니한 자

㉯ 수혜법인의 최대주주등 중에서 그 법인에 대한 직접보유비율이 가장 높은 자에 해당하는 법인의 주주등이면서 최대주주등에 해당하지 아니한 자

☞ 이는 실질 지배력이 없는 주주가 지배주주가 되는 것을 방지하기 위함입니다.

☞ (수혜법인) 상증법 법령 조문에서는 수혜법인이라는 용어를 사용하지만, 상증법 시행령에서는 해당 법인이라고 명기되어 있습니다.

㈐ 지배주주가 2명 이상인 경우

지배주주가 2명 이상인 경우 수혜법인의 임원에 대한 임면권의 행사와 사업 방침의 결정 등을 통하여 그 경영에 관하여 사실상의 영향력이 더 큰 자로서 다음의 순서에 따른 자를 지배주주로 봅니다. (상증령 제34조의3제1항 후단, 상증법 시행규칙 제10조의7)

① 본인과 그 친족의 수혜법인에 대한 주식보유비율(직접보유비율과 간접보유비율을 합하여 계산한 비율)을 합하여 계산한 비율이 더 큰 경우의 그 본인

② 본인과 특수관계법인에 대한 수혜법인의 매출액이 더 큰 경우의 그 본인

③ 사업연도 종료일을 기준으로 가장 최근에 수혜법인의 대표이사였던 자

(4) 특수관계법인

수혜법인의 지배주주와 특수관계에 있는 법인의 범위(사업연도 종료일 기준)는 상증법 시행령 제2조의2(특수관계인의 범위)제1항제3호부터 제8호에 해당하는 법인(비영리법인을 포함)을 말합니다.

☞ **상증법 시행령 제2조의2(특수관계인의 범위)**

① 법 제2조제10호에서 "본인과 친족관계, 경제적 연관관계 또는 경영지배관계 등 대통령령으로 정하는 관계에 있는 자"란 본인과 다음 각 호의 어느 하나에 해당하는 관계에 있는 자를 말한다.

1. 「국세기본법 시행령」 제1조의2제1항제1호부터 제5호까지의 어느 하나에 해당하는 자(이하 "친족"이라 한다) 및 직계비속의 배우자의 2촌 이내의 혈족과 그 배우자

2. 사용인(출자에 의하여 지배하고 있는 법인의 사용인을 포함한다. 이하 같다)이나 사용인 외의 자로서 본인의 재산으로 생계를 유지하는 자

3. 다음 각 목의 어느 하나에 해당하는 자

    가. 본인이 개인인 경우: 본인이 직접 또는 본인과 제1호에 해당하는 관계에 있는 자가 임원에 대한 임면권의 행사 및 사업방침의 결정 등을 통하여 그 경영에 관하여 사실상의 영향력을 행사하고 있는 기획재정부령으로 정하는 기업집단의 소속 기업[해당 기업의 임원(「법인세법 시행령」 제40조제1항에 따른 임원을 말한다. 이하 같다)과 퇴직 후 3년(해당 기업이 「독점규제 및 공정거래에 관한 법률」 제31조에 따른 공시대상기업집단에 소속된 경우는 5년)이 지나지 않은 사람(이하 "퇴직임원"이라 한다)을 포함한다]

    나. 본인이 법인인 경우: 본인이 속한 기획재정부령으로 정하는 기업집단의 소속 기업(해당 기업의 임원과 퇴직임원을 포함한다)과 해당 기업의 임원에 대한 임면권의 행사 및 사업방침의 결정 등을 통하여 그 경영에 관하여 사실상의 영향력을 행사하고 있는 자 및 그와 제1호에 해당하는 관계에 있는 자

4. 본인, 제1호부터 제3호까지의 자 또는 본인과 제1호부터 제3호까지의 자가 공동으로 재산을 출연하여 설립하거나 이사의 과반수를 차지하는 비영리법인

5. 제3호에 해당하는 기업의 임원 또는 퇴직임원이 이사장인 비영리법인

6. 본인, 제1호부터 제5호까지의 자 또는 본인과 제1호부터 제5호까지의 자가 공동으로 발행주식총수 또는 출자총액(이하 "발행주식총수등"이라 한다)의 100분의 30 이상을 출자하고 있는 법인

7. 본인, 제1호부터 제6호까지의 자 또는 본인과 제1호부터 제6호까지의 자가 공동으로 발행주식총수등의 100분의 50 이상을 출자하고 있는 법인

8. 본인, 제1호부터 제7호까지의 자 또는 본인과 제1호부터 제7호까지의 자가 공동으로 재산을 출연하여 설립하거나 이사의 과반수를 차지하는 비영리법인

② 제1항제2호에서 "사용인"이란 임원, 상업사용인, 그 밖에 고용계약관계에 있는 자를 말한다.

③ 제1항제2호 및 제39조제1항제5호에서 "출자에 의하여 지배하고 있는 법인"이란 다음 각 호의 어느 하나에 해당하는 법인을 말한다.

    1. 제1항제6호에 해당하는 법인

    2. 제1항제7호에 해당하는 법인

    3. 제1항제1호부터 제7호까지에 해당하는 자가 발행주식총수등의 100분의 50 이상을 출자하고 있는 법인

(5) 지배주주 판정시 간접출자법인의 범위 및 간접보유비율의 계산

(상증법 시행령 제34조의3제2항)

지배주주 해당여부 판정시 수혜법인에 대한 간접보유비율은 개인과 수혜법인 사이에 주식보유를 통하여 한 개 이상의 법인('간접출자법인'이라 합니다)이 게재되어 있는 경우('간접출자관계'라 합니다)에 각 단계의 직접보유비율을 모두 곱하여 산출한 비율을 말합니다. (상증법 시행령 제34조의3제2항)

이 경우, 개인과 수혜법인 사이에 둘 이상의 간접출자관계가 있는 경우에는 개인의 수혜법인에 대한 간접보유비율은 각각의 간접출자관계에서 산출한 비율을 모두 합하여 산출합니다.(상증법 시행령 제34조의3제2항) 여기에서 둘 이상의 간접출자관계란 병렬적인 간접출자관계를 말합니다.

    ☞ (지배주주 판정시 간접출자법인) 지배주주 판정 시의 간접출자법인은 증여의제이익 계산을 위한 간접보유비율 계산 시의 간접출자법인의 범위와 달리, 수혜법인의 지배주주 및 그의 친족이 지배하는 법인에 해당하는지 여부와 관계없이 모든 간접출자관계에 있는 법인을 대상으로 하는 것임을 유의해야 합니다.

3) 지배주주와 그 친족의 주식보유비율이 3%<small>(중소·중견기업 10%)</small>를 초과해야 합니다.

(1) 한계보유비율 초과여부 판단

수혜법인이 사업연도 종료일 기준으로 지배주주와 지배주주의 친족(배우자, 6촌이내 혈족, 4촌이내 인척) 중 수혜법인에 대한 직접보유비율과 간접보유비율을 합하여 계산한 비율이 한계보유비율을 초과하여야 합니다. (상증법 제45조의3제1항 각 호 외의 부분 전단)

이 경우 한계보유비율이란 3%을 말합니다. 수혜법인이 중소기업 또는 중견기업에 해당하는 경우에는 10%로 합니다. (상증법 시행령 제34조의3제9항)

(2) 수증자 해당여부 판단시 간접출자법인의 범위(사업종료일 기준)

한계보유비율 초과여부 판단시 간접보유비율은 상증법 시행령 제34조의3(특수관계법인과의 거래를 통한 이익의 증여 의제)제18항 다음 각 호의 어느 하나에 해당하는 간접출자법인(30% 이상 출자법인 등)을 통하여 수혜법인에 간접적으로 출자하는 경우의 간접보유비율을 말합니다. (상증법 시행령 제34조의3제18항 각 호)

① 지배주주등이 발행주식총수등의 100분의 30 이상을 출자하고 있는 법인
② 지배주주등 및 ①에 해당하는 법인이 발행주식총수등의 100분의 50 이상을 출자하고 있는 법인
③ 앞의 ①, ②의 법인과 수혜법인 사이에 주식등의 보유를 통하여 하나 이상의 법인이 개재되어 있는 경우에는 해당 법인

이는 수혜법인에 직접 출자한 경우만 고려할 경우 제3법인을 이용한 조세 회피우려가 있어 간접출자비율을 포함하되, 소수의 지분을 출자한 경우까지 확대하는 경우 과세실익은 적으면서 계산만 복잡해지므로 일정 범위의 법인으로 제한한 것이므로, 앞에서 살펴본 지배주주 판정을 위한 간접보유비율 계산방법과는 구분해야 합니다.

2 증여시기

특수관계법인과의 거래를 통한 이익의 증여의제규정을 적용 시 증여시기는 수혜법인의 해당 사업연도 종료일입니다. (상증법 제45조의3제3항)

이 경우 수혜법인의 사업연도는 법인세법 제6조(사업연도), 제7조(사업연도의 변경), 제8조(사업연

도의 의제)를 준용하므로 연도 중에 합병되는 경우 등에는 그 합병등기일 등이 증여시기가 됩니다. (상증법 제45조의3제1항가목)

3 증여자

수혜법인의 사업연도 매출액 중에서 수혜법인의 지배주주와 상증법 시행령 제2조의2(특수관계인의 범위)제1항제3호부터 제8호까지의 특수관계에 있는 법인들에 대한 매출액의 합계액이 차지하는 비율이 정상거래비율(30%, 중소기업 50%, 중견기업 40%)를 초과하는 경우의 지배주주와 특수관계에 있는 법인들이 증여자에 해당됩니다. 특수관계법인이 둘 이상인 경우에도 하나의 법인으로부터 이익을 얻은 것으로 봅니다. (상증법 제45조의3제1항제1호가목, 시행령 제34조의3제7항)

4 수증자

수증자는 수혜법인의 사업연도 종료일 기준으로, 지배주주와 지배주주의 친족(배우자, 6촌 이내의 혈족, 4촌 이내의 인척 등) 중 수혜법인에 대한 직접보유비율과 간접보유비율을 합하여 계산한 비율이 한계보유비율(3%, 중소·중견기업의 경우는 10%)을 초과하는 자입니다. (상증법 시행령 제34조의3제9항)

5 증여의제 이익의 계산

① 수혜법인이 중소·중견기업이 아닌 경우
세후영업이익 × [특수관계법인거래비율 - 5%] × [주식보유비율]

② 수혜법인이 중견기업인 경우
세후영업이익 × [특수관계법인거래비율 - 20%] × [주식보유비율 - 5%]

③ 수혜법인이 중소기업인 경우
세후영업이익 × [특수관계법인거래비율 - 50%] × [주식보유비율 - 10%]

☞ 2018.1.1. 증여받은 분부터 적용합니다.

1) 수혜법인의 세후영업이익의 계산 [(①-②) ×③]

수혜법인의 세후영업이익은 다음 ①의 가액에서 ②의 가액을 뺀 금액에 ③의 과세매출비율을 곱하여 계산한 금액으로 합니다. (상증법 시행령 제34조의3제12항 각 호)

① 수혜법인의 영업손익(법인세법 제43조의 기업회계기준에 따라 계산한 매출액에서 매출원가 및 판매비와 관리비를 차감한 영업손익)에 대해 다음 항목에 따른 세무조정사항을 반영한 가액('세무조정 후 영업손익') (상증법 시행령 제34조의3제12항제1호)

    ㉮ 법인세법 제23조에 따른 감가상각비 관련 세무조정사항

    ㉯ 법인세법 제33조에 따른 퇴직급여충당금 관련 세무조정사항

    ㉰ 법인세법 제34조에 따른 대손충당금 관련 세무조정사항

    ㉱ 법인세법 제40조에 따른 손익의 귀속사업연도 관련 세무조정사항

    ㉲ 법인세법 제41조에 따른 자산의 취득가액 관련 세무조정사항

    ㉳ 법인세법 시행령 제44조의2 퇴직보험료의 손금불산입

    ㉴ 법인세법 시행령 제74에 재고자산의 평가 관련 세무조정사항

② 다음 ㉮의 세액에 ㉯의 비율을 곱하여 계산한 금액(상증법 시행령 제34조의3제12항제2호)

    ㉮ 법인세법 제55조에 따른 수혜법인의 산출세액(법인세법 제55조의2에 따른 토지 등 양도소득에 대한 법인세액은 제외합니다)에서 법인세액의 공제·감면액을 뺀 세액

    ㉯ 수혜법인의 세무조정 후 영업손익 ÷ 법인세법 제14조에 따른 각 사업연도 소득금액 (해당 비율이 1을 초과하는 경우에는 1로 합니다.)

③ 과세매출비율 (상증법 시행령 제34조의3제12항제3호)

   1- (과세제외매출액 ÷ 과세제외매출액이 포함된 사업연도의 매출액)

위 '과세매출비율'을 산정할 때에는 '과세제외매출액'(앞에서 살펴본 바 있음) 8가지 유형 중 어느 하나에 해당하지 아니하는 경우로서 지배주주 등의 출자관계별로 다음의 어느 하나에 해당하는 금액(이하 '추가되는 과세제외매출액')이 있는 경우에는 그 금액(동시에 해당하는 경우에는 더 큰 금액)을 '과세제외매출액'에 포함하여 계산합니다. (상증법 시행령 제34조의3제14항 각호)

⑴ 수혜법인이 제18항에 따른 간접출자법인인 특수관계법인과 거래한 매출액

⑵ 지주회사의 자회사 또는 손자회사에 해당하는 수혜법인이 그 지주회사의 다른 자회사 또는 손자회사에 해당하는 특수관계법인과 거래한 매출액에 그 지주회사의 특수관계법인에 대한 주식보유비율을 곱한 금액. 다만, 지배주주등이 수혜법인 및 특수관계법인과 지주회사를 통하여 각각 간접출자관계에 있는 경우로 한정한다.

⑶ 수혜법인이 특수관계법인과 거래한 매출액에 지배주주등의 그 특수관계법인에 대한 주식보유비율을 곱한 금액

증여의제이익 계산식에서 상증령 제34조의3제12항 각 호의 '추가되는 과세제외 매출액'은 지배주주 등의 출자관계별로 수혜법인의 세후영업이익을 계산할 때와 정상거래비율을 초과하는 특수관계법인거래비율을 계산할 때, 모두 같은 조 제8항의 과세제외매출액에 포함하여 계산합니다.(상속증여세과-82, 2014.4.2.)

⑷ 상증법 시행령 제34조의3제18항에 따른 간접출자법인의 자법인(특정 법인이 어느 법인의 최대주주등에 해당하는 경우 그 법인을 특정 법인의 자법인이라 합니다)에 해당하는 수혜법인이 그 간접출자법인의 다른 자법인에 해당하는 특수관계법인과 거래한 경우로서 다음 각 목을 모두 충족하는 경우에는 해당 거래에 따른 매출액에 그 간접출자법인의 특수관계법인에 대한 주식보유비율을 곱한 금액

㈎ 지배주주등 및 지배주주의 특수관계인(그 간접출자법인은 제외합니다)이 수혜법인 및 특수관계법인의 주식등을 보유하지 않을 것

㈏ 특수관계법인이 수혜법인의 주식등을 직접 또는 간접으로 보유하지 않고 수혜법인이 특수관계법인의 주식등을 직접 또는 간접으로 보유하지 않을 것

㈐ 수혜법인 및 특수관계법인이 지배주주등과 수혜법인 및 특수관계법인 사이에 주식보유를 통하여 개재되어 있는 법인의 주식을 직접 또는 간접으로 보유하지 않을 것

2) 정상거래비율을 초과하는 특수관계법인과의 거래비율 계산

증여의제 계산식 중 '정상거래비율을 초과하는 특수관계법인과의 거래비율'이란 '수혜법인이 중소기업에 해당하는 경우 정상거래비율(50%)을 초과하는 특수관계법인거래비율, 중견기업에 해당하는 경우 정상거래비율(40%)의 1/2을 초과하는 '특수관계법인거래비율'을 말합니다. (상증법 제45조의3제1항 각 호)

수혜법인의 사업연도 매출액(법인세법 제43조의 기업회계기준에 따라 계산한 매출액을 말합니다) 중 그 법인의 지배주주와 특수관계에 있는 법인들에 대한 매출액이 차지하는 비율('특수관계법인거래비율')에서 중소기업·중견기업이 아닌 기업의 경우에는 5%를 차감하며, 중소기업의 경우에는 정상거래비율 50%, 중견기업의 경우에는 정상거래비율 20%(정상거래비율 40%의 2분의 1)를 차감하여 계산합니다. (상증법 제45조의3제1항제2호 각목)

이 경우 특수관계법인거래비율은 수증자인 각 주주별로 '추가과세제외매출액'이 있는 경우에는 그 금액을 과세제외매출액에 포함하여 특수관계법인거래비율을 산정하여야 합니다. (상증법 시행령 제34조의3제14항)

☞ 추가과세제외매출액은 과세요건 판단 시의 특수관계법인거래비율에는 반영하지 않으며, 수증자별 증여의제이익 계산시에만 반영합니다.

정상거래비율을 초과하는 특수관계법인 거래비율은 다음과 같이 계산합니다.

① 수혜법인이 중소·중견기업이 아닌 경우 : 특수관계법인 거래비율 - 5%

② 수혜법인이 중소기업인 경우 : 특수관계법인거래비율 - 50%

③ 수혜법인이 중견기업인 경우 : 특수관계법인거래비율 - 20%

① 수혜법인이 중소·중견기업이 아닌 경우(상증법 제45조의3제1항제2호다목)

$$\left[\frac{\text{특수관계법인에 대한 매출액 - 과세제외매출액(추가분 포함)}}{\text{수혜법인의 총매출액 - 과세제외매출액(추가분 포함)}} \times 100 \right] - 5\%$$

② 수혜법인이 중소기업인 경우(상증법 제45조의3제1항제2호가목)

$$\left[\frac{\text{특수관계법인에 대한 매출액 - 과세제외매출액(추가분 포함)}}{\text{수혜법인의 총매출액 - 과세제외매출액(추가분 포함)}} \times 100 \right] - 50\%$$

③ 수혜법인이 중견기업인 경우(상증법 제45조의3제1항제2호나목)

$$\left[\frac{\text{특수관계법인에 대한 매출액 - 과세제외매출액(추가분 포함)}}{\text{수혜법인의 총매출액 - 과세제외매출액(추가분 포함)}} \times 100 \right] - 20\%$$

3) 한계보유비율을 초과하는 주식보유비율계산

중소·중견기업의 증여의제이익을 계산할 때 세후영업이익과 정상거래비율을 초과하는 특수관계법인거래비율에 곱하는 수증자의 주식보유비율은 각 주주별로 수혜법인에 대한 직·간접 주식보유비율에서 한계보유비율(중소 10%, 중견 5%)를 차감한 비율을 말합니다.

☞ 중소·중견기업이 아닌 일반 기업은 주식보유비율에서 차감하지 않고 증여의제이익을 계산합니다.

지배주주와 그 친족이 수혜법인에 직접적으로 출자하는 동시에 다음과 같이 간접 출자법인을 통하여 수혜법인에 간접적으로 출자하는 경우에는 각각의 증여의제를 계산한 후 합산하도록 되어 있으며, 이 경우 '한계보유비율을 초과하는 주식보유비율'을 초과할 때 수혜법인에 대한 간접보유비율이 있는 경우에는 해당 간접보유비율에서 한계보유비율(중소기업 10%, 중견기업 5%)을 먼저 빼고 간접출자관계가 두 개 이상인 경우에는 각각의 간접보유비율 중 적은 것에서부터 뺍니다. (상증법 시행령 제34조의3제13항)

한계보유비율(중소기업 10%, 중견기업 5%) 초과여부는 수혜법인의 사업연도 종료일 기준으로 주주별 ①과 ②를 합하여 판정하며, 증여의제이익은 ①과 ②로 각각 구분하여 계산한 후 합산합니다.

① 직접출자한 후 : 수혜법인에 대한 주식보유비율

② 간접출자한 후 : 수혜법인에 대한 간접보유비율

각 수증자별 한계보유비율(중소기업 10%, 중견기업 5%) 차감(빼는) 순서는 다음과 같습니다. (상증법 시행령 제34조의3제13항)

① 직접출자와 간접출자가 있는 경우에는 간접보유비율에서 먼저 뺍니다.

② 간접출자관계가 두 개 이상인 경우에는 간접보유비율이 작은 것에서부터 뺍니다.

간접보유비율이 1000분의 1(0.1%) 미만인 경우의 간접출자관계는 제외되므로 한계보유비율 차감대상이 아닙니다.

4) 지배주주 등의 간접보유비율이 0.1%미만인 경우 증여의제이익 제외

수혜법인의 사업연도 종료일 현재 지배주주와 지배주주 친족이 간접출자법인을 통해 수혜법인이 간접적으로 출자하는 경우로서 수혜법인에 대한 간접보유비율이 1000분의 1 미만이 되는 경우에는 해당 출자관계에 따른 간접보유비율은 제외합니다. (상증법 시행령 제34조의3제13항)

간접출자관계에서 각 간접보유비율이 0.1%미만인 경우에는 해당증여의제이익은 없는 것으로 합니다. (상증법 시행령 제34조의3제13항)

☞ **상증법 시행령 제34조의3 (특수관계법인과의 거래를 통한 이익의 증여 의제)**
⑬ 법 제45조의3제1항의 증여의제이익은 사업연도 말 현재 같은 항 각 호 외의 부분에 따른 지배주주와 그 친족(이하 이 조에서 "지배주주등"이라 한다)의 수혜법인에 대한 출자관계(간접보유비율이 1천분의 1 미만인 경우의 해당 출자관계는 제외한다)별로 각각 구분하여 계산한 금액을 모두 합하여 계산한다

5) 신고기한 내 배당받은 경우 증여의제이익에서 공제

지배주주 등이 수혜법인의 사업연도 말일부터 상증법 제68조제1항에 따른 증여세 과세표준 신고기한까지 수혜법인 또는 간접출자법인으로부터 배당받은 소득이 있는 경우에는 다음 구분에 따른 금액을 해당 출자관계의 증여의제이익에서 공제합니다. 다만 공제 후의 금액이 음수인 경우에는 영으로 봅니다. (상증법 시행령 제34조의3제15항)

① 수혜법인으로부터 받은 배당소득 : 다음 계산식에 따라 계산한 금액. 이 경우 배당가능이익은 법인세법 시행령 제86조의3제1항에 따른 배당가능이익('배당가능이익')으로 합니다.

$$\text{배당소득} \times \frac{\text{상증법 제34조의 2제13항에 따라 계산한 직접출자관계의 증여의제이익}}{\text{수혜법인의 사업연도 종료일 배당가능이익} \times \text{지배주주 등의 수혜법인에 대한 직접보유비율}}$$

☞ **상증법 시행령 제34조의3(특수관계법인과의 거래를 통한 이익의 증여 의제)**

⑮ 1. 수혜법인으로부터 받은 배당소득: 다음 계산식에 따라 계산한 금액. 이 경우 배당가능이익은 「법인세법 시행령」 제86조의3제1항에 따른 배당가능이익(이하 이 항에서 "배당가능이익"이라 한다)으로 한다.

☞ **법인세법 시행령 제86조의3(유동화전문회사 등에 대한 소득공제)**

① 법 제51조의2제1항 각 호 외의 부분에서 "대통령령으로 정하는 배당가능이익"이란 기업회계기준에 따라 작성한 재무제표상의 법인세비용 차감 후 당기순이익에 이월이익잉여금을 가산하거나 이월결손금을 공제하고, 「상법」 제458조에 따라 적립한 이익준비금을 차감한 금액을 말한다. 이 경우 다음 각 호의 어느 하나에 해당하는 금액은 제외한다.

1. 법 제18조제8호에 해당하는 배당

2. 당기순이익, 이월이익잉여금 및 이월결손금 중 제73조제2호가목부터 다목까지의 규정에 따른 자산의 평가손익. 다만, 제75조제3항에 따라 시가법으로 평가한 투자회사등의 제73조제2호다목에 따른 자산의 평가손익은 배당가능이익에 포함한다.

② 간접출자법인으로부터 받은 배당소득 : 다음 계산식에 따라 계산한 금액

$$\text{배당소득} \times \frac{b}{a}$$

a : 상증법 시행령 제34조의2제13항에 따라 계산한 간접 출자관계의 증여의제이익

b : [간접출자법인의 사업연도 말일 배당가능이익 + (수혜법인의 사업연도말일 배당가능이익 × 간접출자법인의 수혜법인에 대한 주식보유비율)] × 지배주주 등의 간접출자법인에 대한 직접보유비율

6) 특수관계법인이 2 이상인 경우 증여의제이익 계산

이익을 준 특수관계법인이 둘 이상인 경우에도 하나의 법인으로부터 이익을 얻은 것으로 보아 증여의제이익을 계산합니다. (상증법 시행령 제34조의3제19항)

7) 지배주주가 다수의 수혜법인을 보유한 경우 증여의제이익 계산

어느 한 지배주주가 다수의 수혜법인을 보유한 경우 과세대상 증여의제이익은 수혜법인별·지배주주별로 각각 산정합니다. (서면법규과-1487, 2012.12.14.)

6 증여세 합산과세 배제

1) 증여세 과세가액 계산방법

증여재산에 대하여 증여일 전 10년 이내에 동일인(증여자가 직계존속인 경우에는 그 직계존속의 배우

자를 포함합니다)으로부터 받은 증여재산가액을 합한 금액이 1천만원 이상인 경우에는 그 가액을 증여세 과세가액에 가산하는 것이나(상증법 제47조제2항), 특수관계법인과의 거래를 통한 이익의 증여의제는 개별 건별로 과세하는 합산배제증여재산으로 분류되어 합산과세를 하지 아니합니다. (상증법 제47조제1항)

2) 증여세의 과세표준 계산방법

증여세의 과세표준은 특수관계법인과의 거래를 통한 이익의 증여의제이익에서 증여재산의 감정평가수수료를 뺀 금액으로 합니다. (상증법 제55조제1항제2호)

7 증여세 신고 및 납부기한

수혜법인의 법인세법 제60조제1항에 따른 과세표준의 신고기한이 속하는 달의 말일부터 3개월이 되는 날입니다. (상증법 제68조제1항)

8 증여세가 과세된 주식의 양도시 이중과세 조정

소득세법 시행령 제97조(양도소득의 필요경비계산)제1항제1호(취득가액)가목 본문은 다음에 따라 적용합니다.

「상속세 및 증여세법」 제3조의2제2항, 제33조부터 제39조까지, 제39조의2, 제39조의3, 제40조, 제41조의2부터 제41조의5까지, 제42조, 제42조의2, 제42조의3, 제45조의3부터 제45조의5까지의 규정에 따라 상속세나 증여세를 과세받은 경우에는 해당 상속재산가액이나 증여재산가액(같은 법 제45조의3부터 제45조의5까지의 규정에 따라 증여세를 과세받은 경우에는 증여의제이익을 말합니다) 또는 그 증·감액을 취득가액에 더하거나 뺍니다. (소득세법시행령 제163조제10항제1호)

$$양도차익 = 양도가액 - [취득가액 + \{ 증여의제이익 \times \frac{양도\ 주식수}{보유\ 주식수} \}]$$

| **관련 질의회신 및 판례** |

⟨1⟩ 기업의 주된 영업활동 관련 배당금수익 로열티수익의 일감몰아주기 과세대상인지 여부

상증법 시행령 제34조의2제8항의 수혜법인의 세후영업이익을 계산함에 있어 기업의 주된 영업활동으로부터 발생한 배당금수익 지분법이익은 같은 조 같은 항 제1호의 「법인세법」 제43조의 기업회계기준에 따라 계산한 매출액에서 제외하는 것이며, 기업의 주된 영업활동으로부터 발생한 상표사용에 따른 로열티수익은 동 매출액에 포함하는 것임(서면법규과−1301, 2013.11.29.)

⟨2⟩ 특수관계법인

구 상증법(2014.1.1. 법률 제12168호로 개정되기 전의 것) 제45조의3제1항 및 구 상증법 시행령(2014.2.21. 대통령령 제25195호로 개정되기 전의 것) 제34조의2제3항에 따른 '법인의 지배주주와 특수관계에 있는 법인'이란 같은 령 같은 조 제1항에 따른 지배주주(개인)를 기준으로 같은 령 제12조의2제1항제3호부터 제8호까지의 관계에 잇는 법인을 말하는 것으로 을(乙) 기업집단의 경영에 관하여 사실상의 영향력을 행사하고 있지 않은 갑(甲)법인의 지배주주가 을(乙) 기업집단에 속한 법인의 임원인 귀 질의 경우 해당 지배주주와 을(乙) 기업집단의 소속기업은 같은 령 제34조의2제3항 단서 외의 본문에 따른 특수관계에 있는 자에 해당하지 아니함 (기획재정부 재산세제과−307, 2016.5.2.)

⟨3⟩ 주식보유비율

상증법 시행령 34조의2제8항제2호 및 제3호를 적용함에 있어 수혜법인의 특수관계법인에 대한 주식보유비율은 수혜법인의 그 특수관계법인에 대한 직접보유비율과 간접보유비율을 합하여 계산한 비율을 말하는 것이며, 같은 조 제12항제2호를 적용함에 있어 지주회사의 특수관계법인에 대한 주식보유비율은 직접보유비율과 간접보유비율을 합하여 계산한 비율을 말하는 것임 (재산세제과−4, 2016.01.04.)

⟨4⟩ 수혜법인이 외국법인일 경우(2019.2.12. 이후 개시하는 사업연도부터는 개정(상증법 시행령 제34조의2제1항)

상증법 시행령 제34조의2제1항을 적용함에 있어 거주자 및 내국법인이 외국법인의 의결권 있는 발행주식총수 또는 출자총액의 100분의 30 이상 소유 여부는 거주자 및 내국법인이 직접 보유한 의결권 있는 발행주식총수 또는 출자총액을 기준으로 판단하는 것임(기획재정부 재산세제과−24, 2019.01.04.)

⟨5⟩ 매출액계산

(합병 소멸) 특수관계법인이 수혜법인의 사업연도 중에 수혜법인에 합병되어 소멸된 경우, 당해 특수관계법인에 대한 수혜법인의 매출액은 특수관계법인거래비율에 산입되는 특수관계법인에 대한 매출액에 포함되지 아니함 (사전 2021법령해석재산−0210[법령해석과−3724], 2021.10.27.)

(특약매입거래) '수혜법인(납품업체)의 「대규모유통업에서의 거래 공정화에 관한 법률」 제2조제5호에 따른 특약매입거래로 발생한 매출액'은 상증법 제45조의3제1항제1호가목에 따른 특수관계법인(백화점등)에 대한 매출액에서 제외하지 않는 것임 (기준−2021−법령해석재산−0117[법령해석과−3681], 2021.10.25.)

제 5 절	특수관계법인으로부터 제공받은 사업기회로 발생한 이익의 증여의제

(상증법 제45조의4, 시행령 제34조의4, 일명: 일감떼어주기)

특수관계법인(중소기업은 제외)으로부터 사업기회를 제공받은 수혜법인의 지배주주에게 증여세를 과세할 수 있도록 증여의제 규정을 신설하였습니다. (상증법 제45조의4)

☞ 2016.1.1.이후 개시하는 사업연도에 사업기회를 제공받은 분부터 적용합니다.

- (과세대상) 특수관계법인(중소기업 제외)으로부터 사업기회를 제공받은 수혜법인 주주의 이익
- (사업기회 제공) 특수관계법인이 직접 수행하거나 다른 사업자가 수행하고 있던 사업기회를 임대차계약, 입점계약 등의 방법으로 제공받은 경우. 방법은 임대차계약, 입점계약, 대리점계약 및 프랜차이즈계약 등 명칭 여하를 불문
- (증여이익) ① 수혜법인의 3년간 영업이익 × 지배주주등의 지분율
  ② 3년 후 실제 손익을 반영하여 증여세 재계산
- (증여세 신고기한) ① 개시사업연도의 법인세 신고기한이 속하는 달의 말일부터 3개월이 되는 날
  ② 정산사업연도의 법인세 신고기한이 속하는 달의 말일부터 3개월이 되는 날

1 사업기회 제공

특수관계법인이 직접 수행하거나 다른 사업자가 수행하고 있던 사업기회를 임대차 계약, 입점계약 등의 방법으로 제공받는 경우를 말합니다. 사업기회 제공 방법은 임대차계약, 입점계약, 대리점계약 및 프랜차이즈계약 등 명칭여하를 불문한 약정을 모두 포함합니다. (상증법 제45조의4제1항, 시행령 제34조의3, 시행규칙 10조의9)

☞ **상증법 시행령 제34조의4(특수관계법인으로부터 제공받은 사업기회로 발생한 이익의 증여 의제)**
　② 법 제45조의4제1항에서 "대통령령으로 정하는 방법으로 사업기회를 제공받는 경우"란 특수관계법인이 직접 수행하거나 다른 사업자가 수행하고 있던 사업기회를 임대차계약, 입점계약 등 기획재정부령으로 정하는 방법으로 제공받는 경우를 말한다.

☞ **상증법 시행규칙 제10조의9(사업기회 제공방법)**
　① 영 제34조의4제2항에서 "임대차계약, 입점계약 등 기획재정부령으로 정하는 방법"이란 임대차계약, 입점계약, 대리점계약 및 프랜차이즈계약 등 명칭 여하를 불문한 약정을 말한다.

② 과세요건

지배주주와 그 친족의 주식보유비율이 100분의 30 이상인 법인이 지배주주와 특수관계에 있는 법인으로부터 사업기회를 제공받아야 합니다. 이 경우 주식보유비율은 직접보유비율에 간접보유비율이 포함됩니다. (상증법 제45조의4제1항)

☞ 2020.1.1. 주식보유비율에서 직접보유비율에 간접보유비율이 포함된다는 사실을 명확히 하였습니다.

1) 지배주주

지배주주는 상증법 제45조의3(특수관계법인과의 거래를 통한 이익의 증여 의제)제1항에 따릅니다. 즉, 일감몰아주기에서 설명한 요건과 동일합니다. (상증법 시행령 제34조의3제1항)

2) 특수관계법인

지배주주와 상증법 시행령 제2조의2(특수관계인의 범위)제1항제3호로부터 제8호까지의 규정에 따른 관계에 있는 자를 말하며, 조세특례제한법 제6조(창업중소기업 등에 대한 세액감면)제1항에 따른 중소기업과 수혜법인의 주식보유비율이 50%이상인 법인은 제외합니다. (상증법 45조의4제1항, 시행령 제34조의4제8항)

③ 증여의제이익

[{(제공받은 사업기회로 인하여 발생한 개시사업연도의 수혜법인의 이익 × 지배주주등의 주식보유비율) − 개시사업연도분의 법인세 납부세액 중 상당액} ÷ 개시사업연도의 월 수 × 12] × 3

사업기회를 제공받은 해당 사업부문(수혜법인)의 영업이익은 법인세법 제43조(기업회계기준과 관행의 적용)의 기업회계기준에 따라 계산한 매출액에서 매출원가 및 판매비와 관리비를 차감한 영업이익에 법인세법 제23조·제33조·제34조·제40조·제41조 및 법인세법 시행령 제44조의2·제74조에 따른 세무조정사항을 반영한 금액을 말합니다. (상증법 시행령 제34조의4제3항, 일감몰아주기 내용 참조)

지배주주등의 주식보유비율은 개시사업연도 종료일을 기준으로 적용합니다. (상증법 제45조의4제4항)

증여세 과세표준을 신고시 사업부문별로 회계를 구분하여 기록하지 아니한 사유등으로 해당 사업부문의 영업이익을 계산할 수 없는 경우에는 수혜법인의 영업이익은 세무조정 이후 전체 영업이익에서 해당 사업부문의 매출액이 전체 매출액에서 차지하는 비율을 곱하여 계산합니다. (상증법 시행령 제34조의4제3항) ☞ 2017.2.7.이후부터 적용됩니다.

$$\text{수혜법인의 전체 세무조정후 영업이익} \times (\text{해당사업부문의 매출액} \div \text{전체 매출액})$$

'법인세 납부세액등 상당액'은 ①의 세액에 ②의 비율을 곱하여 계산한 금액을 말합니다.

① 법인세법 제55조에 따른 수혜법인의 산출세액(법인세법 제55조의2에 따른 토지등 양도소득에 대한 법인세액은 제외)에서 법인세액의 공제·감면액을 뺀 금액

② 위의 영업이익에서 수혜법인의 사업연도 말일부터 증여세 과세표준 신고기한까지 수혜법인으로부터 배당받은 소득이 있는 경우에는 다음의 계산식에 따라 계산한 금액을 증여의제이익에서 제외합니다. 이 경우 공제 후의 금액이 음수인 경우에는 영으로 봅니다.

$$\text{배당소득} \times \frac{\text{상증법 제45조의4제1항에 따라 계산한 증여의제이익}}{\text{수혜법인의 사업연도 말일의 법인세법 시행령 제86조의2제1항에 따른 배당가능이익} \times \text{지배주주등의 수혜법인에 대한 주식보유비율}}$$

☞ 일감몰아주기와 일감떼어주기의 증여의제이익

구분	일감몰아주기	일감떼어주기
조문	상증법 제45조의3 (특수관계법인과의 거래를 통한 이익의 증여 의제)	상증법 제45조의4 (특수관계법인으로부터 제공받은 사업기회로 발생한 이익의 증여 의제)
계산식	(수혜법인 영업이익 – 수혜법인 영업손익에 관련 법인세) ×[특수관계법인 거래비율 – 5%(중소기업 50%, 중견기업 20%)] × [주식보유비율 – 0%(중소기업 10%, 중견기업 5%)]	(개시사업연도) [{(제공받은 사업기회로 인하여 발생한 개시사업연도의 수혜법인의 이익 × 지배주주등의 주식보유비율) – 개시사업연도분의 법인세 납부세액 중 상당액} ÷ 개시사업연도의 월 수 × 12] × 3 (정산사업연도) [(제공받은 사업기회로 인하여 개시사업연도부터 정산사업연도까지 발생한 수혜법인의 이익합계액) × 지배주주등의 주식보유비율] – 개시사업연도분부터 정산사업연도분까지의 법인세 납부액 중 상당액

4 정산

(상증법 제45조의4제3항)

증여의제이익이 발생한 수혜법인의 지배주주등은 개시사업연도부터 사업기회 제공일 이후 2년이 지난 날이 속하는 사업연도('정산사업연도')까지 수혜법인이 제공받은 사업기회로 인하여 발생한 실제 이익을 반영하여 다음 계산식에 따라 계산한 금액('정산증여의제이익')에 대한 증여세액과 당초

납부한 증여의제이익에 대한 증여세액과의 차액을 관할세무서장에게 납부하여야 합니다. 이 경우, 정산증여의제이익이 당초의 증여의제이익보다 적은 경우에는 그 차액에 상당하는 증여세액(당초 납부한 세액을 한도로 합니다)을 환급받을 수 있습니다. (상증법 제45조의4제3항)

[(제공받은 사업기회로 인하여 개시사업연도부터 정산사업연도까지 발생한 수혜법인의 이익 합계액) × 지배주주등의 주식보유비율] − 개시사업연도분부터 정산사업연도분까지의 법인세 납부액 중 상당액

지배주주 등이 수혜법인의 개시사업연도 말일부터 정산사업연도 증여세 과세표준 신고기한까지 수혜법인으로부터 배당받은 소득이 있는 경우에는 다음의 계산식에 따라 계산한 금액을 정산증여의제이익에서 공제합니다. 이 경우 공제 후의 금액이 음수인 경우에는 영으로 봅니다. (상증법 시행령 제34조의4제5항)

상증법 제46조의4제1항에 따른 개시사업연도 말일부터 같은 조 제5항에 따른 과세표준 신고기한 종료일까지 수혜법인으로부터 배당받은 소득의 합계 × {상증법 제45조의4제3항에 따라 계산한 증여의제이익 ÷ (수혜법인의 상증법 제45조의4제1항에 따른 개시사업연도 말일부터 같은 조 제3항에 따른 정산사업연도 말까지의 기간에 각 사업연도 말일을 기준으로 각 사업연도 단위로 계산한 법인세법 시행령 제86조의2 제1항에 따른 배당가능이익의 합계 × 지배주주등의 수혜법인에 대한 주식보유비율)}

⑤ 증여세 신고기한

개시사업연도의 법인세법 제60조(과세표준 등의 신고) 제1항에 따른 과세표준의 신고기한이 속하는 달의 말일부터 3개월이 되는 날입니다. (상증법 제45조의4제2항)

정산한 경우에는 증여세 과세표준의 신고기한은 정산사업연도의 법인세법 제60조제1항에 따른 과세표준의 신고기한이 속하는 달의 말일부터 3개월이 되는 날입니다. (상증법 제45조의4제5항)

〈1〉 사업기회

(의미) '특수관계법인이 직접 수행하는 사업기회'란 특수관계법인이 직접 수행하는 사업과 밀접한 관련이 있는 사업에 대한 기회를 말하는 것이고, 밀접한 관련이 있는지 여부는 특수관계법인과 수혜법인의 업종, 특수관계법인 수혜법인을 지원한 내용 등 구체적 사실관계에 따라 판단할 사항임 (기획재정부 재산세제과-882, 2019.12.27.)

(임대차계약) 수혜법인의 지배주주와 특수관계에 있는 법인으로부터 그 특수관계법인이 직접 수행하거나 다른 사업자가 수행하고 있던 사업기회를 임대차계약, 입점계약 등 기획재정부령으로 정하는 방법으로 제공받는 경우에는 상증법 제45조의4 적용하는 것임(서면-2017-상속증여-2557 [상속증여세과-73], 2020.02.06.)

(상증법 제45조의5, 시행령 제34의5)

☞ 특정법인과의 거래를 통한 증여세 과세개요

□ **증여세가 과세되는 특정법인의 범위**
- 지배주주 등이 주식보유비율(직접+간접)이 30% 이상 법인

□ **증여세가 과세되는 거래**
- 특정법인 최대주주등의 특수관계인이 그 특정법인과 거래하여 그 주주등이 이익을 얻은 경우
  - 해당 이익 중 그 주주의 지분율만큼을 증여재산가액으로 보아 증여세 과세
- 거래유형과 증여이익 계산

특정법인과의 거래	거래이익	최저과세기준
① 재산·용역을 무상 제공하는 거래	증여재산가액	거래금액이 3억원 (2015년도 이전 1억원 이상)
② 채무를 면제·인수 또는 변제하는 거래	채무면제 등 이익	
③ 재산·용역을 현저히 낮은 대가로 양도·제공하는 거래	재화·용역의 시가 - 대가	시가와 대가와의 차액이 시가의 30% 이상이거나 3억원 이상 (2015년도 이전 1억원이상)
⑤ 재산·용역을 현저히 높은 대가로 양도·제공받는 거래	재화·용역의 대가 -시가	
⑥ 시가보다 현저히 낮은 가액으로 현물출자하는 것	출자한 재산의 시가 - 대가	

- 증여재산가액의 계산

$$증여이익 = [해당거래이익 - (법인세산출세액 \times \frac{해당거래이익}{각 사업연도소득금액})] \times 주주등 지분율$$

※ 법인세산출세액 : 토지등 양도소득에 대한 법인세액 제외, 공제·감면액 차감

특정법인 주주의 특수관계인이 그 법인에게 재산(용역)을 증여하거나 현저한 저가·고가거래 등으로 특정법인의 최대주주 등에게 나누어준 이익에 대해서는 해당이익을 증여로 의제하여 증여세를 과세합니다. (상증법 제45조의5제1항) ☞ 2015.12.31이전에는 상증법 제41조입니다.

- (특정법인) 지배주주와 그 친족이 직접 또는 간접으로 보유하는 주식보유비율이 30% 이상인 법인

- (거래유형) 재산이나 용역을 무상으로 제공하는 것 등

- (증여이익)

$$[해당 거래이익 - (법인세산출세액 \times \frac{해당거래이익}{각 사업연도 소득금액})] \times 주주등의 지분율$$

(과세 경과)

이는 결손법인이나 휴면법인 등의 주식을 낮은 가격으로 자녀에게 취득시킨 후 당해법인에 재산을 증여하거나 채무를 대신 변제 해주는 방법을 통해 우량기업으로 성장시켜 법인세 및 증여세 부담없이 부를 이전하는 변칙적 증여행위를 방지하기 위하여 1996.12.31.신설되었습니다. 그후 과세대상 범위가 계속 확대되었으나, 법원의 무효판결이 있었으며, 2016.1.1.이후 증여예시 규정에서 증여의제규정으로 전환하였습니다.

2014.1.1.~2019.12.31.에는 흑자 영리법인도 '특정법인'으로 보아 증여세를 과세하도록 개정하였습니다. 즉 종전에는 특정 법인을 ① 결손금이 있는 법인 ② 휴·폐업 상태인 법인으로만 정하였으나, 흑자 영리법인을 이용한 변칙증여를 방지하고자 '지배 주주 등의 주식보유비율이 50% 이상인 법인'을 추가하여 그 법인의 지배주주등이 얻은 이익에 대해서도 증여세를 과세하도록 하였습니다. 결손금 한도규정을 삭제하고, 법인세 상당액을 차감하여 이익계산을 하도록 개정하였습니다.

2020.1.1.이후에는 특정법인의 범위를 증여세 과세의 지분율 요건 및 과세대상 주주범위 등을 법인의 결손여부 등과 관계없 이 일원화하여 지배주주와 그 친족이 직접 또는 간접으로 보유하는 주식보유비율이 30%이상 법인으로 개정하고 직접 증여한 경우보다 증여세액이 커지지 아니하도록 한도를 신설하였습니다.

2014.2.20.이전에는 상장법인을 제외하였으나, 2014.2.21.이후에는 상장법인을 제외하지 않습니다.

〈특정법인 및 이익 계산방법에 대한 개정연혁〉

□ 2003년 – 2015년 결손법인 관련

- (1997년 신설) 증여의제 규정으로 신설
- (대법원 패소) 거래를 전후하여 모두 부수인 경우에는 증가된 주식 등의 1주당 가액은 없는 것으로 보는 것임(대법원2003두 4249, 2003.11.28.)
- (2004년 개정) 증여의제규정에서 증여예시규정으로 전환, 이익 계산 방법 변경
  - (변경 전) 채무면제 등으로 증가된 1주당 가액 × 주식수
  - (변경 후) 채무면제이익 등 × 출자비율
- (대법원 패소) 개정된 상증법 시행령 제31조제6항에 대하여 위임범위를 벗어난 것으로 무효(대법원2006두19693, 2009.3.19.)
- (2010년 개정) '이익'을 '대통령령이 정하는 이익'으로 변경
- (대법원 패소) 개정된 상증법 시행령 제31조제6항은 위임범위를 벗어난 것으로 무효(대법원2015두45700, 2017.4.20.)
  - 〈구 상증법 시행령 제31조제6항 무효인 경우 증여세 과세 불가 (기획재정부 재산세제과-499, 2018.6.14.)〉
    - 구 상증법 시행령 제31조제6항(2014.1.1. 법률 제12168호로 개정되기 전의 것)이 법원의 판결에 따라 무효로 되어 2010.2.18.부터 2014.2.21.사이에 발생한 특정법인과의 거래를 통한 이익의 증여에 대해 구 상증법 시행령 제31조 제6항(2016.2.5. 대통령령 제26960호로 개정되기 전의 것)을 적용하여 과세할 수 없음

□ (2014년) 특정법인의 범위에 흑자영리법인을 추가

□ (2016년) 증여예시규정에서 증여의제규정으로 전환

□ (2020년) 특정법인의 범위를 지배주주와 그 친족이 직접 또는 간접으로 보유하는 주식보유비율이 30% 이상인 법인으로 하 고, 한도를 신설

1 과세요건

1) 특정법인과의 거래

 지배주주와 그 친족('지배주주등'이라 합니다)이 직접 또는 간접으로 보유하는 주식보유비율이 100분의 30 이상인 법인(이하 이 조 및 상증법 제68조에서 "특정법인"이라 합니다)이 지배주주의 특수관계인과 거래를 하는 경우에는 거래한 날을 증여일로 하여 그 특정법인의 이익에 특정법인의 지배주주등의 주식보유비율을 곱하여 계산한 금액을 그 특정법인의 지배주주등이 증여받은 것으로 봅니다. (상증법 제45조의5제1항)

☞ 이는 2020.1.1. 이후부터 적용합니다.

☞ 2014.1.1.부터 2019.12.31.까지는 '지배주주등의 주식보유비율'이 50%이상 법인이었으나, 2020.1.1.부터 30%이상 법인으로 강화되었습니다.

 이 경우 지배주주는 상증법 시행령 제34조의3(특수관계법인과의 거래를 통한 이익의 증여의제)제1항에 따라 판단합니다. (상증법 시행령 제34조의3제1항 → 상증법 제45조의3부터 45조의5까지 적용)

☞ 특정법인 개정연혁

2013년 이전	2014-2019년	2020년 이후
① 결손법인 ② 휴폐업법인	① 결손법인 ② 휴폐업법인 ③ 흑자영리법인(50%)	지배주주 등이 주식보유비율(직접+간접)이 30% 이상 법인

☞ 결손금 개정연혁

2016.2.4. 이전	2016.2.5.~2019.12.31.
증여일이 속하는 사업연도까지 결손금이 있는 법인	증여일이 속하는 사업연도의 직전 사업연도까지 결손금이 있는 법인

2) 과세대상

 과세대상은 다음과 같은 항목입니다. (상증법 제45조의5제1항 각 호, 시행령 34조의5제6항)

 ① 재산 또는 용역을 무상으로 제공받는 것 (상증법 제45조의5제1항제1호)

 ② 재산 또는 용역을 통상적인 거래 관행에 비추어 볼 때 현저히 낮은 대가로 양도·제공받는 것 (상증법 제45조의5제1항제2호)

 ③ 재산 또는 용역을 통상적인 거래 관행에 비추어 볼 때 현저히 높은 대가로 양도·제공하는

것 (상증법 제45조의5제1항제3)

④ 해당 법인의 채무를 면제ㆍ인수 또는 변제하는 것. 다만, 해당 법인이 해산(합병 또는 분할에 의한 해산은 제외합니다) 중인 경우로서 주주등에게 분배할 잔여재산이 없는 경우는 제외합니다. (상증법 시행령 34조의5제6항제1호)

⑤ 시가보다 낮은 가액으로 해당 법인에 현물출자하는 것 (상증법 시행령 34조의5제6항제2호)

☞ 낮은 대가의 대상 개정 연혁

1997.1.1.-1997.11.9.	1997.11.10.-1999.12.31.	2000.1.1.이후
부동산	부동산 및 유가증권	모든 재산 및 용역

☞ 높은 대가의 개정연혁

1997.11.10.-1999.12.31.	2000.1.1.이후
부동산 및 유가증권	모든 재산 및 용역

3) 현저히 낮은 대가 또는 높은 대가의 범위

각각 해당 재산 및 용역의 시가와 대가(현물 출자의 경우에는 출자한 재산에 대하여 교부받은 주식등의 액면가액의 합계액을 말합니다)와의 차액이 시가의 100분의 30이상이거나 그 차액이 3억원 이상인 경우의 해당가액을 말합니다. (상증법 제45조의5제1항, 시행령 34조의5제7항)

이 경우 금전을 대부하거나 대부받는 경우에는 상증법 제41조의4(금전 무상대출 등에 따른 이익의 증여)를 준용하여 계산한 이익으로 합니다. (상증법 시행령 34조의5제7항)

☞ 현저히 낮은 대가 또는 높은 대가의 범위 개정연혁

2015.12.31.이전	2016.1.1.이후
차액이 시가의 30% or 차액이 1억원 이상	차액이 시가의 30% or 차액이 3억원 이상

재산 또는 용역의 시가는 법인세법 시행령 제89조(시가의 범위 등)에 따릅니다. (상증법 시행령 34조의5제8항) ☞ 2019.2.12. 개정되었습니다.

☞ 2019.2.12.이전에는 '재산 및 용역의 시가가 불분명한 경우에 그 시가는' 법인세법 제89조(시가의 범위 등)를 따르도록 하였습니다.

☞ **재산 또는 용역의 시가 적용 개정연혁**

2019.2.11.까지	2019.2.12.이후
재산 또는 용역의 시가가 불분명한 경우에 그 시가는 법인세법 시행령 제89조에 따른다.	재산 또는 용역의 시가는 법인세법 시행령 제89조에 따른다.

☞ **법인세법 시행령 제89조(시가의 범위 등)**

① 법인세 제52조제2항을 적용할 때 해당 거래와 유사한 상황에서 해당 법인이 특수관계인 외의 불특정다수인과 계속적으로 거래한 가격 또는 특수관계인이 아닌 제3자간에 일반적으로 거래된 가격이 있는 경우에는 그 가격에 따른다. 다만, 주권상장법인이 발행한 주식을 다음 각 호의 어느 하나에 해당하는 방법으로 거래한 경우 해당 주식의 시가는 그 거래일의 「자본시장과 금융투자업에 관한 법률」 제8조의2제2항에 따른 거래소(이하 "거래소"라 한다) 최종시세가액(거래소 휴장 중에 거래한 경우에는 그 거래일의 직전 최종시세가액)으로 하며, 기획재정부령으로 정하는 바에 따라 사실상 경영권의 이전이 수반되는 경우(해당 주식이 「상속세 및 증여세법 시행령」 제53조제8항 각 호의 어느 하나에 해당하는 주식인 경우는 제외한다)에는 그 가액의 100분의 20을 가산한다. 〈개정 2023.2.28〉

1. 「자본시장과 금융투자업에 관한 법률」 제8조의2제4항제1호에 따른 증권시장 외에서 거래하는 방법

2. 대량매매 등 기획재정부령으로 정하는 방법

② 법인세 제52조제2항을 적용할 때 시가가 불분명한 경우에는 다음 각 호를 차례로 적용하여 계산한 금액에 따른다.

1. 「감정평가 및 감정평가사에 관한 법률」에 따른 감정평가법인등이 감정한 가액이 있는 경우 그 가액(감정한 가액이 2 이상인 경우에는 그 감정한 가액의 평균액). 다만, 주식등 및 가상자산은 제외한다.

2. 「상속세 및 증여세법」 제38조 · 제39조 · 제39조의2 · 제39조의3, 제61조부터 제66조까지의 규정을 준용하여 평가한 가액. 이 경우 「상속세 및 증여세법」 제63조제1항제1호나목 및 같은 법 시행령 제54조에 따라 비상장주식을 평가할 때 해당 비상장주식을 발행한 법인이 보유한 주식(주권상장법인이 발행한 주식으로 한정한다)의 평가금액은 평가기준일의 거래소 최종시세가액으로 하며, 「상속세 및 증여세법」 제63조제2항제1호 · 제2호 및 같은 법 시행령 제57조제1항 · 제2항을 준용할 때 "직전 6개월(증여세가 부과되는 주식등의 경우에는 3개월로 한다)"은 각각 "직전 6개월"로 본다.

③ 제88조제1항제6호 및 제7호에 따른 금전의 대여 또는 차용의 경우에는 제1항 및 제2항에도 불구하고 기획재정부령으로 정하는 가중평균차입이자율(이하 "가중평균차입이자율"이라 한다)을 시가로 한다. 다만, 다음 각 호의 경우에는 해당 각 호의 구분에 따라 기획재정부령으로 정하는 당좌대출이자율(이하 "당좌대출이자율"이라 한다)을 시가로 한다.

1. 가중평균차입이자율의 적용이 불가능한 경우로서 기획재정부령으로 정하는 사유가 있는 경우: 해당 대여금 또는 차입금에 한정하여 당좌대출이자율을 시가로 한다.

1의 2. 대여기간이 5년을 초과하는 대여금이 있는 경우 등 기획재정부령으로 정하는 경우: 해당 대여금 또는 차입금에 한정하여 당좌대출이자율을 시가로 한다.

2. 해당 법인이 법 제60조에 따른 신고와 함께 기획재정부령으로 정하는 바에 따라 당좌대출이자율을 시가로 선택하는 경우: 당좌대출이자율을 시가로 하여 선택한 사업연도와 이후 2개 사업연도는 당좌대출이자율을 시가로 한다.

④ 제88조제1항제6호 및 제7호에 따른 자산(금전은 제외한다) 또는 용역을 제공할 때 제1항 및 제2항을 적용할 수 없는 경우에는 다음 각 호에 따라 계산한 금액을 시가로 한다. 〈개정 2000.12.29, 2001.12.31, 2012.2.2, 2021.2.17〉

1. 유형 또는 무형의 자산을 제공하거나 제공받는 경우에는 당해 자산시가의 100분의 50에 상당하는 금액에서 그 자산의 제공과 관련하여 받은 전세금 또는 보증금을 차감한 금액에 정기예금이자율을 곱하여 산출한 금액

2. 건설 기타 용역을 제공하거나 제공받는 경우에는 당해 용역의 제공에 소요된 금액(직접비 및 간접비를 포함하며, 이하 이 호에서 "원가"라 한다)과 원가에 해당 사업연도 중 특수관계인 외의 자에게 제공한 유사한 용역제공거래 또는 특수관계인이 아닌 제3자간의 일반적인 용역제공거래를 할 때의 수익률(기업회계기준에 따라 계산한 매출액에서 원가를 차감한 금액을 원가로 나눈 율을 말한다)을 곱하여 계산한 금액을 합한 금액

⑤ 제88조의 규정에 의한 부당행위계산에 해당하는 경우에는 법 제52조제1항의 규정에 의하여 제1항 내지 제4항의 규정에 의한 시가와의 차액 등을 익금에 산입하여 당해 법인의 각 사업연도의 소득금액을 계산한다. 다만, 기획재정부령이 정하는 금전

의 대여에 대하여는 이를 적용하지 아니한다.

⑥ 제88조제1항제8호 및 제8호의2의 규정에 의하여 특수관계인에게 이익을 분여한 경우 제5항의 규정에 의하여 익금에 산입할 금액의 계산에 관하여는 그 유형에 따라 「상속세 및 증여세법」 제38조 · 제39조 · 제39조의2 · 제39조의3 · 제40조 · 제42조의2와 같은 법 시행령 제28조제3항부터 제7항까지, 제29조제2항, 제29조의2제1항 · 제2항, 제29조의3제1항, 제30조제5항 및 제32조의2의 규정을 준용한다. 이 경우 "대주주" 및 "특수관계인"은 이 영에 의한 "특수관계인"으로 보고, "이익" 및 "대통령령으로 정하는 이익"은 "특수관계인에게 분여한 이익"으로 본다.

② 특수관계인의 범위

지배주주의 특수관계인을 말합니다. (상증법 시행령 제34조의3제1항)

☞ 특수관계인 개정연혁

2019.12.31.이전	2020.1.1.이후
① 결손 ② 휴폐업법인 : 특정법인의 최대주주등의 특수관계인 ③ 흑자영리법인 : 지배주주 등의 배우자·직계존비속 또는 그 배우자·직계존비속이 최대주주 등으로 있는 법인	지배주주와 특수관계인

③ 증여재산가액

1) 유형별 증여재산가액의 계산

각 주주의 증여이익은 아래와 같이 계산합니다. 다만, 각 주주별 증여이익이 1억원 이상인 경우에 한하여 증여세가 과세됩니다.(상증법 시행령 34조의5제5항 ☞ 2014.1.10이후부터 적용됩니다.) 지배주주 등이 직접 증여받은 경우의 증여세상당액에서 특정법인이 부담한 법인세 상당액을 차감한 금액을 초과하는 경우 그 초과액은 없는 것으로 봅니다. (상증법 제45조의5ㅈ[2항. 시행령 제34조의5제9항, ☞ 2020.1.1.이후부터 적용됩니다.)

$$[\text{특정법인의 이익} - \{\text{법인세산출세액(공제·감면액 차감)} \times \frac{\text{특정법인의 이익}}{\text{각 사업연도 소득금액}}\}] \times \text{주주등의 지분율}$$

법인세 산출이익은 공제·감면액을 뺀 금액이며, 토지 등 양도소득에 대한 법인세액은 제외합니다. (상증법 시행령 제34조의5제4항제2호가목)

유형별로 산식을 구분하면 아래와 같고, 법인세상당액을 계산할 때(해당 거래이익 / 각 사업연도 소

득금액)의 비율이 1을 초과하는 경우에는 1로 합니다. (상증법 시행령 제34조의5제4항제2호나목)

직접 증여받은 경우의 '증여상당'액은 특정법인의 이익에 지분율을 곱한 금액을 해당 주주가 직접 증여받은 것을 볼 때의 증여세를 말하고, '법인세 상당액'은 '법인세 산출세액에서 각 사업연도 소득금액에서 각 사업연도 소득금액에서 해당 거래이익이 차지하는 비율을 곱하여 계산한 금액'에 해당 지배주주등의 주식보유비율을 곱한 금액으로 합니다. (상증법 시행령 제34조의5제9항)

이 경우 초과배당은 재산을 무상으로 제공한 거래에 해당합니다. (기획재정부 재산세제과-434, 2019.6.18.)

(1) 재산증여

증여이익 = (해당 법인이 얻은 증여재산가액 − 법인세상당액) × 지분율

(2) 채무면제·인수·변제

증여이익 = (해당법인이 얻은 증여재산가액 − 법인세상당액) × 지분율

(3) 저가양도

증여이익 = (시가 − 대가 − 법인세상당액) × 지분율

(4) 고가양수

증여이익 = (대가 − 시가 − 법인세상당액) × 지분율

(5) 저가 현물출자

증여이익 = (시가 − 교부받은 주식의 액면가액 합계 − 법인세상당액) × 지분율

2) 주주등의 지분율

다음 구분에 따른 지분율을 말합니다. (상증법 제45조의5제1항)

지배주주 등의 지분율이 30% 이상인 법인 : 그 특정법인의 지배주주 등의 주식보유비율

☞ 2020.1.1부터 적용합니다. 2019.12.31이전에는 지배주주등의 주식보유비율이 50% 이상인 법인이 해당되었습니다.

구분	2013.12.31.이전	2014.1.1이후	2020.1.1.이후	2022.2.15.이후
증여의제이익	특정법인의 이익 × 지분율	(특정법인의 이익－법인세 상당액) × 지분율	(특정법인의 이익－특정법인의 이익에 대한 법인세) × 지분율	(특정법인의 이익 － 특정법인의 이익에 대한 법인세) × 지분율
과세요건	결손금 한도	삭제	증여의제이익 증여세 － 법인세상당액 〉 0	직접 증여 증여세액 － 법인세 상당액 〉 0

* 직접증여 증여세액 : 특정법인의 이익 × 지분율 × 증여세율
* 법인세상당액 : 특정법인의 이익에 대한 법인세 × 지분율

☞ 특정법인과의 거래를 통한 이익의 증여의제 적용 시 증여세 한도액 계산방식 정비

2022.2.15. 이전	2022.2.15. 이후
[증여재산가액 － 법인세 상당액]에 대한 증여세로 계산	증여재산가액에 대한 증여세 * 법인세 상당액을 차감하지 않고 전체 증여재산가액을 기준으로 증여세 계산

4 증여시기

지배주주등(지배주주와 그 친족)의 특수관계인과 거래를 하는 경우에는 거래한 날을 증여일로 봅니다. (상증법 제45조의5제1항)

증여이익이 발생하는 유형, 즉 재산의 증여, 무상제공, 채무의 면제·인수 등에 따라 개별적으로 증여시기를 판단합니다.

☞ 부동산을 특정법인에 증여한 경우 해당 '거래를 한 날'을 증여일로 하며, 이때의 '거래를 한 날'은 계약의 내용과 토지의 사용현황 등 제반사정을 종합하여 소득세법 제98조 및 소득세법 시행령 제162조제1항에 따라 판정합니다. (기준-2020-법령해석재산-0018, 2020.6.30.)

5 증여세 신고기한

특정법인의 법인세법 제60조(과세표준 등의 신고)제1항에 따른 과세표준의 신고기한이 속하는 달의 말일부터 3개월이 되는 날입니다.

〈1〉 (2014.2.21.전) 특정법인과의 거래시 증여세 과세 방법

특정법인에 재산의 무상제공 등이 있으면 그 자체로 주주 등이 이익을 얻은 것으로 간주함으로써, 주주등이 실제로 얻은 이익의 유무나 다과와 무관하게 증여세 납세의무를 부담하도록 정하고 있어 모법인 개정 법률 조항의 규정취지에 반할 뿐만 아니라 그 위임 범위를 벗어남 (대법원2015두45700, 2017.4.20.)

〈1-1〉 시행령이 무효인 조문을 근거로 처분한 경우

(기재부 – 무효 아님) 국세부과제척기간이 경과한 경우 무효인 구 상증법 제31조를 근거로 한 과세처분을 상증법 제76조에 따라 경정할 수 없음(기획재정부 재산세제과–499, 2018.6.14.)

(법원 – 무효 아님) 서울행법2017구합82260, 2018.11.2.

(법원 – 무효) 서울고법2018누74954, 2019.9.27.

〈1-2〉 (2014.2.21.개정 – 2016.2.4.) 특정법인과의 거래시 증여세 과세방법

(기재부) 구 상증법 시행령 제31조제6항을 적용하여 과세할 수 없음 (기획재정부 재산세제과–499, 2018.6.14.)

(법원) 2014년 개정 상증법 시행령 제31조제6항 역시 2014년 개정 상증법 제41조제1항의 규정 취지에 반할 뿐만 아니라 그 위임범위를 벗어나 조세법률주의 원칙에 따라 마땅히 국회가 법률로 정하여야 할 사항인 과세요건을 창설한 것으로서 무효라고 봄이 타당함(대법원2019두35695, 2021.9.9.)

〈2〉 2013.12.31. 이전 흑자영리법인의 주주에 대한 증여세 과세

(법원) 개별 가액산정규정에서 규율하고 있는 거래·행위 중 증여세 과세대상에서 제외된 거래행위에 대해서는 증여세를 과세할 수 없음 (대법원2014두5408, 2015.10.15.)

(과세관청) 상증법(2014.1.1. 법률 제12168호로 개정되기 전의 것) 제41조의 특정법인이 아닌 법인의 주주와 특수관계에 있는 자가 2013.12.31. 이전 해당 법인에 자산을 증여하는 경우 해당 법인의 주주에 대해서는 증여세가 과세되지 아니함(기획재정부 재산세제과–273, 2016.4.20.)

개정된 상증법 시행령(2016.2.5. 령 제26960호로 개정) 시행일 전 특정법인과의 거래를 통한 증여에 개정된 상증법 제45조의5 및 상증법 시행령 제34조의4를 적용할 수 없음(기획재정부 조세법령운용과–480, 2022.5.16.)

〈3〉 본인증여

(법인의 주주가 증여자 개인인 경우) 특정법인에 증여한 자가 당해 특정법인의 지배주주에 해당하는 경우 본인으로부터의 증여에 해당하는 금액은 증여세 과세 제외(서면4팀–328, 2006.2.17.)

(법인과 법인이 거래한 경우) 특정법인의 주주인 자가 주주로 있는 법인이 특정법인에 증여한 경우에는 증여세 과세대상에 해당함(기준–2015–법령해석재산–0087, 2015.6.1.)

〈4〉 주식보유비율 등에 간접보유비율 포함 여부

상증법 (2015.12.15. 법률 제13557호로 개정된 것) 제45조의5제1항의 주식보유비율은 특정법인의 유형에 따라 각각 판단하며, 상증법 시행령 제34조의4제5항제1호의 최대주주등의 주식 등의 비율은 직접 보유한 주식을 기준으로 판단하는 것임(기획재정부 재산세제과-0968, 2018.11.7.)

〈5〉 (2016.1.1. − 2016.2.4.) 시행령 무효 후 시행령 신설 전 거래

2016년 증여분에 대한 증여세 부과처분은 2015년 개정 상증법 제45조의5에 관한 시행령이 마련되지 않은 상태에서 과세를 위한 일부 요건을 시행령에 위임한 위 법 규정만을 근거로 이루어진 것이므로, 조세법률주의의 원칙이나 소급과세금지의 원칙 등에 비추어 위법함(대법원2019두39635, 2021.10.28.)

〈6〉 과세대상

(현물출자) '시가보다 낮은 가액으로 특정법인에 현물출자하는 것'은 특정법인과의 거래를 통한 이익의 증여의제 적용대상 거래에 해당함(기준2016법령해석재산-0299, 2021.10.25.)

(초과배당) 초과배당은 재산을 무상으로 제공한 거래에 해당(기획재정부 재산세제과-434, 2019.6.18.)

(불균등유상증자) 특정법인(이하 '특정법인')이 주주인 법인 A씨가 유상감자를 실시하는 경우로서 법인A의 주주 중 을(특정법인의 주주인 갑과 특수관계에 있는 자)만 저가 유상증자에 참여하여 특정법인이 이익을 분여받은 경우 특정법인의 주주인 갑에 대해서는 상증법 제45조의5의 증여의제 규정을 적용하여 증여세를 과세할 수 없음(사전2017법령해석재산-0150, 2017.5.17.)

(불균증유상감자) 불균등 유상감자로 특정법인이 이익을 얻은 경우 상증법 제45조의5 규정이 적용되지 않는 것임(서면2021자본거래-0666, 2021.3.23.)

법인과 특수관계인 간의 거래 시 제기되는 부당행위계산부인의 이해

(국세청 책자 발췌)

법인과 특수관계인(법인세법 제2조제5항, 대표이사, 임원, 주주 등) 간 자산거래 시 부당행위계산부인 문제가 제기될 경우, 고액의 세금이 과세될 뿐만 아니라, 과세 관청과 납세자 간 과세쟁점이 되며, 법리상 다툼이 되기도 합니다.

본문은 국세청에서 파일로 만들어 공개한 알기 쉬운 법인세법 주제별 가이드 「부당행위계산 부인」(2022.12, 272페이지) 가운데 총론 및 납세자가 반드시 이해하여야 할 중요성이 있는 부분을 일부 발췌하여 수록하였습니다.

법인세법상 부당행위계산부인은 소득세법(소득세, 양도소득세)과 상증법(증여세)에도 영향을 미치므로, 부당행위계산부인이 적용될 경우, 해당 법인과 해당 법인의 특수관계자는 고액의 세금을 부담하는 경우가 종종 발생합니다. 따라서 법인사업자는 반드시 이해하여야 할 내용입니다.

본문 편집 과정에서 국세청 책자는 경칭을 사용하지 않고 있으나, 이 책을 읽는 분들의 편의를 위하여 경칭을 써서 서술하였습니다. 아울러 발췌상 저자의 의견이 필요한 경우, 저자 주로 표시하였으며, 법령 조항이 이동한 경우, 변경된 조문을 표시하였습니다. 또한 국세청 책자에는 조문의 명칭을 생략하고 있으나, 이해를 돕기 위하여 가능한 한 법령 조문의 명칭을 괄호 안에 표시하였습니다.

1 법인세법상 부당행위계산부인의 개념 및 취지

1) 개념

☞ 부당행위계산부인 제도는 법인이 특수관계인과의 거래를 함에 있어서 경제적 합리성을 무시함으로써 해당 법인의 소득에 대한 조세의 부담을 부당히 감소시킨 것으로 인정되는 경우 과세관청이 법인의 행위 또는 소득금액의 계산에도 불구하고 객관적으로 타당한 소득이 있었던 것으로 보아 그 소득금액을 다시 계산하여 과세하는 제도입니다.

부당행위계산부인이란 내국법인의 행위 또는 소득금액의 계산이 특수관계인과의 거래로 인하여 그 법인의 소득에 대한 조세의 부담을 부당하게 감소시킨 것으로 인정되는 경우에는 그 법인의 행위 또는 소득금액의 계산(이하 '부당행위계산부인'이라 합니다.)과 관계없이 그 법인의 각 사업연도의 소득금액을 계산하는 것을 말합니다.

다만, 부당행위계산부인은 사법상 적법유효한 행위계산을 전제로 하는 것이기 때문에 그 기초적 사실관계는 진실로 존재하여야 합니다.

따라서, 법인 장부상의 기초적 사실내용이 허위인 경우에는 법인세법상 부당행위계산부인 제도에 의하여서가 아니라, 법인세법 제66조(결정 및 경정)의 과세관청의 과세표준 경정·결정권 등에 의하여 허위사실을 부인함으로써 과세표준을 경정할 수 있는 것입니다.

즉 실재하지 아니하거나 사실관계에 부합하지 아니하는 행위 또는 소득금액계산이 무효인 법률행위 등은 부당행위계산부인의 대상이 아닙니다.

☞ (판례) 특수관계에 있는 자와의 거래로 법인의 소득에 대한 조세부담을 부당히 감소시킨 것으로 인정되는 경우에는 그 법인의 행위 또는 계산의 효력을 부인하고 정부가 소득금액을 독자적으로 계산하는 제도인 것이므로 그 기초적 사실행위는 진실로서 존립하는 것이어야 하며, 그 행위 존재 자체가 부정되고 진실한 거래에 대하여 과세되어야 하는 것은 당연한 이치라고 할 수 있다.(대법원 89누466, 1982.11.23. 외)

또한 조세법적 관점에서 과세관청에 의하여 부인된 그 행위계산에 대신하여 적정하다고 인정한 정상적 행위계산에 따라 그 법인의 소득금액을 다시 계산하는 것이므로 현실로 행하여진 행위계산 자체에는 어떠한 실체적 변동을 가져오는 것이 아니며, 사법상 효력까지 부인하는 것은 아닙니다.

한편, 실질과세의 원칙에 의하여 당사자의 거래행위를 그 법 형식에도 불구하고 조세회피행위라고 하여 그 행위계산의 효력을 부인할 수 있으려면 조세법률주의의 원칙상 법률에 개별적이고 구체적인 부인규정이 마련되어 있어야 합니다. (대법원91누13571, 1992.9.22.)

이에 따라 법인세법에서는 법인세법 제52조에서 부당행위계산부인 규정을 두고 있습니다.

☞ 법인세법 제52조(부당행위계산의 부인)
① 납세지 관할 세무서장 또는 관할지방국세청장은 내국법인의 행위 또는 소득금액의 계산이 특수관계인과의 거래로 인하여 그 법인의 소득에 대한 조세의 부담을 부당하게 감소시킨 것으로 인정되는 경우에는 그 법인의 행위 또는 소득금액의 계산(이하 "부당행위계산"이라 한다)과 관계없이 그 법인의 각 사업연도의 소득금액을 계산한다. 〈개정 2011.12.31, 2018.12.24〉
② 제1항을 적용할 때에는 건전한 사회 통념 및 상거래 관행과 특수관계인이 아닌 자 간의 정상적인 거래에서 적용되거나 적용될 것으로 판단되는 가격(요율·이자율·임대료 및 교환 비율과 그 밖에 이에 준하는 것을 포함하며, 이하 "시가"라 한다)을 기준으로 한다. 〈개정 2011.12.31, 2018.12.24〉
③ 내국법인은 대통령령으로 정하는 바에 따라 각 사업연도에 특수관계인과 거래한 내용에 관한 명세서를 납세지 관할 세무서장에게 제출하여야 한다. 〈개정 2011.12.31, 2018.12.24〉
④ 제1항부터 제3항까지의 규정을 적용할 때 부당행위계산의 유형 및 시가의 산정 등에 필요한 사항은 대통령령으로 정한다. 〈개정 2018.12.24〉
[전문개정 2010.12.30.]

2) 제도 취지

☞ 건전한 사회통념이나 상관행에 비추어 경제적 합리성을 결여한 비정상적인 행위 또는 계산에 대한 과세 형평 제고 및 조세회피 방지에 있습니다.

부당행위계산부인 제도를 둔 취지는 법인이 특수관계인과의 거래에 있어 그 행위 또는 계산이 사실에 합치되고 법률상 적법유효한 것이라 하더라도 그 거래행위가 경제적 합리성을 무시하였다고 인정되는 비정상적인 것으로서 조세법적 측면에서 부당한 것이라고 보일 때, 과세권자가 법인의 행위 또는 계산을 부인하고 객관적으로 타당하다고 인정되는 소득이 있었던 것으로 의제하여 과세함으로써 과세의 공평을 기하고 조세회피 방지를 방지하고자 하는데 있습니다. (대법원 2016두 1254, 2006.11.10.)

즉 부당행위계산부인 제도는 특수관계인과의 거래를 함에 있어서 경제인의 입장에서 볼 때 부자연스럽고 불합리한 행위 또는 계산을 함으로 인하여 경제적합리성을 무시하였다고 인정되는 경우에 한하여 적용됩니다. 따라서 경제적 합리성이 있다면 부당행위계산부인의 대상이 되지 않습니다.

경제적 합리성의 유무에 대한 판단은 해당 거래행위의 대가관계만을 따로 떼내어 단순히 특수관계인이 아닌 자와의 거래형태에서는 통상 행하여지지 아니하는 것이라 하여 바로 이에 해당하는 것으로 볼 것이 아니라, 거래행위의 제반사항을 구체적으로 고려하여 과연 그 거래행위가 건전한 사회통념이나 상거래 관행에 비추어 경제적 합리성을 결여한 비정상적인 것인지의 여부에 따라 판단하되, 비특수관계인 간의 거래가격, 거래 당시의 특별한 사정 등도 고려하여야 합니다.

☞ (판례) 경제적 합리성의 유무에 대한 판단은 당해 거래행위의 대가관계만을 따로 떼내어 단순히 특수관계자가 아닌 자와의 거래행태에서는 통상 행하여지지 아니하는 것이라 하여 바로 이에 해당되는 것으로 볼 것이 아님 (대법원 95누6751, 1996.7.26.)

2 법인세법상 부당행위계산부인의 효과

1) 소득금액의 재계산 및 소득처분

☞ 부당행위계산에 따른 법인의 소득금액은 해당 행위를 부인하여 수정된 소득에 따라 계산하고, 이익을 분여 받은 특수관계인에 대하여 소득처분합니다.

내국법인의 행위 또는 계산이 부당행위계산에 해당되는 경우에는 과세관청은 그 법인의 행위 또는 소득금액 계산에 관계없이 객관적으로 타당하다고 보여지는 소득이 있었던 것으로 의제하여 소득금액을 재계산하고 그 소득의 귀속자에게 소득처분을 합니다.

따라서 부당행위계산부인의 요건을 충족하는 경우에는 해당 법인에게 시가와의 차액 등을 익금산입하거나 손금불산입하여 법인세를 과세합니다.

아울러, 익금산입하거나 손금불산입하는 금액에 대하여는 법인세법 시행령 제106조(소득처분)제1항에 따라 사외에 유출된 경우 그 소득의 귀속자에 따라 배당·상여·기타 사외유출·기타소득으로 소득처분을 하고, 사외에 유출되지 않은 경우에는 사내유보로 소득처분을 합니다.

☞ 법인세법 시행령 제106조(소득처분)제1항에 따른 소득처분

구분			소득처분
사외유출	귀속자가 분명한 경우	1. 주주(주주인 임원·직원은 제외)	배당
		2. 임원 또는 직원(주주인 임원·직원 포함)	상여
		3. 법인 또는 개인사업자	기타 사외유출
		4. 1-3외의 자	기타소득
	귀속자가 불문명한 경우		대표자 상여
사외에 유출되지 않은 경우			사내유보

2) 거래 당사자에 미치는 효과

☞ 부당행위계산부인의 효과는 과세소득금액 계산에만 영향을 미치고 그 행위의 법률적 효력에 영향을 미치는 것은 아닙니다.

법인세법상의 부당행위계산부인 제도는 과세목적상 소득금액의 재계산을 위한 것임에 불과하며, 법인과 그 특수관계인과의 사이에 적법유효하게 성립한 법률행위나 계산 그 자체의 사법상 효력까지 부인하는 것은 아닙니다.

한편, 부당행위계산부인의 규정을 적용하여 법인의 각 사업연도 소득금액을 재계산하는 경우 그 거래상대방에 대해서는 일반적으로 대응조정이 허용되지 않습니다.

예를 들어, 법인이 특수관계법인에 자산을 저가로 양도한 경우 저가로 양도한 법인의 소득금액만 재계산 하는 것이지, 거래상대방인 특수관계법인의 취득가액을 시가로 조정하지 않습니다.

☞ 법인이 특수관계 있는 법인에게 자산을 저가로 양도한 경우 세부담이 감소한 양도법인의 소득금액만 재계산함
  • 양도법인 : 시가에 의한 양도차익 계산
        → 저가 양도에 따른 세부담 감소분 부당행위계산 부인
  • 양수법인 : 실지거래가액(저가취득액)으로 취득가액 계산
        → 결과적으로 동 자산 양도 시 처분이익으로 과세

다만, 거주자의 양도소득 과세대상이 되는 자산을 양도함에 있어 해당 자산을 특수관계법인으로부터 취득한 경우로서 법인세법 제67조(소득처분)에 따라 거주자의 상여배당 등으로 처분된 금액이 있으면 이중과세 방지를 위하여 그 상여·배당 등으로 처분된 금액을 소득세법 시행령 제163조(양도자산의 필요경비)제10항에 따라 취득가액에 대하여, 일정한 자본거래를 통해 특수관계인으로부터 이익을 분여 받은 법인의 경우에는 분여 받은 이익을 법인세법 시행령 제72조(자산의 취득가액 등)제5항 및 같은 법 시행규칙 제37조(자산의 취득가액)제2항에 따라 취득가액에 더합니다.

③ 법인세법과 다른 세법 규정과의 관계

1) 소득세법 상 양도소득 부당행위계산부인과의 관계

☞ 법인세법상 부당행위계산부인 대상이 아닌 거래에 대하여는 원칙적으로 소득세법상 양도소득 부당행위계산부인 규정을 적용하지 아니합니다.

개인과 법인 간에 재산을 양수하거나 양도하는 경우 법인세법과 소득세법의 부과기준, 시가 산정방법 등의 차이로 인해 법인세법 상으로는 부당행위계산부인의 대상이 아니지만, 소득세법 상으로는 양도소득 부당행위계산부인 규정에 해당되어 양도소득세 과세대상이 되는 불합리한 문제가 발생하였습니다.

이러한 문제를 해결하기 위해 2004년 1월 1일 이후 양도소득세 과세표준을 신고하는 분부터는 개인과 법인 간에 재산을 양수 또는 양도하는 경우 그 거래가액이 법인세법 규정에 따른 시가로 인정되어 해당 법인에 대하여 법인세법상 부당행위계산부인 규정이 적용되지 아니하는 경우에는 거래당사자인 개인에 대하여도 거짓·부정한 방법으로 양도소득세를 감소시킨 것으로 인정되는 경우를 제외하고는 소득세법에 따른 부당행위계산부인 규정을 적용하지 아니합니다.

☞ 소득세법 시행령 제167조(양도소득의 부당행위 계산)
⑥ 개인과 법인간에 재산을 양수 또는 양도하는 경우로서 그 대가가 「법인세법 시행령」 제89조의 규정에 의한 가액에 해당되어 당해 법인의 거래에 대하여 「법인세법」 제52조의 규정이 적용되지 아니하는 경우에는 법 제101조제1항의 규정을 적용하지 아니한다. 다만, 거짓 그 밖의 부정한 방법으로 양도소득세를 감소시킨 것으로 인정되는 경우에는 그러하지 아니하다. 〈신설 2003.12.30, 2005.2.19〉

2) 상속세 및 증여세법상 고·저가 양수도에 따른 이익의 증여와의 관계

☞ 법인세법상 부당행위계산부인 대상이 아닌 거래에 대하여는 원칙적으로 상증법상 저가 양수 또는 고가 양도에 따른 이익의 증여 규정을 적용하지 아니합니다.

내국법인이 특수관계인에게 자산을 저가 양도하거나, 고가 양수한 경우 이익분여자인 내국법인에서 법인세법 제52조에 따른 부당행위계산부인 규정이 적용되고, 이익을 분여 받는 자가 개인인 경우 상증법 제35조에 따른 '저가 양수 또는 고가 양도에 따른 이익의 증여' 규정이 적용됩니다.

이 경우 법인세법과 상증법상의 과세기준 시가 산정 방법 등의 차이로 인해 법인세법상으로는 부당행위계산부인 대상이 아니지만, 상속세 및 증여세법상으로는 저가 양수 또는 고가 양도에 따른 이익의 증여에 해당되어 증여세 과세 대상이 되는 불합리한 문제가 발생하였습니다.

이러한 문제를 해결하기 위하여 2004년 1월 1일 이후 증여세를 결정하는 분부터 개인과 법인 간의 거래로서 법인세법 부당행위계산부인 대상이 아닌 거래에 대하여는 거짓·부정한 방법으로 상속세 및 증여세를 감소시킨 것으로 인정되는 경우를 제외하고는 상증법 제35조에 따른 '저가 양수 또는 고가 양도에 따른 이익의 증여' 규정을 적용하지 아니합니다.

☞ 상증법 제35조(저가 양수 또는 고가 양도에 따른 이익의 증여)
  ③ 재산을 양수하거나 양도하는 경우로서 그 대가가 「법인세법」 제52조제2항에 따른 시가에 해당하여 그 거래에 대하여 같은 법 제52조제1항 및 「소득세법」 제101조제1항(같은 법 제87조의27에 따라 준용되는 경우를 포함한다)이 적용되지 아니하는 경우에는 제1항 및 제2항을 적용하지 아니한다. 다만, 거짓이나 그 밖의 부정한 방법으로 상속세 또는 증여세를 감소시킨 것으로 인정되는 경우에는 그러하지 아니하다. 〈개정 2021.12.21.〉

3) 소득세와 증여세가 동시에 적용되는 경우

☞ 법인세법상 부당행위계산부인 규정이 적용되어 그 자산의 수증자에게 소득세가 과세되는 경우에는 증여세가 과세되지 아니합니다.

상증법에서는 증여재산에 대하여 수증자에게 소득세법에 따른 소득세 또는 법인세법에 따른 법인세가 부과되는 경우(소득세 또는 법인세가 소득세법, 법인세법 또는 다른 법률에 따라 비과세되거나 감면되는 경우를 포함합니다)에는 증여세를 부과하지 아니하는 것으로 규정하고 있습니다. (상증법 제4조의2 제3항)

따라서 법인이 특수관계인에게 재산을 무상 증여한 것에 대하여 법인세법상 부당행위계산부인 규정이 적용되어 그 자산의 수증자에게 상여·배당·기타소득으로 소득처분을 하는 경우에는 수증 자에게 소득세가 부과되므로 증여세를 부과하지 아니합니다.

다만, 불공정 자본거래로 인하여 특수관계에 있는 다른 주주에게 이익을 분여한 경우에는 증여 세를 우선 과세하며, 1998년 12월 31일 법인세법 시행령 전부 개정 시 그간 명확한 규정이 없어 적용상 혼란이 있었던 불공정 자본거래와 관련된 특수관계인 간의 이익 분여 행위에 대한 소득처 분을 기타 사외유출로 분명히 규정하였습니다.

> ☞ 법인세법 시행령 제106조(소득처분)
> ① 법인세 제67조에 따라 익금에 산입한 금액은 다음 각 호의 구분에 따라 처분한다. 비영리내국법인과 비영리외국법인에 대해서도 또한 같다.
> 3. 제1호에도 불구하고 다음 각 목의 금액은 기타 사외유출로 할 것
> 자. 제88조제1항제8호 · 제8호의2 및 제9호(같은 호 제8호 및 제8호의2에 준하는 행위 또는 계산에 한정한다)에 따라 익금에 산입한 금액으로서 귀속자에게 「상속세 및 증여세법」에 의하여 증여세가 과세되는 금액

4) 「국제조세조정에 관한 법률」상 이전가격 과세제도와의 관계

> ☞ 국제거래에 대하여는 원칙적으로 국세조세조정에 관한 법률이 우선 적용되므로 일부 유형을 제외하고는 법인세법 상 부당행 위계산부인 규정이 적용되지 아니합니다.

국제조세조정에 관한 법률은 법인세법에 우선하여 적용되므로 국외의 특수관계인과의 국제거 래에 대하여는 국제조세조정에 관한 법률에 의한 이전가격 과세제도가 적용되고 법인세법상 부당 행위계산부인 규정이 적용되지 아니합니다.

> ☞ 국제조세조정에 관한 법률 제4조 (다른 법률과의 관계)
> ② 국제거래에 대해서는 「소득세법」 제41조와 「법인세법」 제52조를 적용하지 아니한다. 다만, 대통령령으로 정하는 자산의 증여 등에 대해서는 그러하지 아니하다.

다만, 자산의 무상 이전, 채무의 면제, 자본거래(합병, 신주인수권 등) 등 국제조세조정에 관한 법률 시행령 제4조에서 규정하고 있는 국제거래에 대하여는 법인세법상 부당행위계산부인 규정 이 우선 적용됩니다.

☞ 국제조세조정에 관한 법률 제4조 (부당행위계산 부인의 적용 범위)
　국제조세조정에 관한 법 제4조제2항 단서에서 "대통령령으로 정하는 자산의 증여 등"이란 다음 각 호의 경우를 말한다.
　1. 자산을 무상(無償)으로 이전(현저히 저렴한 대가를 받고 이전하는 경우는 제외한다)하거나 채무를 면제하는 경우
　2. 수익이 없는 자산을 매입하거나 현물출자를 받는 경우 또는 그 자산에 대한 비용을 부담하는 경우
　3. 출연금을 대신 부담하는 경우
　4. 그 밖의 자본거래로서 「법인세법 시행령」 제88조제1항제8호 각 목의 어느 하나 또는 같은 항 제8호의2에 해당하는 경우

4 법인세법상 부당행위계산부인의 적용 요건

☞ ① 적용대상 법인 + ② 특수관계 + ③ 조세부담 감소 + ④ 경제적 합리성 요건을 모두 충족 시 부당행위계산부인 규정 적용

1) 부당행위계산부인 규정은 국내에 납세의무가 있는 법인에 적용됩니다.

　영리 내국법인뿐만 아니라 비영리 내국법인이 특수관계인과의 거래로 인해 수익사업의 소득에 대한 조세의 부담을 부당히 감소시킨 것으로 인정되는 경우에 국내원천소득에 대하여 법인세 신고의무가 있는 외국법인도 부당행위계산부인 적용대상에 해당합니다.

　또한 청산중에 있는 법인과 법원의 회생계획인가결정을 받아 회생계획을 이행중인 법인도 부당행위계산부인 적용대상에 해당합니다.

☞ 법인세법 기본통칙 52-88…1 (청산중에 있는 법인에 대한 부당행위계산 부인규정의 적용)
　법인세법 제52조 및 법인세법 시행령 제88조의 부당행위계산 부인규정은 이를 청산 중에 있는 법인에 대하여도 적용한다. 〈개정 2001.11.01〉

　다만 조세특례제한법 제72조(조합법인 등에 대한 법인세 과세특례)에 따른 당기순이익 과세를 적용받는 조합법인은 부당행위계산부인 적용대상에 해당하지 않습니다.

☞ 조세특례제한법 기본통칙 72-0…2 (당기순이익과세 적용시 과세표준 계산)
　① 법 제72조 제1항에 따라 기업회계기준에 의하여 적정하게 작성한 결산재무제표상 당기순이익에 당해 법인의 수익사업과 관련된 기부금 또는 접대비의 손금불산입액을 합한 금액을 과세표준으로 하여 법인세를 과세하는 경우에는 「법인세법」제52조에 따른 부당행위 계산의 부인규정을 적용하지 아니한다. 〈개정 2011.02.01., 2019.12.23.〉

2) 그 행위 당시를 기준으로 하여 해당 법인과 특수관계인과의 거래에 대하여 부당행위계산부인 규정이 적용됩니다.

　'행위 당시'라 함은 일반적으로 거래성립 시기를 의미하며, 거래 계약시점에는 특수관계가 있었으나, 이행시점에는 특수관계가 소멸한 경우 그 계약은 계약조건에 따라 이행되는 것이 일반적이

므로 특별한 사정이 없는 한 특수관계인과의 거래에 해당합니다. (법인22601-872, 1986.3.17.)

법인이 자산을 양도하는 거래를 함에 있어서 거래계약 체결시기와 양도시기가 다르다면 그 대금을 확정짓는 거래 당시(거래계약 체결시기)를 기준으로 하여 해당 법인과 특수관계인과의 거래에 대하여 부당행위계산부인 규정이 적용됩니다.

> ☞ (판례) 부당행위계산부인 제도의 취지, 저가양도로 인한 부당행위계산부인에 있어 매매계약체결시기와 양도시기가 다른 경우 토지 등의 양도가 부당행위계산에 해당되는지 여부는 그 대금을 확정 짓는 거래 당시를 기준으로 판단하는 반면, 그 토지의 양도차익을 계산함에 있어서는 양도가액을 양도시기를 기준으로 산정하고 이는 그 선택의 이유와 기준을 달리하므로 양자가 기준시가를 달리 본다고 하여 불합리한 것은 아님.(대법원88누5273, 1989.6.13.)

법인이 특수관계인과 임대차 거래를 함에 있어서 부당행위계산의 유형에 해당하는지 여부는 임대차 계약일을 기준으로 판단하는 것이며, 법인이 특수관계인에게 양도하는 주식의 거래가액이 해당 주식의 매매계약일 현재 확정된 경우 해당 거래가 부당행위의 유형에 해당하는지 여부는 매매계약일 현재를 기준으로 판단합니다. (법인세법 집행기준 52-8-5)

법인이 「채무자 회생 및 파산에 관한 법률」에 의하여 파산선고를 받은 경우 해당 법인과 그 법인의 임원 간에는 상법 제382조(이사의 선임, 회사와의 관계 및 사외이사) 및 민법 제690조(사망·파산 등과 위임의 종료)에 따라 위임관계가 소멸되므로 임원의 지위로 인한 특수관계는 소멸되나, 「채무자 회생 및 파산에 관한 법률」에 의한 개시로 인하여 주주권을 행사할 수 없는 주주 등에 대하여는 특수관계가 존속되는 것으로 봅니다. (법인세법 기본통칙 42-87…3)

다만, 특수관계법인 간의 불공정합병(분할합병을 포함합니다)의 판정시기는 합병등기일이 속하는 사업연도의 직전 사업연도의 개시일(그 개시일이 서로 다른 법인이 합병한 경우에는 먼저 개시한 날)부터 합병등기일까지의 기간 중 한 번이라도 특수관계에 해당하면 특수관계 요건을 충족한 것으로 봅니다. (법인세법 시행령 제88조제2항 단서)

한편, 특수관계인 간의 거래가 해당 법인과 특수관계 없는 제3자를 통하여 이루어진 경우에도 특수관계인 간 거래로 보아 부당행위규정을 적용할 수 있으며, 대법원도 납세자가 우회행위, 다단계행위, 그 밖의 이상한 거래형식을 통해서라도 최종적인 당사자 사이에 특수관계가 있는 경우에는 특수관계인 간의 거래로 볼 수 있다고 판시하였습니다.

> ☞ (판례) 법인세법 상의 부당행위계산이라 함은 납세자가 정상적인 경제인의 합리적 거래형식에 의하지 아니하고 우회행휘, 다단계행위 그 밖의 이상한 거래형식을 취함으로써 통상의 합리적인 거래형식을 취할 때 생기는 조세의 부담을 경감 내지 배제시키는 행위 계산을 말하고, 그 경제적 합리성의 유무에 대한 판단은 제반 사정을 구체적으로 고려하여 그 거래행위가 건전한 사회통념이나 상관행에 비추어 경제적 합리성을 결한 비정상적인 것인지의 여부를 따라 판단함(대법원 2002두11479, 2004.2.13.)

☞ (판례) 특수관계인 간 원고들이 특수관계인 외의 자인 D건설에게 이 사건 각 토지를 일괄하여 매도하면서 그 대금을 각자가 소유하는 부동산의 시가에 따라 적정하게 안분하지 아니하고, 원고 A·B에 지급되어야 할 대금 중 일부를 특수관계인인 원고 C에게 분배하는 행위를 통하여 원고 A·B의 소득에 대한 부담을 부당히 감소시킨 것으로 인정되는 경우에는 부당행위계산부인 규정이 적용됨 (대법원 2016두34014, 2016.6.10.)

3) 해당 법인이 행한 거래로 인해 조세부담이 감소되어야 합니다.

일반적으로 시가와 거래가액의 차이가 발생한 경우 조세부담이 감소된 것으로 판단하며, 조세부담을 감소시키는 유형은 법인세법 시행령 제88조(부당행위계산의 유형 등)제1항에서 규정하고 있습니다.

따라서 조세부담을 감소시킨 결과가 없는 경우에는 부당행위계산부인 규정을 적용할 수 없으며, 조세회피 의도가 없었다는 점은 조세부담 감소 여부 판단에 영향을 미치지 않습니다.

☞ (판례) 법인세법 제20조, 구 법인세법 시행령 (1993.12.31. 대통령령 제14080호로 개정되기 전의 것) 제46조제2항에서 말하는 '법인의 소득에 대한 조세의 부담을 부당히 감소시킨 것으로 인정되는 경우'라 함은 당해 법인이 행한 거래형태가 객관적으로 보아 경제적 합리성을 무시한 비정상적인 것이어서 조세법적인 측면에서 부당한 것이라고 인정되는 경우를 뜻한다고 할 것이므로, 반드시 조세부담을 회피하거나 경감시킬 의도가 있어야만 부당행위계산에 해당하는 것은 아님. (대법원 95누7260, 1996.7.12.)

조세의 부담을 부당하게 감소시킨 것으로 인정되지 않는 경우는 다음과 같습니다.

(법인세법 기본통칙 52-88…3, 조세의 부담을 부당하게 감소시킨 것으로 인정되지 아니하는 경우의 예시)

1. 법인의 업무를 수행하기 위하여 초청된 외국인에게 사택 등을 무상으로 제공한 때
2. 「채무자 회생 및 파산에 관한 법률」에 따른 범위 내에서 법정관리인에게 보수를 지급한 때 〈개정 2009.11.10〉
3. 「채무자 회생 및 파산에 관한 법률」에 따른 법정관리인이 법원의 허가를 받아 통상의 이율이나 요율보다 낮게 이자나 임대료를 받은 때 〈개정 2009.11.10〉
4. 건설공제조합이 조합원에게 대출하는 경우의 이자율이 금융기관의 일반대출 금리보다 낮은 경우로서 정부의 승인을 받아 이자율을 정한 때
5. 정부의 지시에 의하여 통상판매가격보다 낮은 가격으로 판매한 때
6. 특수관계인 간에 보증금 또는 선수금 등을 수수한 경우에 그 수수행위가 통상의 상관례의 범위를 벗어나지 아니한 때 〈개정 2019.12.23.〉
7. 사용인(주주 등이 아닌 임원과 영 제50조 제2항에 따른 소액주주 등인 임원을 포함한다. 이

하 같다)에게 포상으로 지급하는 금품의 가액이 해당 사용인의 근속기간, 공적내용, 월급여 액 등에 비추어 적당하다고 인정되는 때 〈개정 2019.12.23.〉

8. 사용인에게 자기의 제품이나 상품 등을 할인판매하는 경우로서 다음에 해당하는 때 〈개정 2001.11.01〉

가. 할인판매가격이 법인의 취득가액 이상이며 통상 일반 소비자에게 판매하는 가액에 비하여 현저하게 낮은 가액이 아닌 것

나. 할인판매를 하는 제품 등의 수량은 사용인이 통상 자기의 가사를 위하여 소비하는 것이라고 인정되는 정도의 것

9. 대리점으로부터 판매대리와 관련하여 보증금을 받고 해당 보증금에 대한 이자를 적정이자율을 초과하지 아니하는 범위내에서 지급하는 때 〈개정 2019.12.23.〉

10. 특수관계인 간의 거래에서 발생된 외상매출금 등의 회수가 지연된 경우에도 사회통념 및 상관습에 비추어 부당함이 없다고 인정되는 때 〈개정 2019.12.23.〉

11. 사용인이 부당유용한 공금을 보증인 등으로부터 회수하는 때. 〈단서삭제 2009.11.10.〉

11의2. 사용인이 공금을 부당유용한 경우로서 해당 사용인과 그 보증인에 대하여 횡령액의 회수를 위하여 법에 의한 제반절차를 취하였음에도 무재산 등으로 회수할 수 없는 때 〈신설 2009.11.10〉

12. 특수관계인에 대한 가지급금 등의 채권액이 「채무자 회생 및 파산에 관한 법률」에 따라 정리채권으로 동결된 때 〈개정 2009.11.10, 2019.12.23.〉

13. 법인이 합병으로 인하여 취득하는 자기주식에 대하여 배당을 하지 아니하는 때 〈개정 2001. 11.01〉

14. 법인이 「국세기본법」 제39조에 따른 제2차 납세의무자로서 특수관계인의 국세를 대신 납부하고 가지급금 등으로 처리한 경우 〈개정 2009.11.10, 2019.12.23.〉

15. 법인이 「근로자복지기본법」에 의한 우리사주조합의 조합원에게 자사주를 영 제89조에 따른 시가에 미달하는 가액으로 양도하는 경우. 다만, 금융지주회사의 자회사인 비상장법인이 해당 금융지주회사의 우리사주조합원에게 양도하는 경우에는 해당 법인의 종업원이 취득하는 경우에 한한다. 〈개정 2019.12.23.〉

4) 해당 법인이 행한 거래행태가 객관적으로 경제적 합리성을 무시한 비정상적인 것이어서 조세법적인 측면에서 부당한 것이라고 인정되어야 합니다.

법인이 특수관계가 있는 자와의 거래 시 법인세법 시행령 제88조(부당행위계산의 유형 등)제1항에서 규정하고 있는 부당행위계산의 유형에 해당하더라도 그 거래행위가 건전한 사회통념이나 상관행에 비추어 경제적 합리성이 있는 경우에는 부당행위계산부인 규정을 적용하지 아니합니다.

따라서 해당 거래행위가 건전한 사회통념이나 상관행에 비추어 경제적 합리성을 결한 비정상적인 거래인 경우에만 부당행위계산부인 규정이 적용됩니다.

☞ (판례) 경제인의 입장에서 볼 때 부자연스럽고 불합리한 행위계산을 함으로 인하여 경제적 합리성을 무시하였다고 인정되는 경우에 한하여 적용되는 것이고, 경제적 합리성의 유무에 대한 판단은 당해 거래행위의 제반 시점을 구체적으로 고려하여 과연 그 거래행위가 건전한 사회통념이나 상관행에 비추어 경제적 합리성을 결한 비정상적인 것인지의 여부에 따라 판단하여야 할 것임. (대법원 2002두1588, 2004.9.23.)

경제적 합리성의 유무에 대한 판단은 해당 거래행위 외에도 납세자가 정상적인 경제인의 합리적 거래형식에 의하지 아니하고 우회행위, 다단계행위 그 밖의 이상한 거래형식을 취함으로써 통상의 합리적인 거래형식을 취할 때 생기는 조세의 부담을 경감 내지 배제시키는 행위도 부당행위계산부인에 해당합니다.

5 법인세법상 부당행위계산의 유형 및 기준금액 요건

1) 부당행위계산의 유형

부당행위계산의 유형은 법인세법 시행령 제88조제1항에 따라 12가지로 분류됩니다. 이는 자산 및 금전 등의 자본거래, 기타거래로 구분할 수 있습니다.

☞ 법인세법 시행령 제88조(부당행위계산의 유형 등)제1항에 따른 부당행위계산의 유형

구분	부당행위계산의 유형
자산거래	① (제1호) 자산을 시가보다 높은 가액으로 매입 또는 현물출자받았거나 그 자산을 과대상각한 경우 ② (제3호) 자산을 무상 또는 시가보다 낮은 가액으로 양도 또는 현물출자한 경우. 다만, 제19조제19호의2 각 목 외의 부분에 해당하는 주식매수선택권등의 행사 또는 지급에 따라 주식을 양도하는 경우는 제외한다.
금전 등의 거래	③ (제6호) 금전, 그 밖의 자산 또는 용역을 무상 또는 시가보다 낮은 이율·요율이나 임대료로 대부하거나 제공한 경우. 다만, 다음 각 목의 어느 하나에 해당하는 경우는 제외한다. 　가. 령 제19조제19호의2 각 목 외의 부분에 해당하는 주식매수선택권등의 행사 또는 지급에 따라 금전을 제공하는 경우 　나. 주주등이나 출연자가 아닌 임원(소액주주등인 임원을 포함한다) 및 직원에게 사택(기획재정부령으로 정하는 임차사택을 포함한다)을 제공하는 경우 　다. 법 제76조의8에 따른 연결납세방식을 적용받는 연결법인 간에 연결법인세액의 변동이 없는 등 기획재정부령으로 정하는 요건을 갖추어 용역을 제공하는 경우 ④ (제7호) 금전, 그 밖의 자산 또는 용역을 시가보다 높은 이율·요율이나 임차료로 차용하거나 제공받은 경우. 다만, 법 제76조의8에 따른 연결납세방식을 적용받는 연결법인 간에 연결법인세액의 변동이 없는 등 기획재정부령으로 정하는 요건을 갖추어 용역을 제공받은 경우는 제외한다.
자본거래	⑤ (제8호) 다음 각 목의 어느 하나에 해당하는 자본거래로 인하여 주주등(소액주주등은 제외한다. 이하 이 조에서 같다)인 법인이 특수관계인인 다른 주주등에게 이익을 분여한 경우 　가. 특수관계인인 법인간의 합병(분할합병을 포함한다)에 있어서 주식등을 시가보다 높거나 낮게 평가하여 불공정한 비율로 합병한 경우. 다만, 「자본시장과 금융투자업에 관한 법률」 제165조의4에 따라 합병(분할합병을 포함한다)하는 경우는 제외한다. 　나. 법인의 자본(출자액을 포함한다)을 증가시키는 거래에 있어서 신주(전환사채·신주인수권부사채 또는 교환사채 등을 포함한다. 이하 이 목에서 같다)를 배정·인수받을 수 있는 권리의 전부 또는 일부를 포기(그 포기한 신주가 「자본시장과 금융투자업에 관한 법률」 제9조제7항에 따른 모집방법으로 배정되는 경우를 제외한다)하거나 신주를 시가보다 높은 가액으로 인수하는 경우 　다. 법인의 감자에 있어서 주주등의 소유주식등의 비율에 의하지 아니하고 일부 주주등의 주식등을 소각하는 경우 ⑥ (제8호의2) 제8호 외의 경우로서 증자·감자, 합병(분할합병을 포함한다)·분할, 「상속세 및 증여세법」 제40조제1항에 따른 전환사채등에 의한 주식의 전환·인수·교환 등 자본거래를 통해 법인의 이익을 분여하였다고 인정되는 경우. 다만, 제19조제19호의2 각 목 외의 부분에 해당하는 주식매수선택권등 중 주식매수선택권의 행사에 따라 주식을 발행하는 경우는 제외한다.
기타거래	⑦ (제2호) 무수익 자산을 매입 또는 현물출자받았거나 그 자산에 대한 비용을 부담한 경우 ⑧ (제3호의2) 특수관계인인 법인 간 합병(분할합병을 포함한다)·분할에 있어서 불공정한 비율로 합병·분할하여 합병·분할에 따른 양도손익을 감소시킨 경우. 다만, 「자본시장과 금융투자업에 관한 법률」 제165조의4에 따라 합병(분할합병을 포함한다)·분할하는 경우는 제외한다 ⑨ (제4호) 불량자산을 차환하거나 불량채권을 양수한 경우 ⑩ (제5호) 출연금을 대신 부담한 경우 ⑪ (제7호의2) 파생상품에 근거한 권리를 행사하지 아니하거나 그 행사기간을 조정하는 등의 방법으로 이익을 분여하는 경우 ⑫ (제9호) 그 밖에 제1호부터 제3호까지, 제3호의2, 제4호부터 제7호까지, 제7호의2, 제8호 및 제8호의2에 준하는 행위 또는 계산 및 그 외에 법인의 이익을 분여하였다고 인정되는 경우

☞ (참고) 법인세법상 업무무관부동산과 업무무관지출 비교

구분	업무무관부동산	업무무관지출
관련 규정	법인세법 제27조제1호 및 시행령 제49조제1항제1호	법인세법 제27조제2호 및 시행령 제50조제1항제2호
범위	• 업무에 직접 사용하지 아니하는 부동산(다만 유예기간이 경과하기 전까지의 기간 중에 있는 부동산을 제외함) • 유예기간 중에 업무에 직접 사용하지 아니하고 양도하는 부동산	출자임원 또는 친족이 사용하는 사택의 유지비·관리비·사용료에 대한 지출금
법인세법상 취급	• 유지비·관리비 등 손금불산입(기타사외유출) • 감가상각비 손금불산입(유보) • 지급이자 손금불산입(기타 사외유출)	유지비, 관리비, 사용료 등 손금불산입(상여 등)

2) 기준금액 요건

☞ 부당행위계산의 유형별 기준금액 요건

구분		세부 유형 (법인세법 시행령 제88조제1항)	기준금액 요건
자산 금전 등의 거래		• 제1호, 제3호, 제6호, 제7호	① 유형
자본 거래		• 제8호 가목(단, 합병대가를 주식 등 외의 재산으로 지급받은 경우에는 이익 규모 요건만 적용) • 제8호 나목 중 신주 저가·고가 발행 & 실권주 미배정 • 제8호 다목 • 제8호의2 현물출자에 따른 이익의 분여 중 신주 고가 인수, 법인의 조직변경 등에 따른 이익의 분여	② 유형
		• 제8호의2 전환사채 등의 주식전환 등에 따른 이익의 분여 중 전환사채 등 인수취득시, 특수관계인에게 양도시	③ 유형
		• 제8호의2 전환사채 등의 주식전환 등에 따른 이익의 분여 중 전환가능기간 중 전환양도 시(단, 전환으로 인수한 주식의 가액보다 높은 가액으로 전환하는 경우에는 기준금액 요건 미적용)	④ 유형
		• 그 외 제8호, 제8호의2	없음
기타 거래		• 제9호 중 자산·금전 등의 거래와 유사거래	① 유형
		• 그 외 제9호 거래	없음

① 유형 : ㉠ 또는 ㉡ 충족 (단, 주권상장법인이 발행한 주식을 거래하는 경우는 제외)

㉠ 시가 – 거래가액(또는 거래가액 – 시가) ≥ 3억원

㉡ 시가 – 거래가액(또는 거래가액 – 시가) ≥ 시가 × 5%

② 유형 : ㉠ 또는 ㉡ 충족

　㉠ 이익 규모 3억원 이상　㉡ 이익률 30% 이상

③ 유형 : ㉠ 또는 ㉡ 충족

　㉠ 이익 규모 1억원 이상　㉡ 이익률 30% 이상

④ 유형 : 이익규모 1억원 이상

(1) 고가매입·저가양도 및 저리대여·고리차용

자산거래, 금전 등의 거래 및 이에 준하는 거래의 경우 기준금액 요건을 충족하는 경우에만 조세의 부담을 시킨 것으로 보며, '기준금액 요건'이란 금액 기준 비율 기준으로 구분하여 금액 기준과 비율 기준 중 어느 하나를 충족하는 경우 기준금액 요건을 충족하는 것으로 봅니다. (법인세법 시행령 제88조제3항)

☞ 기준금액 요건(법인세법 시행령 제88조제3항)

구분	기준
금액기준	시가 – 거래가액(또는 거래가액 – 시가) ≥ 3억원
비율기준	시가 – 거래가액 (또는 거래가액 – 시가) ≥ 시가 × 5%

주권상장법인이 발행한 주식의 경우에는 2021년 2월 16일 이전에 주권 상장법인이 발행한 주식을 「자본시장과 금융투자업에 관한 법률」에 따른 한국거래소에서 거래한 경우에 한하여 기준금액 요건을 적용하지 않았으나, 2021년 2월 17일 이후부터는 한국거래소에서의 거래 여부와 무관하게 기준금액 요건을 적용하지 아니합니다. (법인세법 시행령 제88조제4항)

☞ 주권상장법인이 발행한 주식의 기준금액 요건 적용 방법

구분	2021.2.16. 이전 거래분	2021.2.17. 이후 거래분
한국거래소에서 거래	시가 – 거래가액 (또는 거래가액 – 시가)	시가 – 거래가액 (또는 거래가액 – 시가)
그 외 거래	기준금액 요건을 충족하는 경우에만 부당행위계산부인 적용	

(2) 자본거래

일정한 자본거래에 적용되는 기준금액 요건은 상증법을 준용하여 시가와의 차액이 3억원(1억원) 이상이거나 시가의 30%이상의 이익을 분여한 경우에만 조세의 부담을 감소시킨 것으로 봅니다.

6 법인세법상 특수관계인의 범위

'특수관계인'이란 법인세법 제2조(정의)제12호에서 법인과 경제적 연관관계 또는 경영지배관계 등 '대통령령으로 정하는 관계에 있는 자'로 규정하고 있으며, 법인세법 제2조(정의)제8항에서는 특수관계인의 범위를 보다 구체적으로 규정하고 있습니다.

☞ **특수관계인의 범위 (법인세법 시행령 제2조제8항)**

구분		특수관계인의 범위
제1호	영향력행사자	임원의 임면권의 행사, 사업방침의 결정 등 해당 법인의 경영에 대해 사실상 영향력을 행사하고 있다고 인정되는 자(「상법」 제401조의2제1항에 따라 이사로 보는 자를 포함)와 그 친족(「국세기본법 시행령」 제1조의2제1항에 따른 자)
제2호	비소액주주 등	소액주주등이 아닌 주주 또는 출자자(이하 "비소액주주등"이라 한다)와 그 친족
제3호	임원·직원·생계유지자, 생계를 함깨하는 친족	다음 각 목의 어느 하나에 해당하는 자 및 이들과 생계를 함깨하는 친족 가. 법인의 임원 · 직원 또는 비소액주주등의 직원(비소액주주등이 영리법인인 경우에는 그 임원을, 비영리법인인 경우에는 그 이사 및 설립자를 말함) 나. 법인 또는 비소액주주등의 금전이나 그 밖의 자산에 의해 생계를 유지하는 자
제4호	지배적인 영향력 행사자	해당 법인이 직접 또는 그와 제1호부터 제3호까지의 관계에 있는 자를 통해 어느 법인의 경영에 대해 「국세기본법 시행령」 제1조의2제4항에 따른 지배적인 영향력을 행사하고 있는 경우 그 법인
제5호		해당 법인이 직접 또는 그와 제1호부터 제4호까지의 관계에 있는 자를 통해 어느 법인의 경영에 대해 「국세기본법 시행령」 제1조의2제4항에 따른 지배적인 영향력을 행사하고 있는 경우 그 법인
제6호	2차 출자법인·개인	해당 법인에 100분의 30 이상을 출자하고 있는 법인에 100분의 30 이상을 출자하고 있는 법인이나 개인
제7호	기업집단계열 회사 및 임원	해당 법인이 「독점규제 및 공정거래에 관한 법률」에 따른 기업집단에 속하는 법인인 경우에는 그 기업집단에 소속된 다른 계열회사 및 그 계열회사의 임원

부당행위계산으로 부인할 수 있는 거래의 상대방에 해당하는 특수관계에 있는 자라 함은 법인세법 시행령에서 열거한 자로 한정하여 법령해석의 일반적인 원칙에 따라 엄격히 해석하여야 하며 유추해석이나 확대적용을 해서는 아니됩니다. (대법원 86누30, 1986.3.25.)

7 법인세법상 시가 적용시 감정가액의 적용

☞ 단일 감정가액도 인정되며 감정한 가액이 2 이상인 경우 그 감정한 가액의 평균액을 적용합니다.

1) 시가 적용의 일반 원칙

☞ 시가가 분명할 때는 시가를 적용하고 시가가 불분명한 경우에는 감정가액, 「상속세 및 증여세법」상 평가액 등 「법인세법 시행령」 제89조에 따른 가액을 시가로 봅니다.

'시가'란 건전한 사회 통념 및 상거래 관행과 특수관계인이 아닌 자 간의 정상적인 거래에서 적용되거나 적용될 것으로 판단되는 가격을 말하며, 시가를 산정할 때 해당 거래와 유사한 상황에서 해당 법인이 특수관계인 외의 불특정다수인과 계속적으로 거래한 가격 또는 특수관계인이 아닌 제3자간에 일반적으로 거래된 가격이 있는 경우에는 그 가격에 따릅니다.

일반적으로 시가가 불분명한 경우에는 다음의 차례로 적용하되, 주식·출자지분 및 가상자산에 대하여는 감정가액(①)이 적용되지 아니합니다.

① 「감정평가 및 감정평가사에 관한 법률」 제21조에 따라 사무소를 개설한 감정평가사 또는 제 29조에 따라 인가를 받은 감정평가법인이 감정한 가액이 있는 경우 그 가액(감정한 가액이 2 이상인 경우에는 그 감정한 가액의 평균액을 말하며, 이하 "감정가액"이라 합니다)

② 「상속세 및 증여세법」의 규정을 준용하여 평가한 가액(이하 "상증법상 보충적 평가액"이라 합니다)

☞ 「법인세법 시행령」 제89조에서 규정하고 있는 자산별 시가평가 순서

구분		시가평가 순서 (법인세법 시행령 제89조제1항부터 제6항)
① 주식·출자지분	상장주식	시가
	그 외	시가 → 상증법상 보충적 평가액
② 가상자산		시가 → 상증법상 보충적 평가액
③ ①·②외 자산		시가 → 감정가액 → 상증법상 보충적 평가액
④ 금전의 대여·차용		가중평균이자율 또는 당좌대출이자율
⑤ 자산의 임대		시가 → 감정가액 → 상증법상 보충적 평가액 → 법인세법상 평가액
⑥ 용역의 제공		시가 → 감정가액 → 상증법상 보충적 평가액 → 법인세법상 평가액

2) 감정가액의 적용

☞ 단일 감정가액도 인정되며 감정한 가액이 2 이상인 경우 그 감정한 가액의 평균액을 적용합니다.

'감정가액'이란 「감정평가 및 감정평가사에 관한 법률」 제21조에 따라 사무소를 개설한 감정평가사 또는 제29조에 따라 인가를 받은 감정평가법인이 감정한 가액이 있는 경우 그 가액을 말하며, 감정한 가액이 2 이상인 경우에는 그 감정한 가액의 평균액을 말합니다. (법인세법 시행령 제89조 제2항제1호)

감정평가 시 감정대상 물건의 실지조사확인은 반드시 공인감정업자 자신이 하여야 하는 것은 아니며, (대법원 92누9913, 1993.2.12.) 상법 제298조(이사 · 감사의 조사 · 보고와 검사인의 선임청구)에 따라 법원이 선임한 감사인은 법인세법 시행령 제89조(시가의 범위 등)제2항제1호에 따른 감정기관에 해당되지 않습니다. (법인세법 기본통칙 52-89···1)

감정가액 산정 방법은 법인세법 및 상증법에서 각각 규정하고 있으며, 상증법과는 달리 법인세법에서는 단일 감정가액을 인정하고, 감정평가기관에 대하여 별도로 규정하고 있지 않습니다.

☞ 감정가액 시가 적용시 법인세법과 상증법 비교

구분		법인세법 (시행령제89조제2항)	상증법 (상증법 제60조제5항, 시행령 제49조)
감정가액		감정가액이 있는 경우 그 가액 (감정가액이 2 이상인 경우 평균액)	2이상의 감정기관에 감정을 의뢰한 가액의 평균액 (단, 기준시가10억원 이하의 부동산은 단일 감정평가 인정)
평가 기간	원칙	규정 없음	평가기준일 전후 6개월(증여의 경우 전 6개월, 후 3개월) 이내
	예외	규정 없음	다음의 요건을 모두 충족하는 경우 평가심의위원회를 통해 평가기간 외의 감정가액도 인정 가능 ① 동일 물건에 대해 평가기준일 전 2년 이내 또는 평가기간이 경과한 날부터 상속증여세 결정기한까지의 기간 중 2 이상의 감정가액이 있을 것 ② 해당 기간 중 가겨변동의 특별한 사정이 없다고 볼 수 있을 것 ③ 원형대로 감정하지 않는 등 감정가액이 부적합하지 아니할 것 ④ 납세자가 제시한 감장가액보다 높을 것
감정기관제 재규정		규정 없음	납세자가 제시한 감정기관(원감정기관)의 감정가액이 과세관청이 다른 감정기관에 의뢰하여 평가한 감정가액의 80%에 미달하는 경우 1년의 범위에서 원감정기관을 시가불인정 감정기관으로 지정 가능

3) 소급감정에 대한 입장

☞ 대법원은 거래일 기준으로 소급하여 감정한 가액이 신뢰성이 있는 경우에는 소급감정가액을 시가로 볼 수 있다고 판시하였습니다.

감정가액에 대하여 규정하고 있는 법인세법 시행령 제89조(시가의 범위 등)제2항제1호에서는 평가기준일 이후에 평가기준일을 기준으로 소급하여 감정평가(이하 '소급감정'이라 합니다.)한 가액을 법인세법 시행령 제89조(시가의 범위 등)제2항제1호에 따른 감정가액으로 인정하는지에 대하여 명확히 규정하고 있지 않습니다.

국세청은 유권해석을 통해 '감정가액'이라 함은 당해 자산의 거래와 직접 관련하여 감정하였거나 담보제공 등의 목적으로 감정가액이 있는 경우 등으로서 거래당시의 기사를 감정한 가액으로 해석(법인 46012-1355, 1994.5.11. 외 다수)하였으며, 이는 과세시점에서 거래일 기준(평가기준일)으로 소급하여 감정하는 경우 소급감정을 원칙적으로 인정하지 않는다는 입장입니다.

반면, 대법원은 법인세법 시행령 제89조제2항제1호에 따라 「감정평가 및 감정평가사에 관한 법률」에 따른 감정평가법인 등이 감정한 가액을 시가로 볼 때, 그 가액이 소급감정이라 하여도 달리 볼 수 없으며,(대법원 2000두6244, 2002.6.28.) 시가란 원칙적으로 정상적인 거래당시 시가의 적정 여부를 판단하기 위한 것으로 거래일 기준으로 소급하여 감정한 가액이 신뢰성이 있는 경우에는 소급감정가액을 시가로 볼 수 있다고 판시하고 있습니다. (대법원 90누4761, 1990.9.28.)

☞ (판례) 여기서 시가란 원칙적으로 정상적인 거래에 의하여 형성된 객관적 교환가격을 의미하지만, 이는 객관적이고 합리적인 방법으로 평가한 가액도 포함하는 개념이므로 위와 같이 거래를 통한 교환가격이 없는 경우에는 공신력 있는 감정기관의 감정가액도 시가로 볼 수 있는 것이고, 그 가액이 소급감정에 의한 것이라 하여 달라진다고 볼 수 없음(대법원 90누4761, 1990.9.28.외 다수)

4) 상증법상 보충적 평가액

☞ 시가 또는 감정가액이 없는 경우에는 상증법 규정을 준용하여 평가한 가액을 시가로 봅니다.

시가 또는 감정가액이 없는 경우에는 상증법 제38조(합병에 따른 이익의 증여)·제39조(증자에 따른 이익의 증여)·제39조의2(감자에 따른 이익의 증여)·제39조의3(현물출자에 따른 이익의 증여)·제61조(부동산 등의 평가)부터 제66조(저당권 등이 설정된 재산 평가의 특례)까지의 규정을 준용하여 평가한 가액을 시가로 봅니다.

☞ 상증법 제60조(평가의 원칙 등)는 준용에서 제외되어 있습니다. (저자 주)

이 경우 상증법 제63조(유가증권 등의 평가)제1항제1호나목 및 같은 법 시행령 제54조(비상장주식 등의 평가)에 따라 비상장주식을 평가할 때 해당 비상장주식을 발행한 법인이 보유한 주권상장법인 이 발행한 주식의 평가금액은 평가기준일의 거래 최종시게가액으로 하며, 상증법 제63조제2항제 1호·제2호 및 같은 법 시행령 제57조(기업공개준비중인 주식등의 평가등)제1항·제2항을 준용할 때 '직 전 6개월(증여세가 부과되는 주식등의 경우에는 3개월로 합니다)은 각각 '직전 6개월'로 봅니다.

5) 시가의 판정시기 및 입증책임

(1) 시가의 판정시기

☞ 부당행위계산 해당 여부를 판단하는 경우에는 그 행위당시의 계약 체결시기를 기준으로 하고, 부당행위계산에 해당되어 익금 산입액을 산정하는 경우에는 양도시기를 기준으로 시가를 산정합니다.

가) 부당행위계산에 해당하는지 여부를 판단하는 경우

법인세법 시행령 제88조(부당행위계산의 유형 등)제2항에서는 그 행위당시를 기준으로 부당행위 계산에 해당하는지 여부를 판단하도록 규정하고 있는 바, 매매계약일과 취득(양도)시기가 다를 경 우 어느 시점을 기준으로 시가를 판정하는지에 따라 부당행위계산에 해당하는지 여부가 달라질 수 있습니다.

대법원은 부당행위계산부인에 있어 매매계약 체결시기와 양도시기가 다른 경우 그 대금을 확정 짓는 거래 당시를 기준으로 부당행위계산에 해당하는지 여부를 판단한다고 판시하였습니다. (대법 원 88누5273, 1989.6.13.)

기획재정부는 부당행위계산 판단의 기준시점인 '그 행위당시'란 주요 거래조건을 확정하고, 이 에 대해 거래당사자 간 구속력 있는 합의가 있는 시점으로 해석하였습니다.

☞ (예규) 부당행위계산 판단의 기준시점인 '그 행위당시'란 주요 거래조건을 확정하고, 이에 대해 거래당사자 간 구속력 있는 합 의가 있는 시점임. 다만, 거래당사자 간 합의가 구속력이 있는지 여부는 해당 합의의 목적 및 내용, 그러한 내용이 기재된 경위 와 당사자의 진정한 의사 등을 종합적으로 고려하여 판단할 사항임 (기획재정부 법인세제과-48, 2018.1.18.)

결국 부당행위계산에 해당하는지 여부는 시가와 거래가액을 비교하므로, 시가의 판정시기를 부 당행위계산 판단시기와 동일하게 적용하는 것이 부당행위계산부인 과세체계에 부합합니다.

나) 부당행위계산부인에 해당하여 익금에 산입하는 경우

매매계약 체결시기와 취득(양도)시기가 다른 경우 부당행위계산 여부 판단은 매매계약 체결시기의 시가를 적용하여 판단하지만, 해당 거래가 부당행위계산부인 대상에 해당하는 경우에는 익금산입하여 소득처분할 금액을 계산함에 있어서는 취득(양도)시기의 시가를 적용하여 산정합니다.

대법원도 부당행위계산 여부와 익금산입액 산정시 시가 판정시기를 달리 적용하는 것은 불합리한 것이라고 판시하였습니다. (대법원 2007두14978, 2010.5.13.)

(2) 시가의 입증책임

☞ 과세관청이 납세자와 다른 가액을 시가로 주장하는 경우에는 시가에 대한 입증책임은 이를 주장하는 과세관청에 있습니다.

시가는 해당 거래와 유사한 상황에서 해당 법인이 특수관계인 외의 불특정 다수인과 계속적으로 거래한 가격 또는 특수관계인이 아닌 제3자간의 일반적으로 거래한 가격이 있는 경우에는 그 가격에 의하도록 하고 있으며, 과세관청이 납세자와 다른 가액을 시가로 주장하는 경우에는 시가에 대한 주장·증명 책임은 이를 주장하는 과세관청에 있습니다.

대법원도 특수관계인에 대한 저가 양도, 고가 양수 여부 등을 판정함에 있어 시가에 대한 입증책임은 과세관청에 있다고 판시하였습니다. (대법원95누5301, 1996.5.10. 외)